아파치 톰캣 7 따라잡기

Korean edition copyright © 2013 by acorn Publishing Co. All rights reserved.

Copyright © Packt Publishing 2012.
First published in the English language under the title
'Apache Tomcat 7 Essentials'

이 책은 Packt Publishing과 에이콘출판(주)가 정식 계약하여 번역한 책이므로
이 책의 일부나 전체 내용을 무단으로 복사, 복제, 전재하는 것은 저작권법에 저촉됩니다.

아파치 톰캣 7 따라잡기

타누즈 카르 지음 우정은 옮김

에이콘

 에이콘출판의 기틀을 마련하신 故 정완재 선생님 (1935-2004)

이 책을 집필하는 동안 내 곁을 지켜주신
나의 어머니 사시 카르와 아버지 라즈쿠마르 카르께 바친다.

부모님의 지원과 격려가 없었다면 책을 집필하기 매우 어려웠을 것이다.

지은이 소개

타누즈 카르 Tanuj Khare

6년 동안 IT 전문가로 활동했다. ITIL 프레임워크와 린 식스시그마(Lean Six Sigma) 같은 기법을 이용해 프로세스를 개선하는 과정에 참여했다. MCSA, ITIL 자격증이 있으며, 핵심 서버 제품 문제 해결 분야의 전문가다. 그는 또한 복잡한 문제를 해결한 경험이 많다. 제품 환경에서 발생한 문제를 빨리 해결해서 자신의 팀과 고객에게 큰 도움을 주었다.

타누즈는 톰캣, 웹로직, JBoss 서버 관리의 특정 분야 전문가(SME, Subject Matter Expertise)다. 소규모 팀을 구성해 규모가 큰 기업의 웹 호스팅 환경용 J2EE 관련 작업을 했으며, 빠른 업무 처리 시간으로 일정 내에 프로젝트를 마쳤다. 또한 문제 원인 분석, 문제 관리, 애플리케이션 마이그레이션, 웹 애플리케이션 서버 업그레이드 능력도 뛰어나다. 지금까지 100개 이상의 기업 애플리케이션을 마이그레이션했고, J2EE 웹 애플리케이션을 업그레이드했다. 1,000개가 넘는 미들웨어 인스턴스의 환경도 관리했다.

타누즈는 탁구와 새로운 기술을 배우는 것을 좋아하며, 춤도 잘 춘다. 이 책은 그의 첫 번째 작품이다.

감사의 글

더 좋은 책을 집필하도록 도움을 준 모든 이에게 감사한다. 책을 집필하는 동안 높은 기술 표준을 제공한 란비어 찬델에게 감사한다.

집필 형식을 개선하는 데 끊임없이 도움을 준 알차나 캔노우지아에게 감사한다.

미테쉬 파리크, 기리 모투리의 지원에도 감사한다.

책 출판에 도움을 준 우샤 아이어, 비살 보드와니, 소스미타 판다를 비롯한 모든 팩트 출판사 관계자 분들께 감사한다. 책을 출판하는 데 여러 노력과 헌신을 아끼지 않은 운나티 샤에게 특히 감사한다.

귀중한 지침과 높은 기술 표준을 유지할 수 있도록 도움을 준 타이 림, 비드야사가르 N V, 지샨 차흐더리에게 감사한다.

마지막으로 나의 전문적인 개발에 도움을 준 모든 동료, 친구에게 감사한다.

기술 감수자 소개

지샨 차우드해리 Zeeshan Chawdhary

지샨 차우드해리는 위치 기반 여행 컨텐츠를 제공하며 뭄바이에 기술 총괄부가 있는 Wcities의 CTO다.

그는 재주가 많다. 모든 프로그래밍 언어를 사용하며 3D 게임, 소비자 웹사이트, 클라우드를 통해 3,000만 조회를 처리하는 아이폰 앱 등을 개발했다.

팩트 출판사에서 『아이폰 위치 기반 애플리케이션 개발』(에이콘출판사, 2013)과, 『Windows Phone 7.5 - Building Location Aware Applications』 두 가지 실용적인 책을 집필해 출간했다.

트위터 아이디는 imzeeshan이며 http://justgeeks.in이라는 블로그를 운영 중이다.

이 책을 검토할 수 있는 기회를 준 팩트 출판사 관계자 분들께 감사한다. 특히 비살 보드와니, 수스미타 판다, 리나 푸르카잇, 아메이 칸세, 알리나 루이스에게 감사 인사를 전하며, 특히 팩트 식구들을 내게 소개해 준 매리 나다르에게 감사한다.

타이 림 Ty Lim

타이 림은 15년 동안 IT 업계에서 일했다. 1990년대 중반, 몇몇 회사 설립에 관여했으며 실리콘 밸리에 정착한 후에 여러 주요 회사에서 근무했다. 또한 소프트웨어 개발, 컨설팅, 헬스케어, 이동통신, 금융 관련 회사에서 근무했다. 타이 림은 JBoss, 톰캣, 웹스피어 미들웨어 기술관련 전문가다. 퍼시픽Pacific 대학교에서 컴퓨터 학사 학위를 취득했으며, 현재는 보스턴 대학교에서 CIS 석사 과정을 밟고 있다.

타이 림은 『IBM WebSphere Application Server v7.0 Security』라는 책도 집필했다.

아낌없이 나를 지원해준 모든 친구, 가족에게 감사한다. 이런 지원을 받을 수 있는 나는 정말 축복받은 사람이며, 매우 행복한 사람이다.

비드야사가르 N V Vidyasagar N V

비드야사가르는 어렸을 때부터 컴퓨터 공학에 관심이 많았다. 고등학교 시절부터 진지하게 컴퓨터 관련 작업을 했다. 일류 기관인 바나라스 힌두 대학교에서 학사를 취득했다. 이후로 소프트웨어 개발자, 데이터 전문가로 근무하며 확장성 있는 시스템을 개발했다. 비드야사가르는 2세대, 3세대, 4세대 언어로 다양하게 작업을 했다. 그는 단순 파일, 인덱스된 파일, 계층적 데이터베이스, 네트워크 데이터베이스, 관계형 데이터베이스, NoSQL 데이터베이스, 하둡Hadoop 등의 기술과 관련된 업무를 수행했다.

비드야사가르는 현재 Ziva Software Pvt에서 선임 개발자로 근무하면서 웹과 지역 정보로부터 근 데이터 기반의 구조화된 데이터 추출 기술을 개발한다. 고품질 소프트웨어 개발, 웹 기반 솔루션, 확장성을 갖춘 안전한 데이터 시스템을 설계하는 것을 즐긴다. 『MongoDB NoSQL로 구축하는 PHP 웹 애플리케이션』(에이콘출판사, 2012) 출간 작업에도 참여했다.

이메일 주소는 vidyasagar1729@gmail.com이다.

전지 전능하신 분이 내게 이런 축복받은 삶을 주었다고 생각하며 일평생 나를 지지하고 지원해준 부모님, N. 스리니바사 라오 씨와 라사 라오 부인, 나의 가족에게 감사한다. 오픈소스 소프트웨어 프로젝트를 통해 자신의 시간, 노력, 전문성을 기여한 친구들, 그리고 많은 이에게 감사한다. 또한 놀라운 책의 기술 검토자로 나를 지목한 팩트 출판사에 감사한다. 이 책을 검토할 수 있는 기회를 얻게 되어 영광이다.

옮긴이 소개

우정은 realplord@gmail.com

인하대학교 컴퓨터공학과를 졸업하고 벨록스소프트(현 유비벨록스), LG전자, 썬 마이크로시스템즈를 거쳐 현재 오라클에 근무하고 있다.

주로 자바 가상머신, 임베디드기기에 탑재되는 자바 플랫폼과 관련된 일을 했다. 아이폰과 안드로이드 프로그램의 매력에 빠져들면서 번역 및 개발을 취미로 삼게 되었다. 2010년부터 아이폰, 안드로이드, 리눅스, 임베디드 분야의 책을 다수 번역했다.

옮긴이의 말

지금으로부터 약 14년 전인 1999년에 톰캣 3.0.x가 오픈소스로 출현했으며 현재까지, 그리고 앞으로도 자신의 위치를 지킬 것으로 보인다. 끊임없는 버전 업데이트와 함께 더욱 훌륭한 서버로 진화하고 있다.

이 책은 서버 관리자라면 누구나 알아야할 내용을 설명한다. 서버 관리자라면 자신의 지식을 시험해 보면서 동시에 톰캣 7의 새로운 내용도 익힐 수 있는 좋은 기회다. 지금까지 알지 못했던 톰캣의 기능도 많이 접할 수 있을 것이다. 또한 톰캣 7을 다운로드하고, 설치하고, 설정하는 방법까지 자세히 설명하므로 톰캣 7을 처음 접하는 초보자라도 큰 어려움 없이 내용을 이해할 수 있다.

보통 톰캣과 SQL, PHP, JSP 등을 함께 사용하는 서버 관리자가 많을 것이다. 또한 시중에서도 이들을 함께 다루는 책을 찾아볼 수 있다. 이 책은 톰캣에만 초점을 맞췄으므로 톰캣에 대해 더 깊이 있게 살펴볼 수 있다.

책을 번역할 때는 언제나 그렇지만 '어떻게 하면 독자가 책을 읽기 쉬울까'를 고민하게 된다. 만족할 만한 결과물이 나올 때가 있는 반면 전혀 만족스럽지 못한 결과가 나올 때도 있다. 역자의 역량도 중요하겠지만 역자의 역량이라는 요소를 제외한다면 역시 원서의 질과 설명 방식이 번역서에 결정적인 영향을 미치게 된다. 이 책의 원서는 매우 간결하고 쉽게 톰캣 7을 설명한다. 따라서 매우 직관적으로 내용을 번역할 수 있었고, 결과적으로 번역서를 즐기는 독자들 역시 쉽고 정확하게 책이 전달하는 내용을 이해할 수 있을 것이다.

이렇게 좋은 번역서가 나올 수 있도록 여러 도움을 주신 에이콘 출판사 분들께 감사한다. 그리고 늘 역자의 곁에서 든든하게 옆을 지켜주는 아내에게도 감사한다.

우정은

목차

지은이 소개	6
감사의 글	7
기술 감수자 소개	9
옮긴이 소개	12
옮긴이의 말	13
들어가며	25

1장   톰캣 7 설치 · 33

톰캣의 역사 · 34
톰캣 지원 매트릭스 · 35
아파치 톰캣 7의 기능과 개선사항 · 36
웹 애플리케이션 메모리 누수 감지와 방지 · 37
서블릿 3.0 · 37
개선된 로깅 · 38
별칭 · 38

톰캣 7 설치 · 38
톰캣 소프트웨어를 다운로드하는 방법 · 39
바이너리 패키지 · 41
RPM/exe · 41
소스 · 42
톰캣 7 설치 요구사항 · 42
자바 설치 · 42
아파치 톰캣 7 설치 · 54
윈도우 환경에서 톰캣 7 설치 · 54

리눅스 환경에서 톰캣 7 설치하기	58
톰캣 서비스를 시작하고 종료하는 방법	59
윈도우에서 서비스 제어하는 방법	59
리눅스에서 서비스 제어하는 방법	61
스타트업 스크립트	62
셧다운 스크립트	63
톰캣 상태 확인	63
설치 과정에서 자주 발생하는 문제와 해결 방법	**65**
에러: 자바 바이너리 권한 거부	65
에러: 톰캣에서 JAVA_HOME을 찾을 수 없다	65
에러: 포트가 이미 사용 중이라는 에러가 로그로 출력됨	66
요약	**66**

2장 설정과 배포　　　　　　　　　　　　　　　67

설정 파일과 사용법	**67**
톰캣 7 설정하기	**69**
DataSource 설정	71
JDBC	72
JNDI	73
DataSource	73
시중에서 흔히 볼 수 있는 데이터베이스의 데이터소스 비교	**79**
톰캣 관리자 설정	80
톰캣 관리자 활성화	81
컨텍스트 경로	85
컨텍스트 경로 활성화	86
톰캣 7에 배포하기	**90**
웹아카이브의 구조	90
아카이브 파일	91
배포 유형	**93**
톰캣 7에서 애플리케이션을 배포하는 방법	95

톰캣의 배포, 설정 과정에서 흔히 발생하는 문제	97
요약	100

3장 성능 튜닝   101

톰캣 7의 성능 튜닝	102
왜 성능을 튜닝해야 하는가	102
성능 튜닝 시작하기	104
톰캣 컴포넌트 튜닝	106
톰캣 7의 커넥터 종류	106
자바 HTTP 커넥터	107
자바 AJP 커넥터	107
APR(AJP/HTTP) 커넥터	108
톰캣 7의 스레드 최적화	108
공유 스레드 풀(공유된 실행자)	109
전용 스레드 풀	109
공유 스레드 풀과 전용 스레드 풀의 비교	110
maxThreads	110
maxKeepAlive	111
JVM 튜닝	111
왜 톰캣의 JDK를 튜닝해야 하는가	112
JMAP(메모리 맵)	113
톰캣 7의 힙 크기를 증가시키는 방법	115
가비지 콜렉션	117
JVM 옵션	119
표준 옵션	120
비표준 옵션	120
GC 로그에 표시된 파라미터	122
SurvivorRatio	123
OS 튜닝	123
요약	125

4장   아파치 웹 서버와 톰캣 통합   127

  사용자 요청 흐름(웹/애플리케이션 수준)   128
  왜 아파치 HTTP 서버를 사용하는가   129
  아파치 HTTP 설치   130
    윈도우에서 아파치 HTTP 설치하기   131
      아파치 서비스를 확인하는 방법   136
    리눅스(비-DOS 환경)에 아파치 HTTP 설치하기   137
      아파치 포터블 런타임   140
  아파치 Jserv 프로토콜   147
    mod_jk 설치하고 설정하기   148
      mod_jk 설치   148
      아파치에서 mod_jk 설정하기   151
    mod_proxy 설정   155
    mod_jk와 mod_proxy 비교   156
  톰캣 7과 IIS 통합   157
    요구사항   157
    설치 과정   158
  통합 과정에서 일반적으로 발생하는 문제와 해결 방법   160
  요약   163

5장   톰캣 7 보안   165

  톰캣 관리자   166
  톰캣 보안 권한   166
    catalina.properties   166
    catalina.policy   168
      시스템 코드 권한   168
      카탈리나 코드 권한(톰캣 코어 권한)   169
      웹 애플리케이션 권한   170
    tomcat-users.xml   172

server.xml	172
톰캣 관리자 활성화	172
톰캣 관리자를 활성화하는 방법	173
제품 환경에 맞는 톰캣 7 보안	173
톰캣 설정	174
커넥터 포트	174
톰캣 애플리케이션 최적화	175
핫 배포 비활성화	176
톰캣 이외의 설정	176
별도의 사용자로 서비스	176
방화벽	177
비밀번호	179
톰캣 7의 SSL 설정	180
SSL 인증서 종류	180
SSL 설치 과정	181
요약	186

6장　톰캣 7 로깅　　187

줄리	188
로거, 어펜더, 레이아웃	189
톰캣 7의 로깅 종류	191
애플리케이션 로그	191
서버 로그	192
콘솔 로그	192
액세스 로그	194
호스트 관리자	195
톰캣 7의 다양한 로그 수준	197
Log4j	199
Log4j의 다양한 로그 수준	199
Log4j 설정 방법	200

로그 수준 매핑	201
톰캣 7의 밸브	**202**
로그 분석	**204**
로그 분석에 유용한 명령어	205
요약	**206**

7장 톰캣 문제 해결   207

웹 관리자가 공통적으로 겪는 문제 영역	**208**
문제 해결 방법	**209**
애플리케이션이 느려지는 문제	209
톰캣 7에서 느림 문제를 해결하는 방법	210
데이터베이스 수준에서 문제 해결	216
톰캣 7에서 스레드 덤프 만드는 방법	**219**
Kill 명령어를 이용한 스레드 덤프	219
Jstack을 이용한 스레드 덤프	221
톰캣 인스턴스의 스레드 덤프 분석 방법	222
사무라이로 스레드 덤프 분석하기	223
스레드 덤프 분석기를 이용해 스레드 덤프 분석하기	224
에러와 해결책	228
JVM(메모리) 문제	229
데이터베이스 관련 문제	232
웹 서버 벤치마킹	**235**
아파치벤치	236
제이미터	236
요약	**236**

8장   톰캣 7 모니터와 관리 — 239

- 다양한 모니터링 방법 — 240
- 웹 애플리케이션, 데이터베이스 서버에 모니터링 설정 — 242
- 톰캣 7의 톰캣 관리자 — 243
- 톰캣 7 모니터링 — 245
  - 톰캣 7 서버 상태 요약 — 245
    - 톰캣 7 서버의 모든 상태 — 247
- 톰캣 7의 JConsole 설정 — 251
  - 원격 JMX 활성화 — 252
  - JConsole 연결 방법 — 253
  - JConsole의 다양한 탭과 기능 — 255
    - 메모리 개요 — 256
    - 스레드 개요 — 257
    - 개요와 VM 요약 — 258
    - MBeans — 260
- 요약 — 264

9장   톰캣 7 클러스터링 — 265

- 클러스터란 무엇인가 — 266
  - 클러스터링의 장점 — 267
  - 클러스터링의 단점 — 268
- 클러스터링 아키텍처 — 269
  - 수직 클러스터링 — 269
    - 수직 클러스터링의 장점 — 270
    - 수직 클러스터링의 단점 — 270
  - 수평 클러스터링 — 271
    - 수평 클러스터링의 장점 — 272
    - 수평 클러스터링의 단점 — 272
- 아파치 톰캣 7의 수직 클러스터링 — 272

톰캣 인스턴스 설치	273
수직 클러스터 설정	274
인스턴스 1 설정	274
인스턴스 2 설정	276
아파치 웹 서버를 수직 클러스터로 설정	280
아파치 톰캣 7의 수평 클러스터링	**282**
톰캣 인스턴스 설치	282
클러스터 설정	283
인스턴스 1 설정	283
인스턴스 2 설정	286
아파치 웹 서버를 수평 클러스터로 설정	289
클러스터된 인스턴스 테스트	**291**
톰캣 클러스터링 모니터링	**293**
요약	**293**

10장 톰캣 업그레이드   295

다양한 환경	**296**
개발 환경	296
품질 보증 환경	297
준비 환경	297
제품 환경	297
업그레이드 생명주기	**297**
톰캣 6에서 톰캣 7으로 업그레이드	**299**
톰캣 7의 요구사항	301
업그레이드할 톰캣 7 설치	301
톰캣 7 설정	302
JVM 설정	303
데이터베이스 연결 설정	305
애플리케이션 마이그레이션	306
별칭 설정	306

ITIL 과정 구현	307
가용성 관리	307
용량 관리	308
서비스 전이	308
요약	309

11장 톰캣 7의 고급 설정 — 311

가상 호스팅	312
이름 기반 가상 호스팅	312
IP 기반 가상 호스팅	313
톰캣 7의 가상 호스팅	314
호스트명 별칭	317
하나의 톰캣 인스턴스로 여러 애플리케이션 호스팅	317
다양한 톰캣 환경 – 개발 환경/QA 환경/준비 환경/제품 환경	318
캐시 튜닝	320
톰캣 7 최적화	321
특권이 없는 사용자로 톰캣 7 실행하기	321
요약	322

찾아보기	323

들어가며

이 책은 다양한 업계의 전문가가 미들웨어 인프라구조를 유지보수할 때 사용하는 팁, 트릭 등을 이용해 아파치 톰캣 7을 전문적으로 관리하고 문제를 해결하도록 돕는다. 특히 실용적인 해결책을 제시할 뿐만 아니라 왜 그런 솔루션을 사용하는지 자세히 설명한다는 것이 강점이다.

아파치 톰캣(또는 자카르타 톰캣이나 단순히 톰캣)은 아파치 소프트웨어 재단에서 개발한 오픈소스 서블릿 컨테이너다. 가장 최근의 안정 릴리스 버전의 아파치 톰캣 7에서는 서블릿 3와 JCP를 구현하며 JCP(Java Community Process)의 자바 서버 페이지 2 규격명세를 구현한다. 톰캣은 애플리케이션과 웹 서비스를 개발하고 배포하는 데 활용할 수 있는 부가 기능을 많이 제공한다.

『아파치 톰캣 7 따라잡기』는 톰캣을 설치하고, 설정하고, 유지보수하는 실용적인 방법을 알려준다. 이 책을 통해 여러 웹사이트를 호스트할 수 있는 미들웨어 아키텍처를 이해할 수 있으며, 미들웨어 지원 기능을 자신 있게 구현할 수 있게 된다. 마이그레이션 관련 문제 해결 능력뿐 아니라 일반적인 유지보수 문제 해결 방법을 배울 수 있다. 현재 이전 버전에서 톰캣 7으로 업그레이드하는 방법을 다룬 첫 책이며 유일한 책이다.

초급 수준의 내용부터 고급 수준의 내용이 모두 들어있다. 미들웨어, 웹 문제를 처리하는 데 필요한 개념을 이해할 수 있도록 이론과 실무를 고루 살펴볼 수 있게 구성했다.

이 책은 세 단계의 생명주기로 구성돼 있다. 첫 번째 단계에서는 톰캣 7을 다양한 OS에 설치와 설정, 그리고 JDBC, 포트, 배포 등의 다양한 설정을 다룬다.

두 번째 단계에서는 기업 애플리케이션 설정과 높은 가용성 아키텍처(클러스터링과 부하 배분)와 관련한 내용을 설명한다. 가장 핵심이 되는 세 번째 단계에서는 중요한 문제를 처리하는 방법, 성능을 튜닝하는 방법, 개발/QA/준비/제품 등의 다양한 환경의 모범 사례를 살펴본다.

이 책을 통해 웹 기술 분야에서 톰캣 7을 더 폭넓게 활용할 수 있는 시야를 갖게 될 것이며, 아파치 톰캣 7을 이용해 톰캣 7의 성능을 최적화하는 기술도 습득할 수 있다.

이 책에서 다루는 내용

1장. 톰캣 7 설치 아파치 톰캣의 역사와 톰캣 7에서 새로 추가된 기능을 설명한다. 톰캣 7을 윈도우, 리눅스 운영체제에 설치하는 방법을 단계별로 확인하며 설치 과정에서 흔히 발생하는 문제와 해결 방법도 살펴본다.

2장. 설정과 배포 오라클, MySQL, PostgreSQL 등의 다양한 데이터베이스의 데이터소스 설정방법을 포함해, 애플리케이션을 이용한 컨텍스트 경로 생성 등 다양한 톰캣 설정을 학습한다. 톰캣 관리자를 이용해 샘플 애플리케이션을 배포하는 방법 등 다양한 배포방법을 살펴보며, 배포와 관련해 발생하는 공통적인 문제를 해결 방법도 확인할 수 있다.

3장. 성능 튜닝 아파치 톰캣 7에 적용할 수 있는 다양한 성능향상 방법과 기법을 설명한다. 커넥터, JVM 성능 튜닝, OS 파라미터 최적화 등을 설정하는 방법을 단계별로 학습한다.

4장. 아파치 웹 서버와 톰캣 통합 아파치/IIS를 톰캣 7과 통합하는 방법과 `mod_jk`, `mod_proxy` 등의 다양한 컴포넌트를 통합하는 방법뿐 아니라 통합 과정에서 실제로 발생할 수 있는 문제와 해결 방법을 살펴본다.

5장. 톰캣 7 보안 카탈리나 정책, 시스템 수준 정책 등 톰캣 7의 다양한 정책과 기능을 설명한다. SSL 같은 보안을 활성화하는 방법과 장점, 설정을 변경하고 SSL을 구현함으로써 제품 환경에서 동작하는 톰캣 7을 안전하게 유지하는 업계의 모범 사례 등도 살펴본다.

6장. 톰캣 7 로깅 톰캣 7의 로그를 활성화하는 다양한 방법(log4j, JULI)을 살펴본다. 로그를 분석하는 모범 사례, 팁, 트릭 등도 설명한다.

7장. 톰캣 문제 해결 애플리케이션 관리자와 웹 관리자가 실제 환경에서 겪을 수 있는 다양한 문제, 다양한 기법, 그리고 여러 가지 에러와 해결책을 이용해 제품 환경에서 이들 문제를 회피하는 방법, 스레드 덤프를 분석하는 데 사용하는 스레드 덤프 분석 방법과 도구, 실제 문제를 해결하는 방법, 웹 서버 벤치마킹 등을 설명한다.

8장. 톰캣 7 모니터와 관리 톰캣 7을 모니터링하는 다양한 프로세스, 톰캣 관리자와 JConsole을 사용하는 컴포넌트, 다양한 모니터링 방법, 톰캣 7을 모니터링하는 방법, JConsole을 사용하는 방법 등을 설명한다.

9장. 톰캣 7 클러스터링 톰캣 7의 클러스터링과 구현 기법을 설명한다. 클러스터링 구조, 수평 클러스터와 수직 클러스터의 장점, 그리고 이들 클러스터를 톰캣 7에 구현하는 방법, 클러스터 검증 방법을 학습한다.

10장. 톰캣 업그레이드 톰캣 6을 톰캣 7으로 업그레이드하는 다양한 기법, 업그레이드 생명주기와 관련한 업그레이드 과정, 톰캣 7의 설정 업그레이드, 데이터소스 설정을 설명하며 업그레이드 과정에서 사용하는 다양한 ITIL 프로세스도 살펴본다.

11장. 아파치 톰캣 7 고급 설정 톰캣 7의 고급 설정과 최적화 파라미터를 설명한다. 특히 가상 환경, 개발/QA/준비/제품 환경의 기능, 서비스로 동작하는 톰캣, 특권이 없는 사용자로 톰캣 실행하는 방법 등의 핵심 내용이 들어있다.

이 책을 읽기 전에 필요한 요구사항

이 책의 내용을 이해하려면 윈도우나 리눅스 운영체제의 기본 지식이 있어야 하며 자바 관련 지식이 있다면 좋다.

이 책의 대상 독자

J2EE 관리자, 마이그레이션 관리자, 기술 아키텍트, 웹 호스팅 도메인 프로젝트 관리자, 아파치 톰캣 7에 관심이 있는 사람이라면 이 책에서 유용한 정보를 얻을 수 있다. 톰캣 7을 설치, 설정, 관리해야 한다면 이 책이 도움을 줄 것이다.

이 책의 편집 규약

이 책에서는 여러 정보를 구별할 수 있도록 다양한 텍스트 형식을 이용한다. 다음과 같은 의미를 갖는 텍스트 형식을 사용한다.

문장에서 프로그램과 관련된 코드 단어는 다음처럼 표시한다.

"startup 명령을 실행하면 톰캣 부팅에 사용된 필수 파라미터 정보(예를 들어 CATALINA_BASE, CATALINA_HOME, JRE_HOME 등)를 출력한다."

코드 블록은 다음처럼 표시한다.

```
# .bash_profile
# 별칭과 기능을 얻는다.
if [ -f ~/.bashrc ];then
   . ~/.bashrc
Fi
# 사용자 전용 환경과 스타트업 프로그램
JAVA_HOME=/opt/jdk1.6.0_24
PATH=$JAVA_HOME/bin:$PATH:$HOME/bin
export PATH JAVA_HOME
unset USERNAME
```

코드 블록의 특정 부분에 주목할 수 있게 특정 행이나 항목은 굵은 글씨로 표시했다.

```
<Executor name="tomcatThreadPool"
  namePrefix="catalina-exec-"
  maxThreads="150"
  minSpareThreads="4"/>
```

명령행 입력이나 출력은 다음처럼 표시한다.

`[root@localhost opt]# cksum apache-tomcat-7.0.12.zip`

화면, 메뉴나 대화상자에서 볼 수 있는 단어를 굵은 글씨로 표시했다. 다음은 중요 용어를 굵은 글씨로 표시한 예다.

"이전 화면은 md5에서 이용할 수 있는 패키지를 보여준다. 웹사이트의 md5를 클릭해서 우리 시스템에서 생성한 체크섬과 사이트에서 제공한 값을 비교할 수 있다."

 경고나 중요한 내용은 이 박스를 사용해서 표기한다.

 팁이나 특별한 요령은 이 박스를 사용해서 표기한다.

독자 피드백

독자의 의견은 언제나 환영이다. 이 책에 대한 여러분의 생각(좋은 점이든 나쁜 점이든)을 알려주기 바란다. 더 유익한 책을 만들기 위해 독자의 의견은 무엇보다 중요하다.

일반적인 의견은 메시지 제목을 책의 제목으로 작성해서 feedback@packtpub.com으로 메일을 보내면 된다.

필요하거나 출판되기를 바라는 책이 있다면 그 내용을 www.packtpub.com에 있는 SUGGEST A TITLE 서식이나 이메일(suggest@packtpub.com)을 통해 보내면 된다.

자신의 전문지식을 바탕으로 책을 집필하거나 기여하는 데 관심이 있다면, www.packtpub.com/authors에 있는 저자 가이드를 참조하기 바란다.

고객 지원

팩트 출판사의 구매자가 된 독자에게 도움이 되는 몇 가지를 제공하고자 한다.

이 책에 사용된 예제 코드 다운로드 http://www.PacktPub.com에 등록된 계정을 통해 책을 구매했다면, 팩트의 책에 사용된 모든 예제 코드를 내려받을 수 있다. 그리고 한국어판의 소스코드는 에이콘출판사 깃허브 저장소 https://github.com/AcornPublishing/tomcat7에서 내려받으실 수 있습니다.

오탈자

내용을 정확하게 전달하기 위해 최선을 다하지만, 실수가 있을 수 있다. 팩트 출판사의 책에서 텍스트나 코드상의 문제를 발견해서 알려준다면, 매우 감사하게 생각할 것이다. 그러한 참여를 통해 다른 독자에게 도움을 주고, 다음 버전에서 책을 더 완성도 있게 만들 수 있다. 만약 오자를 발견한다면 http://www.packtpub.com/support에서 **errata submission form** 링크를 통해 구체적인 내용을 알려주기 바란다. 보내준 내용이 확인되면 웹사이트에 그 내용이 올라가거나, 해당 서적의 정오표 섹션에 그 내용이 추가될 것이다. http://www.packtpub.com/support에서 해당 타이틀을 선택하면 지금까지의 정오표를 확인할 수 있다. 한국어판은 에이콘출판사 도서정보 페이지 http://www.acornpub.co.kr/book/tomcat7에서 찾아볼 수 있다.

저작권 침해

인터넷에서의 저작권 침해는 모든 매체에서 벌어지고 있는 심각한 문제다. 팩트 출판사는 저작권과 라이선스 문제를 아주 심각하게 인식하고 있다. 만약 어떤 형태로든 팩트 출판사 서적의 불법 복제물을 인터넷에서 발견한다면, 적절한 조치를 취할 수 있게 주소나 사이트 명을 즉시 알려주길 부탁한다.

의심되는 불법 복제물의 링크를 copyright@packtpub.com으로 보내주기 바란다.

저자와 더 좋은 책을 위한 팩트 출판사의 노력을 배려하는 마음에 깊은 감사의 뜻을 전한다.

질문

이 책에 관련된 질문이 있다면 questions@packtpub.com을 통해 문의하기 바란다. 최선을 다해 질문에 답해드리겠다. 한국어판에 관한 질문은 이 책의 옮긴이나 에이콘출판사 편집 팀(editor@acornpub.co.kr)으로 문의해주길 바란다.

1
톰캣 7 설치

아파치 톰캣은 자바 기반 애플리케이션을 호스트하는 오픈소스 자바 기반 웹,
서블릿 컨테이너다. 처음에는 자카르타 톰캣Jakarta Tomcat으로 개발됐다가 요구
사항이 늘어나면서 아파치 소프트웨어 제단Apache Software Foundation의 지원을 받
는 아파치 톰캣이라는 별도의 프로젝트로 분리됐다. 썬 마이크로시스템즈Sun
Microsystems[1]의 소프트웨어 아키텍처인 제임스 던캔 데이비슨James Duncan Davidson
이 처음 개발을 시작했다. 그는 나중에 프로젝트를 오픈소스화하고 썬 마이크로
시스템즈에서 아파치 소프트웨어 제단으로 기부하는 과정에서 중요한 역할을
했다. 톰캣은 썬 마이크로시스템즈가 만든 **자바 서블릿**Java Servlet 규격 명세와 **자바
서버 페이지**JSP, Java Server Pages 규격 명세를 구현하며 자바 코드를 실행할 수 있는
순수 자바 HTTP 웹 서버 환경을 제공한다.

아파치 톰캣 버전 7.0은 자바 커뮤니티 프로세스JCP, Java Community Process에서 만
든 서블릿 3.0과 자바 서버 페이지 2.2 규격 명세를 구현한다. 따라서 톰캣 7.0
에는 웹 애플리케이션과 웹 서비스를 개발하고 배포하는 데 유용한 여러 기능이
있다.

---

[1] 현재는 오라클(Oracle)로 합병됐다. - 옮긴이

1장에서는 다음과 같은 주제를 살펴본다.

- 톰캣 7 소개
- 톰캣 7의 다양한 기능
- 톰캣 설치
    - 톰캣 7 설치 요구사항
    - 리눅스와 윈도우 운영체제에 톰캣 7 설치
- 설치 과정에서 자주 발생하는 발생하는 문제 해결 방법

톰캣의 역사

톰캣은 1999년에 3.0.x 버전으로 처음 오픈소스 그룹에 등장했다. 그 후로 오픈 소스 커뮤니티의 전폭적인 지원을 받으며 IT 업계에서 널리 사용되기 시작했다. 현재 톰캣은 다양한 업계에서 중요한 프로젝트와 제품에 사용되고 있다. 톰캣의 버전 역사를 좀 더 자세히 살펴보자.

12년이라는 시간 동안 톰캣은 다양한 형태로 바뀌어오며 IT 업계에 다양한 릴리스를 제공했다. 그 동안의 톰캣 안정 버전 릴리스 로드맵을 다음과 같이 요약할 수 있다.

톰캣의 버전 변경, 릴리스, 비교 관련 정보는 다음 사이트를 참고하자.
http://en.wikipedia.org/wiki/Apache_Tomcat
http://wiki.apache.org/tomcat/FrontPage

버전	릴리스 날짜	설명
3.0.x(초기 릴리스)	1999	썬 자바 웹 서버코드(기부된)와 ASF를 합쳤으며 서블릿 2.2와 JSP 1.1 규격 명세를 구현
3.3.2	2004년 3월 9일	3.x 릴리스의 최신 버전
4.1.40	2009년 6월 25일	4.x 릴리스의 최신 버전
5.5.32	2011년 2월 1일	5.x 릴리스의 최신 버전
6.0.32	2011년 2월 3일	6.x 릴리스의 최신 버전
7.0.0 베타	2010년 6월 29일	서블릿 3.0, JSP 2.2, EL 2.2 규격 명세를 구현한 최초의 아파치 톰캣 릴리스
7.0.11	2011년 3월 11일	네 번째 안정 버전.
7.0.12	2011년 4월 6일	현재 안정 버전[2]

톰캣 지원 매트릭스

JDK 버전, 추가기능, 안정성 등과 같은 컴포넌트를 기준으로 아파치 톰캣을 분류할 수 있다. 애플리케이션에 사용할 아파치 톰캣 버전을 결정해야 하는 실제 상황을 가정해보자. 예를 들어 애플리케이션이 서블릿 2.4와 JSP 2.0을 사용한다면 톰캣 5.0 버전을 사용해야 한다. 실생활에서 시스템 자원을 적절하게 활용할 수 있는 톰캣 버전을 찾기란 쉽지 않은 일이다.

일반적으로 제품에 사용된 기술적인 규격 명세를 담당하는 회사의 테크니컬 아키텍트Technical Architect가 톰캣 버전을 결정할 것이다. 톰캣의 버전에 따라 어떤 기능을 제공하는지 간단히 살펴보자.

---

2 2013년 1월 현재는 7.0.35 안정 버전까지 출시되었다. – 옮긴이

기능	7.x	6.x	5.x	4.x	3.x
버전 규격 명세	서블릿 3.0, JSP 2.2, EL 2.2	서블릿 2.5, JSP 2.1	서블릿 2.4, JSP 2.0	서블릿 2.3, JSP 1.2	서블릿 2.2, JSP 1.1
안정:	네	네	네	네	네
개선	네	네	어려움	매우 어려움	매우 어려움
버그 수정	네	네	네	매우 어려움	매우 어려움
보안 수정	네	네	네	매우 어려움	매우 어려움
릴리스	네	네	네	매우 어려움	매우 어려움
릴리스 관리자	마크 토마스 (markt)	진-프레더릭 클레레(jfclere)	필립 하닉 (fhanik)	마크 토마스 (markt)	빌 바커 (billbarker)
프로세스	CTR	RTC	RTC	CTR	CTR
다운로드 페이지에 나타남	네	네	네	아니오	아니오
JDK 버전	1.6	1.5	1.4	1.3	1.1

위 표에서 기능 개선이 '매우 어려움'이라는 말은 새로 개선된 기능을 지원받으려면 반드시 상위 버전으로 업그레이드해야 함을 의미한다. 보안 수정과 버그 수정에서도 '매우 어려움'이라는 말은 기능 개선의 '매우 어려움'과 같은 의미를 갖는다.

아파치 톰캣 7의 기능과 개선사항

표를 통해 다양한 톰캣 버전과 해당 버전에서 지원하는 규격 명세 정보(JDK 지원, EJB, 서블릿)를 살펴봤다. 이번에는 톰캣 7의 새로운 기능과 개선사항을 간단히 검토하고 이해하자.

아파치 톰캣 7.x는 톰캣 6.x에서 몇 가지 중요한 사항을 개선했고 서블릿 3.0, JSP 2.2, EL 2.2 규격 명세를 실시간으로 구현하는 것이 특징이다. 그 밖에도 아파치 톰캣 7.x에서는 기존 릴리스에서 발견된 주요 문제점 몇 가지를 해결했다.

웹 애플리케이션 메모리 누수 감지와 방지

4.x/5.x 버전의 톰캣에서는 메모리 누수memory leak 문제가 발생한다. 톰캣을 재시작하지 않고 애플리케이션 로딩을 반복하면 메모리 누수 때문에 시간이 흐르면서 OutOfMemoryError 예외가 발생한다. 톰캣은 메모리 누수 문제를 해결하려고 메모리와 관련된 버그와 이슈를 추적하는 데 총력을 기울였다.

서블릿 3.0

톰캣은 7은 서블릿 3.0을 훌륭하게 지원한다. 서블릿 3.0 덕분에 개발자는 쉽게 코딩할 수 있고, 훌륭한 비동기 프로그래밍 기법도 이용할 수 있다. 톰캣 7은 다음과 같은 기능을 제공한다.

- **비동기 지원** 서블릿 3.0의 비동기 지원을 톰캣 7과 완벽하게 통합했다. 서버가 자원 요청의 응답을 기다리지 않아도 된다는 것이 비동기 프로그래밍의 가장 큰 장점이다. 예를 들어 2000명의 사용자가 애플리케이션을 사용하고 있을 때 데이터베이스로 2,000개의 연결을 할당하고 응답이 올 때까지 연결이 유휴상태에 있게 할 수는 없다. 이와 같은 상황에서는 비동기 프로그래밍을 애플리케이션에 적용함으로써 일부 사용자가 DB, NAS 등과 같은 자원 요청 응답을 기다리는 동안 다른 사용자의 요청을 처리하게 할 수 있다.

- **동적 설정** 동적 설정도 서블릿 3.0의 필수 기능이다. 톰캣 7은 웹 단편을 지원하므로 개발자는 자신의 애플리케이션 web.xml에서 특정 라이브러리를 설정할 필요가 없다. 즉 개발자는 web.xml의 라이브러리 레퍼런스를 통합할 수 있다.

- **애노테이션 기반 설정**Annotation-based Configuration 톰캣 7의 서블릿 3.0은 애노테이션 기반 설정을 지원한다. 따라서 개발자는 프로그램 실행문과 관련이 없는 주석 형식의 프로그래밍을 포함할 수 있다. 주석 형식 프로그래밍의 큰 장점은 웹 서버를 고치지 않고도 애플리케이션 서블릿 클래스 재작성 규칙을 설정할 수 있다는 것이다. 따라서 주석 형식 프로그래밍으로 웹 서버 의존성을 줄일 수 있으며 배포 디스크립터의 필요성도 사라진다.

개선된 로깅

톰캣 7은 사용자가 로그 분석 결과를 잘 이해할 수 있도록 두 가지의 새로운 로깅 기능을 지원한다.

- **비동기 방식의 파일 핸들러** 톰캣은 비동기 방식의 핸들러를 이용해 지정된 스레드에서 디스크로 로그를 기록할 수 있다. 따라서 로깅 동작이 작업 스레드에 영향(지연과 같은)을 주지 않는다.
- **단일 행 로그 포맷터** 단일 행 로그 포맷터는 관리자에게 용이하도록 로그를 한 행으로 기록한다.

별칭

별칭Alias은 관리자에게 가장 좋은 기능이다. 별칭을 이용해 관리자는 여러 웹 사이트를 호스트(이때 다른 웹 서버와 의존성을 갖지 않는 상태를 유지)할 수 있다. 뿐만 아니라 정적 컨텐츠(단일 패키지의 이미지/자바스크립트) 전체를 호스트할 수 있다.

톰캣 7 설치

지금까지 아파치 톰캣 7에 새로 개선된 기능을 살펴봤다. 이제 톰캣을 어떻게 설치하는지 살펴보자.

톰캣 7의 기능과 관련해 기억해야 할 중요 사항

아파치 톰캣 7은 JRE 1.6이나 그 이후 버전에서 실행할 수 있다. 즉 자바 개발 킷(JDK, Java Development Kit) 전체를 설치하지 않아도 톰캣을 실행할 수 있다. 저장소 공간 문제가 있거나, 자바의 부피를 줄여 메모리 소비를 감소시키고 싶다면 JRE만 설치하는 것을 고려할 수 있다. 그러나 자바 개발 키트에는 시스템 관리에 도움을 주는 유틸리티(jmap, jstack)가 포함되어 있으므로 관리자의 입장에서는 자바 개발 키트 전체를 설치하는 것이 좋다. 자바 개발 키트는 이클립스 JIT(Just in Time) 컴파일러를 자체적으로 포함한다.

아파치 톰캣 7은 ClassCastExceptions과 같은 클래스 로딩 충돌 문제를 해결한다. 런타임에 클래스를 로딩하는 데 문제가 있으면 ClassCastExceptions이 발생한다.

톰캣 소프트웨어를 다운로드하는 방법

다음과 같은 과정으로 소프트웨어를 다운로드할 수 있다.

- 아파치 톰캣 7 소프트웨어는 어디서 다운로드할 수 있으며 라이선스 비용을 얼마일까? 기본적으로 아파치는 GPL General Public License과 호환되는 아파치 라이선스 2.0 버전으로 제공된다. 간단히 말하자면 공짜라는 말이다! 라이선스와 관련한 자세한 정보는 http://www.apache.org/licenses/를 확인하자. 이제 소프트웨어를 다운로드하는 방법을 살펴보자.

- 항상 공식 사이트(http://tomcat.apache.org/download-70.cgi)에서 소프트웨어를 다운로드할 것을 권장한다. http://tomcat.apache.org/에서 가장 최신의 톰캣 패키지 안정 버전을 받을 수 있다. 톰캣을 설치하고자 하는 운영체제에 따라 알맞은 패키지를 선택하자.

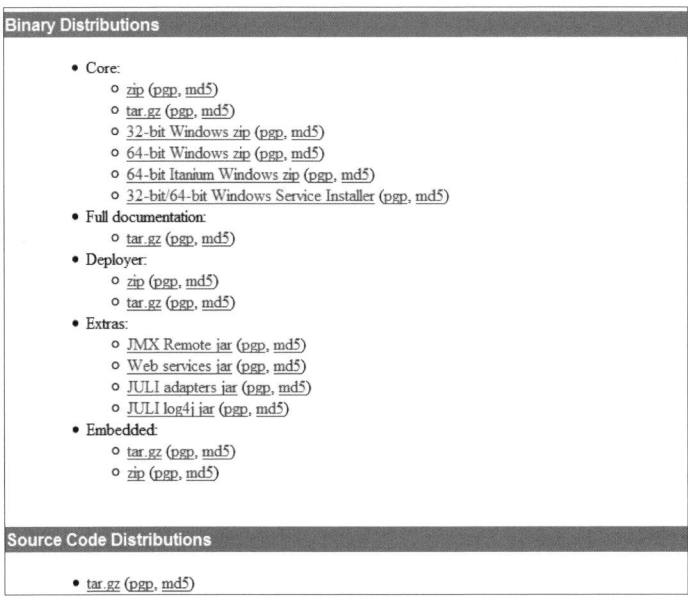

소프트웨어를 다운로드를 마쳤으면 MD5 체크섬으로 다운로드한 파일의 무결성integrity을 검사해야 한다.

 MD5 메시지 다이제스트 알고리즘(MD5 Message-Digest Algorithm)은 128비트(16바이트) 해시 값을 만들 때 널리 사용되는 해시 함수다.

아래와 같이 MD5 체크섬으로 데이터 무결성을 확인할 수 있다.

1. apache.org에서 MD5 체크섬을 다운로드한다. 우리가 다운로드하는 모든 패키지에는 MD5 체크섬이 포함되어 있다. 앞의 그림을 보면 패키지 옆의 MD5 표시가 있음을 알 수 있다. 웹사이트의 **md5**를 클릭해서 사이트의 체크섬 값과 우리 시스템에서 생성한 체크섬 값을 비교할 수 있다.

2. 다음과 같은 명령어로 다운로드한 소프트웨어의 체크섬을 생성할 수 있다. 다음 그림을 참고하자.

```
[root@localhost opt]# cksum apache-tomcat-7.0.12.zip
```

```
[root@localhost opt]# cksum apache-tomcat-7.0.12.zip
3514439228 7638243 apache-tomcat-7.0.12.zip
[root@localhost opt]#
```

톰캣은 바이너리, 소스, RPM과 같이 다양한 설치를 지원하는 패키지를 제공한다. 공식 사이트에서 각자 자신에게 알맞은 패키지를 선택하자. 실생활에서는 어떤 패키지를 무슨 이유로 선택하는지 간단하게 살펴보자.

바이너리 패키지

산업 표준에 맞게 구현되고 검증된 바이너리로 미리 정해진 라이브러리와 커스트마이즈된 설정을 포함한다. 바이너리 패키지는 다음과 같은 장점을 제공한다.

- 대부분의 실생활 환경에 적합한 표준 패키지다.
- DOS를 제외한 환경(리눅스, 유닉스 등과 같은)에서는 하나의 OS에 여러 톰캣을 설정할 수 있다.
- 경로의 영향을 받지 않는다. 사용할 수 있는 자원(하드웨어)만 있다면 OS의 어디에라도 톰캣을 설정할 수 있다.

RPM/exe

RPM은 각 OS별로 개발하고 컴파일된 시스템 인스톨러로 구성된다. RPM은 대상 OS에서만 동작하도록 미리 정의된 라이브러리를 포함한다. RPM은 다음과 같은 장점을 제공한다.

- RPM에서는 의존성이 있는 다른 라이브러리를 설치할 필요가 없다
- RPM은 대상 OS와 라이브러리를 공유하도록 만들어졌다
- 별도로 스타트업 서비스를 설정할 필요가 없다

RPM은 미리 정해진 경로를 포함한다는 점과 하나의 운영체제에 여러 개의 톰캣 인스턴스를 설정할 수 없다는 것이 유일한 단점이다.

소스

소스 패키지를 이용하면 요구사항에 맞게 설치를 커스터마이즈할 수 있다. 소프트웨어 설치를 커스트마이즈하려면 소스 패키지를 이용한다.

- 매우 효과적으로 톰캣을 커스터마이즈할 수 있다(필요한 서비스만 설치).
- DOS를 제외한 환경(리눅스, 유닉스 등과 같은)에서는 하나의 OS에 여러 톰캣을 설정할 수 있다.
- 경로의 영향을 받지 않는다. 어느 자원(하드웨어)을 이용할 수 있느냐에 따라 OS의 어떤 부분에라도 톰캣을 설정할 수 있다.
- 제품 환경에서는 항상 RPM 대신 소스나 바이너리 패키지 사용을 권장한다.

톰캣 7 설치 요구사항

아파치 톰캣 7 설치를 시작하기 전에 요구사항을 설정해야 한다. 이들은 톰캣 7 설치를 시작하는데 매우 중요한 사항이다. 아파치 톰캣 7에서 언급하는 다음과 같은 요구사항을 만족해야 한다.

- 자바 SE 1.6 또는 그 이후 버전
- OS 환경 변수 설정

자바 설치

여러 업체에서 자바를 개발해왔다. 애플리케이션의 요구사항과 아키텍처 종류에 따라 각 애플리케이션은 다양한 JVM을 사용한다. 일반적으로 IBM, HP, 썬, OpenJDK 등을 JDK 업체로 꼽을 수 있다. 그 중에서도 썬이 IT 업계의 주요 부분을 차지했다. 다양한 IT 업계에서 JDK를 널리 사용하며 받아들이고 있다.

OS별로 JDK 패키지가 제공되며 공통 라이브러리 집합을 이용해 어떤 시스템에서나 JDK 패키지를 컴파일할 수 있다. JDK 패키지는 인터넷에서 쉽게 구할 수 있으며 때로는 OS 업체에서 이미 JDK를 포함하기도 한다.

32비트 버전과 64비트 버전의 JDK/JRE가 있으므로 애플리케이션 요구사항에 맞게 선택하자. 64비트와 32비트 **가상머신**VM, Virtual Machine에는 다음과 같은 차이점이 있다.

- 같은 애플리케이션을 실행하는 32비트 VM에 비해 64비트 VM에서 약간의 성능 손실은 있지만 64비트 VM은 더 큰 메모리 공간을 표현할 수 있다.
- 메모리를 많이 필요로 하는 애플리케이션이 있다면 4GB 이상의 메모리를 JVM에 할당할 수 있다.

64비트 자바 버전에서는 32비트 자바 버전보다 많은 메모리를 할당해야 한다. 일반적으로 64비트 자바는 32비트 자바 버전보다 30퍼센트 정도의 메모리를 더 요구한다.

리눅스에서 자바 설치하기

이번에는 리눅스에서 자바를 설치하는 과정을 살펴본다.

1. 리눅스 시스템에서 오라클 사이트에 접속해 JDK를 다운로드하자.

버전과 릴리스 변경 정보는 http://www.oracle.com/technetwork/java/javase/downloads/index.html에서 확인할 수 있다.

이 책에서는 자바 버전 'Java(TM) SE Runtime Environment (build 1.6.0_24-b07)'를 사용해 /opt 파티션에서 설치를 진행한다.

다운로드를 마쳤으면 /opt에 바이너리 파일(jdk-6u24-linux-i586.bin)이 생성되었을 것이다.

2. 다음 명령으로 패키지 파일의 권한permission을 고친다.

```
chmod 0755 jdk-6u24-linux-i586.bin
```

'chmod 0755 파일명'은 'u=rwx (4+2+1),go=rx(4+1 & 4+1)'과 같은 권한을 갖는다. 0은 특별 모드가 아님을 의미한다.

3. 다음 명령으로 JDK를 설치한다.

[root@localhost opt]# ./jdk-6u24-linux-i586.bin

다음 그림과 같은 출력을 확인할 수 있다.

```
[root@localhost opt]# ./jdk-6u24-linux-i586.bin
Unpacking...
Checksumming...
Extracting...
UnZipSFX 5.50 of 17 February 2002, by Info-ZIP (Zip-Bugs@lists.wku.edu).
   creating: jdk1.6.0_24/
   creating: jdk1.6.0_24/jre/
   creating: jdk1.6.0_24/jre/bin/
  inflating: jdk1.6.0_24/jre/bin/java
  inflating: jdk1.6.0_24/jre/bin/keytool
  inflating: jdk1.6.0_24/jre/bin/policytool
  inflating: jdk1.6.0_24/jre/bin/rmiregistry
  inflating: jdk1.6.0_24/jre/bin/rmid
  inflating: jdk1.6.0_24/jre/bin/tnameserv
  inflating: jdk1.6.0_24/jre/bin/orbd
  inflating: jdk1.6.0_24/jre/bin/servertool
  inflating: jdk1.6.0_24/jre/bin/unpack200
  inflating: jdk1.6.0_24/jre/bin/pack200
  inflating: jdk1.6.0_24/jre/bin/jcontrol
    linking: jdk1.6.0_24/jre/bin/ControlPanel   -> ./jcontrol
  inflating: jdk1.6.0_24/jre/bin/java_vm
  inflating: jdk1.6.0_24/jre/bin/javaws
   creating: jdk1.6.0_24/jre/lib/
   creating: jdk1.6.0_24/jre/lib/applet/
   creating: jdk1.6.0_24/jre/lib/ext/
  inflating: jdk1.6.0_24/jre/lib/ext/sunjce_provider.jar
  inflating: jdk1.6.0_24/jre/lib/ext/sunpkcs11.jar
  inflating: jdk1.6.0_24/jre/lib/ext/dnsns.jar
  inflating: jdk1.6.0_24/jre/lib/ext/localedata.pack
  inflating: jdk1.6.0_24/jre/lib/ext/meta-index
   creating: jdk1.6.0_24/jre/lib/i386/
   creating: jdk1.6.0_24/jre/lib/i386/native_threads/
  inflating: jdk1.6.0_24/jre/lib/i386/native_threads/libhpi.so
   creating: jdk1.6.0_24/jre/lib/i386/server/
  inflating: jdk1.6.0_24/jre/lib/i386/server/libjvm.so
```

4. 설치 과정에서 바이너리는 프로그램 **사용 동의**acceptance of the agreement 여부를 묻는다. 동의한다면 엔터를 입력한다. 다음 그림을 참고하자.

```
Java(TM) SE Development Kit 6 successfully installed.

Product Registration is FREE and includes many benefits:
* Notification of new versions, patches, and updates
* Special offers on Oracle products, services and training
* Access to early releases and documentation

Product and system data will be collected. If your configuration
supports a browser, the JDK Product Registration form will
be presented. If you do not register, none of this information
will be saved. You may also register your JDK later by
opening the register.html file (located in the JDK installation
directory) in a browser.

For more information on what data Registration collects and
how it is managed and used, see:
http://java.sun.com/javase/registration/JDKRegistrationPrivacy.html

Press Enter to continue.....
```

5. 엔터를 누르면 다음 그림처럼 명령 프롬프트로 빠져나온다.

```
Press Enter to continue.....

Done.
[root@localhost opt]#
```

6. 설치가 끝났으면 /opt 밑에 jdk1.6.0_24라는 이름으로 폴더가 생성된다. jdk1.6.0_24라는 폴더가 /opt 아래에 생성되어 있어야 바이너리가 제대로 설치된 것이다. 다음 그림 참고하자.

```
root@localhost jdk1.6.0_24]# ls -ltrh
otal 19M
rw-r--r--   1 root root  19M Feb  2 17:30
r--r--r--   1 root root   76 Feb  2 17:30 THIRDPARTYLICENSEREADME.txt
r--r--r--   1 root root  21K Feb  2 17:30 README_zh_CN.html
r--r--r--   1 root root  25K Feb  2 17:30 README_ja.html
r--r--r--   1 root root  28K Feb  2 17:30 README.html
r--r--r--   1 root root 3.3K Feb  2 17:30 COPYRIGHT
rwxr-xr-x   2 root root 4.0K Feb  2 19:36
rwxr-xr-x  10 root root 4.0K Feb  2 19:36
rwxr-xr-x   9 root root 4.0K Feb  2 19:36
rwxr-xr-x   4 root root 4.0K Feb  2 19:36
rwxr-xr-x   3 root root 4.0K Feb  2 19:36
rwxr-xr-x   7 root root 4.0K Feb  2 19:36
rwxr-xr-x   3 root root 4.0K May 16 20:34
rwxr-xr-x   7 root root 4.0K May 16 20:34
r--r--r--   1 root root 4.8K May 16 20:35 register_zh_CN.html
r--r--r--   1 root root 6.6K May 16 20:35 register_ja.html
r--r--r--   1 root root 5.2K May 16 20:35 register.html
```

위 그림을 참고해 JDK 디렉터리 구조를 살펴보자.

- `bin` JDK에서 제공하는 모든 실행파일(java, javac, jmap 등)을 포함한다.
- `jre` 자바 본연의 기능을 수행하는데 필요한 모든 파일을 포함한다.
- `lib` 이름에서도 알 수 있는 것처럼 JDK용 라이브러리 디렉터리다.
- `man` 자바 매뉴얼 페이지를 포함한다(문서 디렉터리).
- `demo` 실행할 수 있는 다양한 유틸리티 예제를 포함하는 디렉터리다. 여기 포함된 유틸리티를 직접 활용할 수 있다.
- `sample` 데모 디렉터리에서 제공하는 유틸리티의 코드 파일을 포함하는 디렉터리이다.
- `include` Java.h에서 사용하는 다른 함수의 헤더 파일을 포함하는 디렉터리이다.
- `db` 더비 데이터베이스Derby Database의 전체 컴포넌트를 포함하는 디렉터리이다. 더비는 순수 자바 관계형 데이터베이스 엔진이다.

 톰캣은 JRE로 실행할 수 있다. 즉 JDK 컴포넌트를 설치하지 않아도 된다. 자신의 환경에 충분한 공간이 없다면 적절하게 조절할 수 있다.

윈도우에서 자바 설치하기

이번에는 윈도우 운영체제에서 자바를 설치하는 과정을 살펴보자.

1. 윈도우 시스템에서 오라클 사이트(http://www.oracle.com/technetwork/java/javase/downloads/index.html)를 방문해 JDK를 다운로드한다.

 하드드라이브의 C 파티션에서 설치를 진행하며 자바 버전은 'Java(TM) SE Runtime Environment (build 1.6.0_24-b07)'를 사용한다.

2. 다운로드가 끝났으면 다운로드된 파일이 저장되는 위치에 'jdk-6u24-windows-i586.exe'라는 파일이 생긴다.

3. 'dk-6u24-windows-i586.exe를 더블클릭하면 자바 설치가 시작된다. 다음 그림과 같이 자바 설치 과정을 보여주는 창이 나타날 것이다.

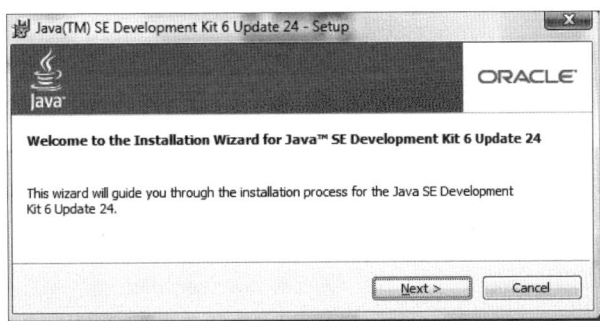

4. 창에서 Next 버튼을 클릭하면 필요에 맞게 JDK를 커스터마이즈할 수 있는 메뉴와 JDK 설치 경로를 정의할 수 있는 메뉴가 나타난다. 여기서는 기본 경로에 자바를 설치할 것이다.

5. 기본 경로가 C:\Program Files\Java\jdk1.6.0_24인지 확인하자.

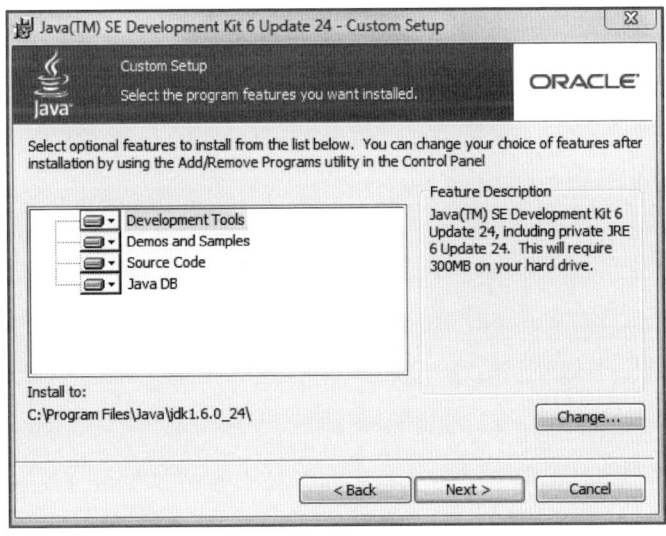

6. 설치가 끝났으면 다음 그림과 같이 설치가 완료되었음을 보여주는 화면이 나타날 것이다.

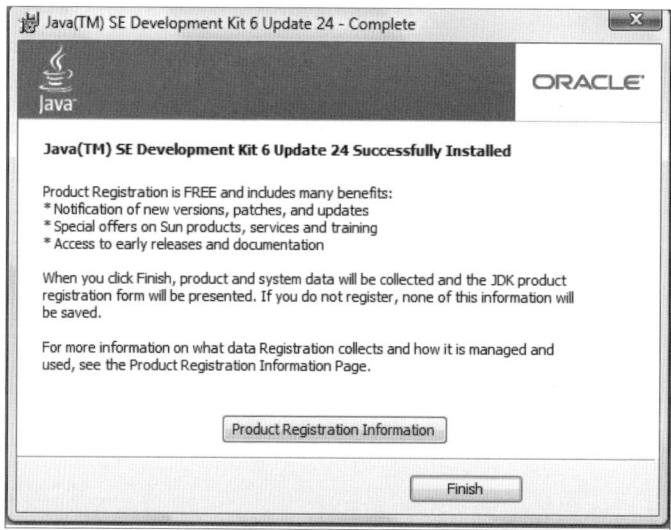

OS 환경 변수 설정

자바를 OS에 설치한 다음에는 OS 수준에서 톰캣에서 사용할 환경 변수를 설정해야 한다. 톰캣을 실행하려면 OS의 모든 파티션에서 자바에 접근할 수 있도록 자바가 설치된 경로를 JAVA_HOME이라는 환경 변수로 정의해야 한다.

JAVA_HOME이란 무엇인가

JAVA_HOME은 JDK 설치 디렉터리(예를 들어 C:\jdk6)다. 윈도우 배치 파일이나 유닉스 스크립트에서 사용할 수 있도록 JAVA_HOME을 환경 변수로 정의한다. 톰캣에서는 TOMCAT_HOME/bin에 catalina.sh라는 파일에서 JAVA_HOME을 정의한다. 다음 그림은 톰캣 7에서 JAVA_HOME을 정의하는 스크립트를 보여준다. startup.sh을 실행하면 내부적으로 catalina.sh이 호출되면서 JAVA_HOME을 정의한다. 제품 환경에서는 항상 지속되는 환경 변수를 사용할 것을 권장한다.

```
# For Cygwin, ensure paths are in UNIX format before anything is touched
if $cygwin; then
  [ -n "$JAVA_HOME" ] && JAVA_HOME=`cygpath --unix "$JAVA_HOME"`
  [ -n "$JRE_HOME" ] && JRE_HOME=`cygpath --unix "$JRE_HOME"`
  [ -n "$CATALINA_HOME" ] && CATALINA_HOME=`cygpath --unix "$CATALINA_HOME"`
  [ -n "$CATALINA_BASE" ] && CATALINA_BASE=`cygpath --unix "$CATALINA_BASE"`
  [ -n "$CLASSPATH" ] && CLASSPATH=`cygpath --path --unix "$CLASSPATH"`
fi
```

JAVA_HOME과 PATH 변수 설정하는 방법[3]

다음과 같은 방법으로 윈도우에 필요한 환경 변수와 경로를 설정할 수 있다.

1. 시스템에서 **컴퓨터** 메뉴나 아이콘을 마우스 오른쪽 버튼으로 클릭한 다음 **속성**을 클릭한다. 그리고 창이 나타나면 왼쪽의 **고급 시스템 설정**을 클릭한다 (다음 그림 참고).

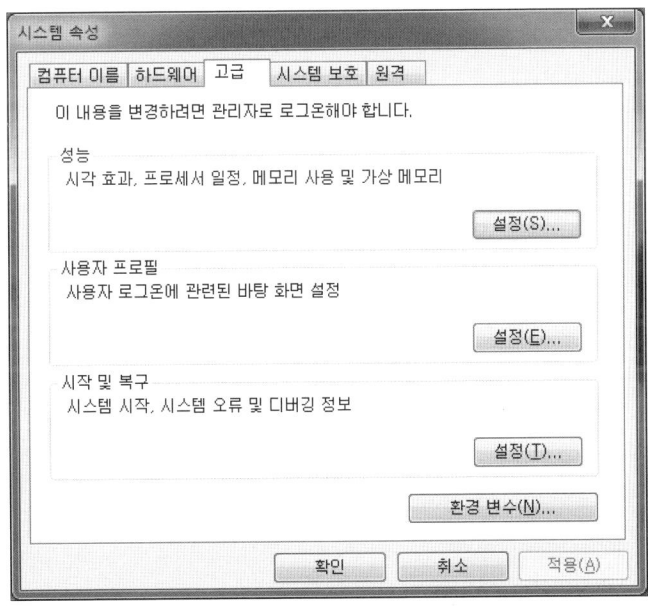

2. **고급** 탭을 선택한 다음 **환경 변수...** 버튼을 클릭한다.

---

3 책에서는 윈도우7을 기준으로 JAVA_HOME과 PATH를 설정한다. 따라서 자신이 사용하는 OS 버전에 따라 메뉴가 약간 다를 수 있다. – 옮긴이

3. **시스템 변수** 부분에 있는 **새로 만들기...** 버튼을 클릭한다.

4. 다음 그림처럼 **변수 이름** 필드에 JAVA_HOME을 입력한다.

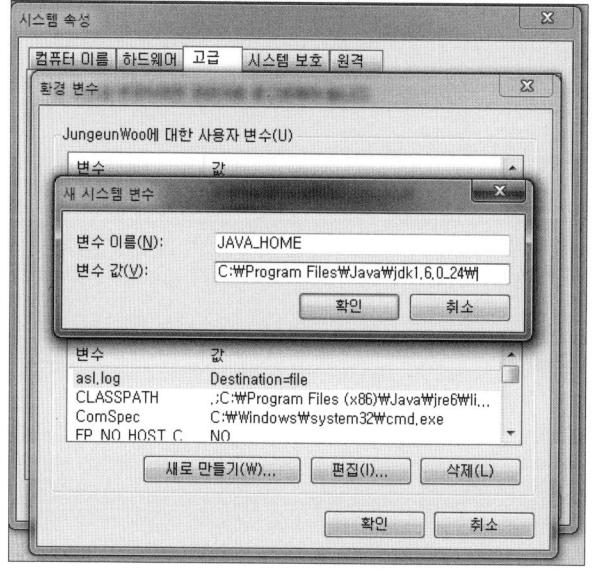

5. **변수 값(V)** 필드에는 자바 개발 킷 설치 경로를 입력한다.

6. **확인** 버튼을 클릭해서 열려 있는 창들을 닫는다.

윈도우7에서 전역 경로 변수 설정하는 방법

JAVA_HOME을 설정했으면 전역 경로 변수에 자바 경로를 추가할 차례다. 다음과 같은 방법으로 전역 경로 변수를 만들 수 있다.

1. 시스템의 **컴퓨터** 아이콘을 마우스 오른쪽 버튼으로 클릭한 다음 **속성**을 클릭한다.

2. **고급 시스템 설정**을 클릭하면 **시스템 속성** 창이 나타난다. 그리고 **환경 변수...** 버튼을 클릭한다.

3. **시스템 변수** 부분에 있는 Path를 더블클릭한다.

4. 앞의 그림처럼 **변수 값**의 끝 부분에 자바 개발 키트의 bin 디렉터리 경로를 추가한다.

5. **확인**을 클릭해 열린 창을 모두 닫는다.

리눅스에서 JAVA_HOME과 PATH 환경 변수 설정하는 방법

윈도우와 달리 리눅스에서는 환경 변수와 경로를 설정하는 방법이 다르다. 다음과 같은 방법으로 리눅스의 환경 변수를 설정할 수 있다.

1. **루트**root 사용자 권한에서 vi 편집기를 이용해 `.bash_profile`을 연다.

 사용자가 로그인할 때 bashrc 파일이 실행되므로 bashrc 파일에 환경 변수를 추가하는 방법도 있다.

2. 파일에 다음과 같은 환경 변수를 추가한다. 아래는 .bash_profile의 일부 코드다. 아래에서 굵은 글씨로 표시된 부분이 JAVA_HOME과 PATH를 정의하는 코드다. export를 이용해 사용자가 로그인할 때마다 시스템에 JAVA_HOME과 PATH 환경 변수를 추가한다.

```
# .bash_profile
# Get the aliases and functions
if [ -f ~/.bashrc ];then . ~/.bashrc
fi
# User specific environment and start-up programs
JAVA_HOME=/opt/jdk1.6.0_24
PATH=$JAVA_HOME/bin:$PATH:$HOME/bin
export PATH JAVA_HOME
unset USERNAME
```

3. :wq 명령으로 .bash_profile을 저장한다.

4. .bash_profile을 저장했으면 다음 명령어를 이용해 로그아웃한 다음 다시 로그인해서 환경 변수를 활성화시킨다.

```
su - username
su - root (현재 사용자가 루트이므로)
```

 위 명령어를 실행하면 해당 사용자의 프로파일(profile)이 다시 로딩된다.

또한 다음 그림처럼 env 명령어로 환경 변수가 제대로 설정됐는지 확인할 수 있다.

```
[root@localhost ~]# env
HOSTNAME=localhost.localdomain
TERM=xterm
SHELL=/bin/bash
HISTSIZE=1000
SSH_CLIENT=192.168.169.1 54312 22
SSH_TTY=/dev/pts/4
USER=root
LS_COLORS=no=00:fi=00:di=00;34:ln=00;36:pi=40;33:so=00;35:bd=40;33;01:cd=40;33;01:or=01;05;37;41:mi=01;05;37;41:ex=00;32:*.cmd=00;32:*.exe=00;32:*.com=00;32:*.btm=00;32:*.bat=00;32:*.sh=00;32:*.csh=00;32:*.tar=00;31:*.tgz=00;31:*.arj=00;31:*.taz=00;31:*.lzh=00;31:*.zip=00;31:*.z=00;31:*.Z=00;31:*.gz=00;31:*.bz2=00;31:*.bz=00;31:*.tz=00;31:*.rpm=00;31:*.cpio=00;31:*.jpg=00;35:*.gif=00;35:*.bmp=00;35:*.xbm=00;35:*.xpm=00;35:*.png=00;35:*.tif=00;35:
MAIL=/var/spool/mail/root
PATH=/opt/jdk1.6.0_24/bin:/usr/kerberos/sbin:/usr/kerberos/bin:/usr/local/sbin:/usr/local/bin:/sbin:/bin:/usr/sbin:/usr/bin:/root/bin
INPUTRC=/etc/inputrc
PWD=/root
JAVA_HOME=/opt/jdk1.6.0_24
LANG=en_US.UTF-8
SSH_ASKPASS=/usr/libexec/openssh/gnome-ssh-askpass
SHLVL=1
HOME=/root
LOGNAME=root
SSH_CONNECTION=192.168.169.1 54312 192.168.169.128 22
LESSOPEN=|/usr/bin/lesspipe.sh %s
G_BROKEN_FILENAMES=1
_=/bin/env
[root@localhost ~]#
```

항상 기존 프로파일은 백업하는 습관을 들이는 것이 좋다. 그래야 나중에 문제가 발생했을 때 cp 명령어로 원래 프로파일을 복원할 수 있다.

```
[root@localhost ~]# cp .bash_profile .bash_profile_backup.
```

지금까지 윈도우와 리눅스에서 환경 변수를 설정하는 방법을 살펴봤다. 이제 환경 변수가 제대로 설정됐는지 어떻게 확인할 수 있을까?

아파치 톰캣 7 설치를 시작하기 앞서 두 OS에서 환경 변수를 간단히 확인하자.

윈도우에서는 다음 명령어로 환경 변수를 확인할 수 있다.

echo %VARIABLE_NAME%

환경 변수 JAVA_HOME 출력

```
C:\Users\user>echo %JAVA_HOME%
C:\Program Files\Java\jdk1.6.0_24
```

환경 변수 PATH 출력

```
C:\Users\user>echo %PATH%
C:\Program Files\PC Connectivity Solution\;C:\Windows\system32;C:\
Windows;C:\Windows\System32\Wbem;C:\Program Files\Broadcom\Broadcom
802.11\Driver;C:\Program Files\Java\jdk1.6.0_24\bin
```

리눅스에서는 다음 명령어로 환경 변수를 확인할 수 있다.

echo $VARIABLE_NAME

환경 변수 JAVA_HOME 출력

```
[root@localhost ~]# echo $JAVA_HOME
/opt/jdk1.6.0_24
```

환경 변수 PATH 출력

```
[root@localhost ~]# echo $PATH
/opt/jdk1.6.0_24/bin:/usr/kerberos/sbin:/usr/kerberos/bin:/usr/local/
  sbin:/usr/local/bin:/sbin:/bin:/usr/sbin:/usr/bin:/root/bin
```

각자의 OS에서 환경 변수를 제대로 설정했는지 직접 확인하자. 이렇게 해서 톰캣 7 설치 요구사항을 완료했다. 이제 아파치 톰캣 7을 설치하자.

아파치 톰캣 7 설치

책에서는 리눅스와 윈도우 운영체제 각각에서 톰캣 7을 설치하는 방법을 설명한다. 먼저 윈도우에서 톰캣을 설치하는 방법을 살펴보고 그 다음 리눅스 환경에서 톰캣 7을 설치하는 방법을 살펴본다.

윈도우 환경에서 톰캣 7 설치

이번에는 톰캣 7 소프트웨어 설치 과정을 살펴본다. 다음과 같은 순서로 톰캣 7을 설치할 수 있다.

1. 톰캣 공식 사이트(http://tomcat.apache.org/download-70.cgi)에서 가장 최신 안정 버전을 다운로드한다. 책에서는 **32-bit/64-bit Windows Service Installer(pgp, md5)**를 다운로드해서 설치한다. 각자 알맞은 파일을 선택해서 적절한 위치에 저장하자.

2. 다운로드된 파일(apache-tomcat-7.0.14.exe)을 더블클릭하면 설치 마법사가 실행된다.

 exe 파일을 찾지 못했다면 http://apache.osuosl.org/tomcat/tomcat-7/v7.0.34/bin/ (버전은 바뀔 수 있으니 이 사이트가 접속이 안 되면 http://apache.osuosl.org/tomcat/tomcat-7로 접속해 최신 버전을 찾을 수 있다)에서도 파일을 다운받을 수 있다.

3. Next 버튼을 눌러 설치를 진행하자(다음 그림 참고).

4. 라이선스 동의 창이 나타난다. 다음 그림처럼 GPL 라이선스로 제공되는 톰캣 7 사용에 동의한다는 의미로 I Agree 버튼을 클릭한다.

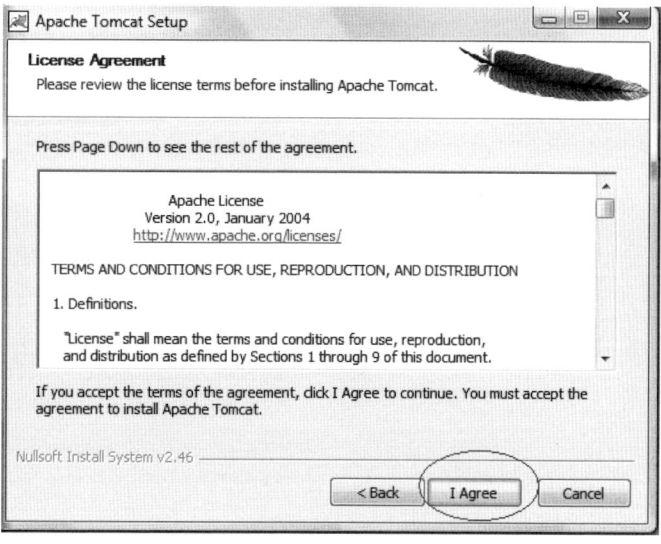

5. 그러면 다음 그림처럼 설치하려는 다양한 컴포넌트 목록이 나타난다.

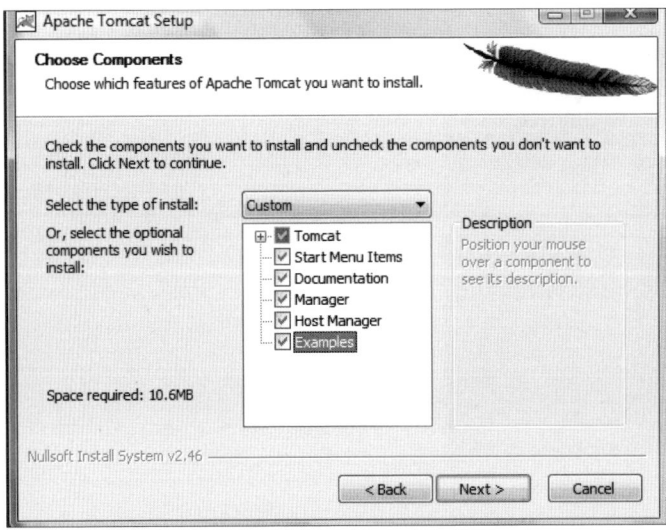

6. 다음으로 톰캣 관리자에서 사용할 사용자명과 비밀번호가 나타난다(다음 그림 참고). 책에서는 사용자명과 비밀번호를 모두 admin으로 설정했다. Next를 클릭하자.

7. 다음 화면에서는 JAVA_HOME 변수 값으로 지정된 자바 버전이 자동으로 선택된다. JAVA_HOME 값이 제대로 설정되어 있다면 다음 그림과 같은 화면이 나타난다.

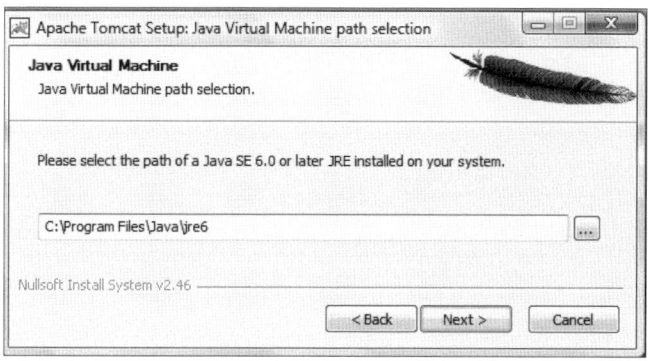

8. 다음 화면에서는 톰캣 설치 경로를 표시한다. 기본값은 'C:\Program Files\Apache Software Foundation\Tomcat 7.0'다. 기본 설치 경로를 바꾸고 싶으면 Browse…를 클릭한 다음 원하는 경로를 선택하자. 경로를 지정했으면 Install을 클릭하자(다음 그림 참고).

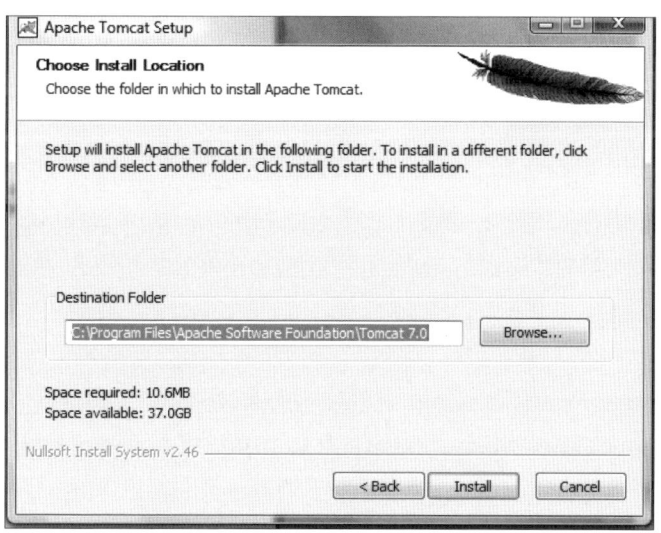

9. 이제 톰캣 7 설치 마지막 과정이다. 성공적으로 톰캣이 설치되면서 다음 그림과 같은 화면이 나타난다.

리눅스 환경에서 톰캣 7 설치하기

윈도우에 비해 리눅스 환경에서는 톰캣을 더 쉽게 설치할 수 있다. 리눅스에서는 아래처럼 세 단계로 간단하게 톰캣을 설치할 수 있다.

1. 톰캣 공식 사이트(http://tomcat.apache.org/download-70.cgi)에서 가장 최신 안정 버전을 다운로드한다. 다운로드가 끝났으면 /opt로 파일을 저장하자. 다음 명령어를 이용해 apachetomcat-7.0.12.zip 파일의 압축을 해제한다.

```
[root@localhost opt]# unzip apache-tomcat-7.0.12.zip
```

2. apache-tomcat-7.0.12.zip 파일의 압축을 해제하면 opt 디렉터리 아래에 apache-tomcat-7.0.12라는 이름으로 디렉터리가 만들어진다. 다음 명령을 이용해 apache-tomcat-7.0.12 디렉터리의 bin 디렉터리로 이동한다.

```
[root@localhost opt]# cd apache-tomcat-7.0.12/bin/
```

3. 다음 명령어를 실행하자. 다음 명령어를 성공적으로 실행하지 못하면 톰캣 서버가 제대로 동작하지 않는다. 기본적으로 패키지에는 읽기/쓰기 권한만 부여되고 실행 권한은 부여되지 않는다. 따라서 직접 실행 권한을 추가해야 한다.

```
[root@localhost bin]# chmod 0755 *.sh
[root@localhost bin]# pwd
/opt/apache-tomcat-7.0.12/bin
```

 'chmod 0755 파일명'은 'u=rwx (4+2+1),go=rx(4+1 & 4+1)'과 같은 권한을 갖는다. 0은 특별 모드가 아님을 의미한다.

이렇게 해서 리눅스에서 톰캣 설치를 완료했다.

톰캣 서비스를 시작하고 종료하는 방법

지금까지 두 가지 운영체제에서 아파치 톰캣을 설치하는 방법을 살펴봤다. 이번에는 톰캣 서비스를 시작시켜서 제대로 설치됐는지 확인하자. 곧바로 서비스를 시작시켜보자.

윈도우에서 서비스 제어하는 방법

윈도우에서는 두 가지 방법으로 서비스를 시작하거나 중지할 수 있다.

- 작업표시줄의 윈도우 아이콘을 클릭한 다음 services.msc를 입력한 다음 엔터를 눌러 마이크로소프트 관리 콘솔MMC, Microsoft Management Console을 실행한다. 다음 그림처럼 MMC를 실행해서 원하는 서비스를 시작하거나 중지할 수 있다.

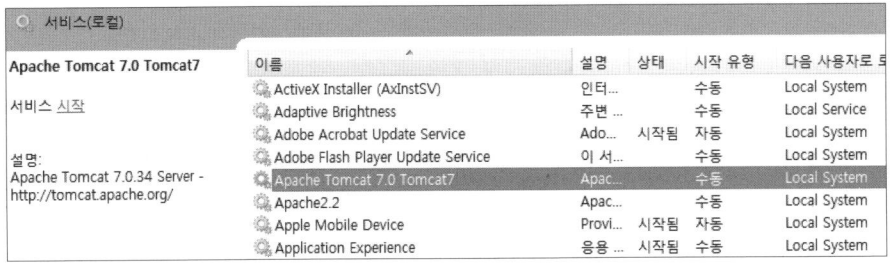

- **아파치 모니터 콘솔** 톰캣은 아파치 모니터 콘솔Apache monitor console이라는 매우 편리한 관리 도구를 포함한다. 아파치 모니터 콘솔을 이용해 톰캣 인스턴스를 쉽게 관리(서비스 재시작, 로그 활성화, JVM 설정)할 수 있다. 다음 그림은 톰캣 모니터링 콘솔을 이용해 서비스를 재시작하는 모습을 보여준다. 작업표시줄의 **윈도우아이콘 클릭** ▶ **모든 프로그램** ▶ Apache Tomcat 7.0 Tomcat7 ▶ Monitor Tomcat을 클릭하면 아파치 톰캣 모니터링 콘솔이 나타나고 여기서 서비스를 시작하거나 중지할 수 있다.

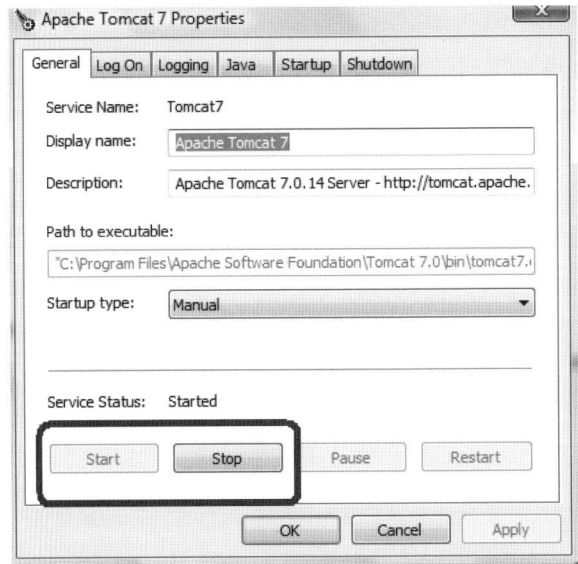

리눅스에서 서비스 제어하는 방법

리눅스에서 프로세서를 시작시키는 방법은 윈도우와는 완전히 다르다. 리눅스에서 서비스를 시작시키려면 직접 시작 스크립트와 중지 스크립트를 실행해야 한다. 리눅스에서 서비스를 시작시켜서 톰캣 7 설치가 제대로 되었는지 확인하자.

우선 현재의 설정사항을 간단히 검토하자. 톰캣은 프로그램을 성공적인 설치했는지 확인할 수 있도록 여러 가지 스크립트를 제공한다. 우선 톰캣 bin 디렉터리에는 version.sh라는 스크립트가 있는데, 이 스크립트를 이용해 톰캣 버전과 시스템 정보를 확인할 수 있다. 다음과 같이 스크립트를 실행할 수 있다.

```
[root@localhost bin]#   ./version.sh
Using CATALINA_BASE:    /opt/apache-tomcat-7.0.12
Using CATALINA_HOME:    /opt/apache-tomcat-7.0.12
Using CATALINA_TMPDIR:  /opt/apache-tomcat-7.0.12/temp
Using JRE_HOME:         /opt/jdk1.6.0_24
Using CLASSPATH:        /opt/apache-tomcat-7.0.12/bin/bootstrap.jar:/opt/apache-tomcat-7.0.12/bin/tomcat-juli.jar
Server version: Apache Tomcat/7.0.12
Server built: Apr 1 2011 06:13:02
Server number: 7.0.12.0
OS Name: Linux
OS Version: 2.6.18-8.el5
Architecture: i386
JVM Version: 1.6.0_24-b07
JVM Vendor: Sun Microsystems Inc.
```

스크립트 설정 변경을 확인할 수 있도록 아주 유용한 스크립트 configtest.sh도 제공(톰캣 bin 디렉터리)한다. configtest.sh 스크립트는 시스템 설정을 검토하고 에러를 찾아낸다. 아래와 같이 스크립트를 실행할 수 있다.

```
[root@localhost bin]#   ./configtest.sh
Using CATALINA_BASE:    /opt/apache-tomcat-7.0.12
Using CATALINA_HOME:    /opt/apache-tomcat-7.0.12
Using CATALINA_TMPDIR:  /opt/apache-tomcat-7.0.12/temp
Using JRE_HOME:         /opt/jdk1.6.0_24
Using CLASSPATH:        /opt/apache-tomcat-7.0.12/bin/bootstrap.jar:/opt/apache-tomcat-7.0.12/bin/tomcat-juli.jar
May 22, 2011 4:06:16 PM org.apache.coyote.AbstractProtocolHandler init
```

```
INFO: Initializing ProtocolHandler ["http-bio-8080"]
May 22, 2011 4:06:16 PM org.apache.coyote.AbstractProtocolHandler init
INFO: Initializing ProtocolHandler ["ajp-bio-8009"]
May 22, 2011 4:06:16 PM org.apache.catalina.startup.Catalina load
INFO: Initialization processed in 1401 ms
```

 configtest.sh는 리눅스 환경에서만 사용할 수 있다.

설정을 확인했으면 톰캣 서비스를 시작하자. bin 디렉터리의 startup.sh를 이용해 톰캣 서비스를 시작할 수 있다.

스타트업 스크립트

아래 방법으로 톰캣 서비스를 시작할 수 있다.

1. 우선 다음 명령처럼 톰캣 디렉터리로 위치를 이동한다.

    ```
    [root@localhost bin]# cd /opt/apache-tomcat-7.0.12/bin/
    ```

2. bin 디렉터리에 톰캣과 관련한 모든 실행파일이 들어있다. 다음 명령어를 이용해 서비스를 시작할 수 있다. startup 명령을 실행하면 톰캣 부팅에 사용된 필수 파라미터 정보(예를 들어 CATALINA_BASE, CATALINA_HOME, JRE_HOME 등)를 출력한다.

    ```
    [root@localhost bin]# ./startup.sh
    Using CATALINA_BASE:    /opt/apache-tomcat-7.0.12
    Using CATALINA_HOME:    /opt/apache-tomcat-7.0.12
    Using CATALINA_TMPDIR:  /opt/apache-tomcat-7.0.12/temp
    Using JRE_HOME:         /opt/jdk1.6.0_24
    Using CLASSPATH:        /opt/apache-tomcat-
       7.0.12/bin/bootstrap.jar:/opt/apache-tomcat-7.0.12/bin/
       tomcat-juli.jar
    ```

셧다운 스크립트

톰캣 셧다운 스크립트의 이름은 shutdown.sh이며 bin 디렉터리에 있다. 아래 방법으로 셧다운 스크립트를 실행할 수 있다.

```
[root@localhost bin]# cd    /opt/apache-tomcat-7.0.12/bin/
[root@localhost bin]#    ./shutdown.sh
Using CATALINA_BASE:      /opt/apache-tomcat-7.0.12
Using CATALINA_HOME:      /opt/apache-tomcat-7.0.12
Using CATALINA_TMPDIR:    /opt/apache-tomcat-7.0.12/temp
Using JRE_HOME:           /opt/jdk1.6.0_24
Using CLASSPATH:          /opt/apache-tomcat-
  7.0.12/bin/bootstrap.jar:/opt/apache-tomcat-7.0.12/bin/tomcat-juli.jar
```

톰캣 상태 확인

스타트업 스크립트를 실행했으면 서비스가 정말로 실행되는지 여부를 확인해야 한다. 기본적으로 톰캣은 HTTP 포트 8080을 사용하므로 브라우저로 http://localhost:8080 URL에 접속해 톰캣 서비스 실행 여부를 확인할 수 있다. 톰캣이 제대로 설치되었고 서비스도 실행 중이라면 아래 그림처럼 환영 메시지를 포함하는 페이지가 나타난다.

톰캣 7 환영 페이지가 나타났으면 **Server Status**를 클릭해 서버 상태를 확인할 수 있다.

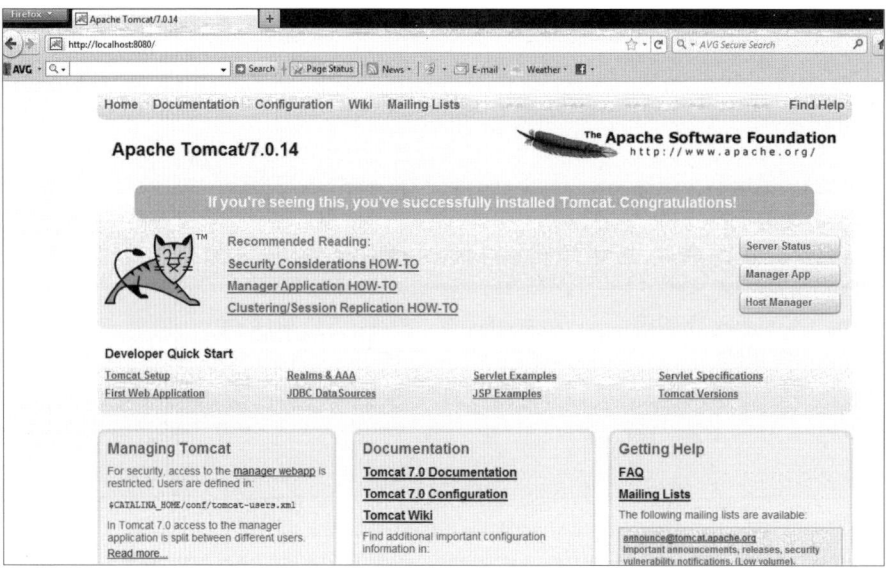

Server Status를 클릭하면 사용자 ID와 비밀번호를 요구한다. 톰캣을 설치할 때 사용자 ID와 비밀번호로 admin을 입력했으므로 이를 이용해 관리자로 로그인 하면 아래와 같은 화면이 나타난다.

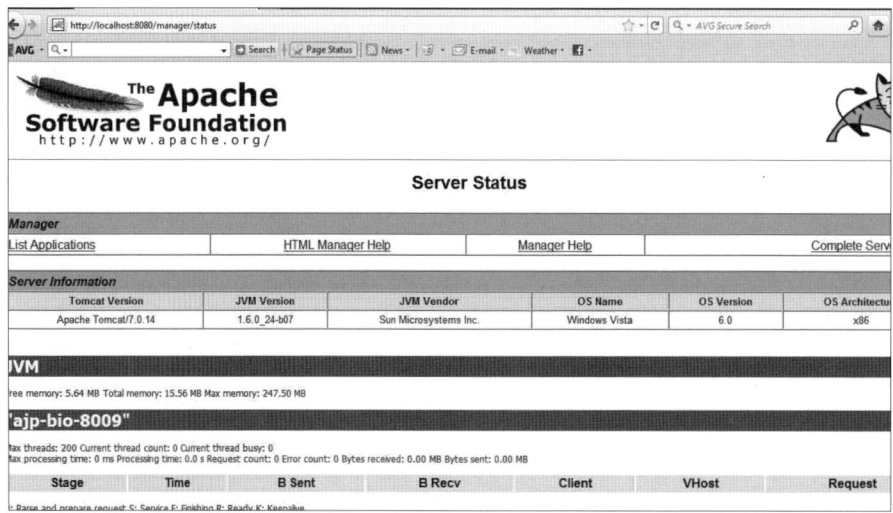

설치 과정에서 자주 발생하는 문제와 해결 방법

톰캣 7을 설치하는 과정에서 여러 가지 문제가 발생할 수 있다. 어떤 문제가 발생할 수 있는지 살펴보자.

에러: 자바 바이너리 권한 거부

시나리오 1 자바 바이너리를 실행했는데 동작하지 않는다.

```
[root@localhost opt]# ./jdk-6u24-linux-i586.bin
-bash: ./jdk-6u24-linux-i586.bin: Permission denied
```

문제 자바 바이너리를 실행할 수 있는 권한이 특정 사용자에 없다.

해결 다음 명령을 이용해 `./jdk-6u24-linux-i586.bin`의 권한을 0755로 변경한다.

```
chmod 0755 jdk-6u24-linux-i586.bin
```

'chmod 0755 파일명'은 'u=rwx (4+2+1),go=rx(4+1 & 4+1)'과 같은 권한을 갖는다. 0은 특별 모드가 아님을 의미한다.

에러: 톰캣에서 JAVA_HOME을 찾을 수 없다

시나리오 2 톰캣 스타트업 스크립트를 실행했더니 다음 에러가 발생했다.

```
[root@localhost bin]# ./startup.sh
Neither the JAVA_HOME nor the JRE_HOME environment variable is defined
At least one of these environment variables is needed to run this program
```

해결 `.bash_profile`을 열어서 다음 항목이 포함돼 있는지 확인한다.

```
JAVA_HOME=/opt/jdk1.6.0_24
PATH=$JAVA_HOME/bin:$PATH:$HOME/bin
export PATH JAVA_HOME
```

에러: 포트가 이미 사용 중이라는 에러가 로그로 출력됨

시나리오 3 startup.sh를 실행했는데 톰캣 서비스가 표시되지 않는다.

문제 서버가 이미 서비스를 실행 중이다.

해결 리눅스에서 다음 명령어를 이용해 시스템에서 실행 중인 자바 프로세서를 확인한다.

```
Ps -ef |grep tomcat
```

위 명령어를 입력하면 실행 중인 모든 톰캣 프로세스가 표시된다. OS에서 실행 중인 톰캣 프로세스가 있다면 프로세스를 죽이고 스타트업 스크립트를 다시 실행한다.

윈도우 환경에서는 작업 관리자를 실행해서 톰캣을 실행하는 자바 프로세스가 있는지 확인한다. 톰캣을 실행하는 자바 프로세스가 있다면 해당 프로세서를 종료시키고 톰캣 서비스를 재시작한다.

요약

1장에서는 아파치 톰캣의 역사, 그리고 톰캣 7의 새로운 기능을 소개했다. 윈도우와 리눅스 운영체제에서 톰캣을 설치하는 과정을 학습했다. 톰캣을 설치하면서 흔히 발생할 수 있는 문제와 해결 방법도 살펴봤다. 2장에서는 톰캣 7을 배포하는 다양한 방법을 살펴보고 배포 과정에서 발생할 수 있는 문제와 해결 방법을 살펴본다.

2

설정과 배포

1장에서는 DOS 환경(윈도)과 비-DOS(리눅스/유닉스) 운영체제에 아파치 톰캣 7을 설치하는 방법을 살펴봤다. 2장에서는 다양한 IT 업계에서 사용하는 다양한 설정과, 배포 기법을 살펴본다.

2장에서는 다음 내용을 학습한다.

- 톰캣 설정
- 가상 디렉터리 설정
- 톰캣 7에 애플리케이션 배포

설정 파일과 사용법

QA 환경에서 바로 사용할 수 있도록 아파치 톰캣은 기본 설정을 제공한다. 톰캣에서 자신의 환경에 맞게 서비스, 서버, 엔진, 커넥터, Realm, 밸브 등을 커스터마이즈할 수 있다. 톰캣 설정 파일은 conf 폴더에 들어있다. 설정 속성과 사용법을 살펴보자.

기본적으로 톰캣 7은 7개의 설정 파일(보통 XML 형식으로 되어있는)을 제공한다. 따라서 이들 파일을 이용하면 자신의 환경에 맞도록 쉽게 톰캣을 커스터마이즈할 수 있다. 예를 들어 톰캣을 제품 환경으로 설치하거나 아니면 개발 환경으로 설치할 수 있다.

다음 그림은 톰캣 7 설정 디렉터리의 구조를 보여준다.

```
root@localhost conf]# ls -l
otal 136
rwxr-xr-x 3 root root  4096 May 16 21:03
rw-r--r-- 1 root root 11888 Apr  1 18:15 catalina.policy
rw-r--r-- 1 root root  5089 Apr  1 18:15 catalina.properties
rw-r--r-- 1 root root  1428 Apr  1 18:15 context.xml
rw-r--r-- 1 root root  3213 Apr  1 18:15 logging.properties
rw-r--r-- 1 root root  6645 Apr  1 18:15 server.xml
rw-r--r-- 1 root root  1566 Apr  1 18:15 tomcat-users.xml
rw-r--r-- 1 root root 53273 Apr  1 18:15 web.xml
```

관리자라면 반드시 톰캣 환경의 설정 파일과 사용법을 숙지해야 한다. 다음과 같이 설정 속성을 하나씩 살펴보자.

- **catalina.policy** 톰캣 7의 보안 정책 권한을 설정하는 파일. JVM이 웹 애플리케이션에 어떤 보안 정책 권한을 적용할지를 결정한다.

 톰캣을 실행할 때 -security 옵션을 사용하면 catalina 파일의 보안 정책이 적용되며 웹 애플리케이션 보안 정책도 실행된다.

- **catalina.properties** 이 파일은 서버를 시작할 때 검색하는 서버, 공유 로더, JAR 등의 공유 정의를 포함한다.
- **server.xml** 톰캣의 중요 설정 파일 중 하나로 IP 주소, 포트, 가상 호스트, 컨텍스트 경로 등과 같은 중요 정보를 포함한다.
- **tomcat-users.xml** 역할에 기반한 정의에 따라 인증, 승인에 사용하는 파일이다. 이 파일은 데이터베이스의 사용자/암호/역할을 이용한 인증과 컨테이너로 관리되는 보안 구현에 사용된다. 이 파일을 고쳐서 사용자를 추가/삭제하거나 기존 사용자에 역할을 할당/비할당할 수 있다.

- `logging.properties` 이름에서도 알 수 있는 것처럼 톰캣 인스턴스의 로깅 프로퍼티(스타트업 로그 같은)를 정의한다.
- `web.xml` 톰캣 인스턴스가 시작될 때 모든 애플리케이션(톰캣 인스턴스로 로딩되는)의 기본 값을 정의한다. 웹 애플리케이션의 자신만의 배포 디스크립터를 포함하면 기본 디스크립터의 설정을 애플리케이션의 디스크립터의 설정으로 바꾼다.
- `context.xml` 애플리케이션을 실행할 때 이 파일의 내용을 로드한다. context.xml에는 세션 저장, 코밋comet 연결 추적 등과 같은 설정 파라미터가 있다.

server.xml 파일의 내용을 고쳤으면 톰캣 인스턴스를 재시작 해야 수정 내용이 반영된다.

톰캣 설정 폴더의 web.xml 파일에서는 애플리케이션 수준의 자원을 정의하지 않는다. 애플리케이션에서 사용할 자원은 애플리케이션의 web.xml에서 정의하는 것이 바람직하다.[1]

톰캣 7 설정하기

지금까지 다양한 톰캣 설정 파일을 살펴봤다. 이제 재미있게 실제 시스템에서 톰캣 서버를 설정해보자.

톰캣 서버 설정을 자세히 살펴보기 전에 웹 애플리케이션이 어떤 단계로 동작하는지 간단하게 살펴보자.

---

1 이름은 같지만 파일의 위치와 내용이 완전히 다르며 각 애플리케이션마다 고유의 web.xml을 포함한다. – 옮긴이

1. URL(www.abc.com 같은)을 입력하면 브라우저는 DNS 서버에 접근한다.
2. DNS 서버는 ISP를 통해 요청 정보를 확인한다.
3. 웹 서버가 클라이언트 브라우저의 요청을 수락했다면 그 요청을 데이터베이스 서버로 재전송한다.
4. 데이터베이스 서버는 질의에 대한 정보를 추출해서 웹 서버로 응답한다.
5. 마지막으로 브라우저는 사용자에게 서버의 응답 정보를 표시한다.

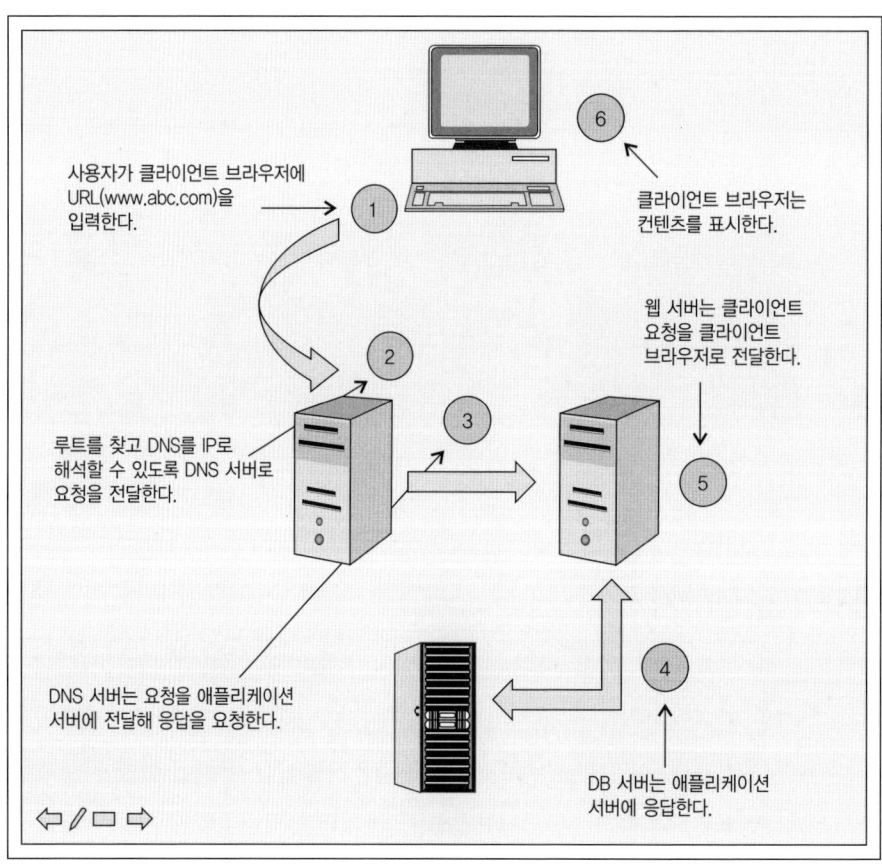

이런 과정을 거쳐 웹 브라우저는 웹 서버에서 정보를 얻는다. 앞 그림은 웹 애플리케이션이 동작하는 데 필수적인 기능과 컴포넌트를 설명한다.

DataSource 설정

데이터베이스는 기업용 애플리케이션의 핵심으로써 모든 웹 애플리케이션에서 중요한 부분을 차지한다. 애플리케이션이 제대로 성능을 발휘하려면 애플리케이션 계층에서 올바로 데이터소스를 설정해야 한다.

우선 웹 애플리케이션이 데이터베이스 서버로부터 어떻게 응답을 받는지 간단히 살펴보자.

1. URL(www.abc.com 같은)을 입력할 때마다 요청을 웹 서버로 전송한다.
2. 웹 서버가 클라이언트 브라우저의 요청을 수락한 다음 질의에 기반해 요청을 분석한다. 요청을 처리하는 데 데이터베이스(DB)가 필요하면 요청을 데이터베이스 서버로 재전송한다.
3. 질의를 가지고 데이터베이스 서버는 요청한 자원을 가져와 웹 서버로 응답한다. 웹 서버는 데이터베이스 서버의 응답을 클라이언트 브라우저로 전달한다.

이 과정을 다음처럼 그림으로 표현할 수 있다.

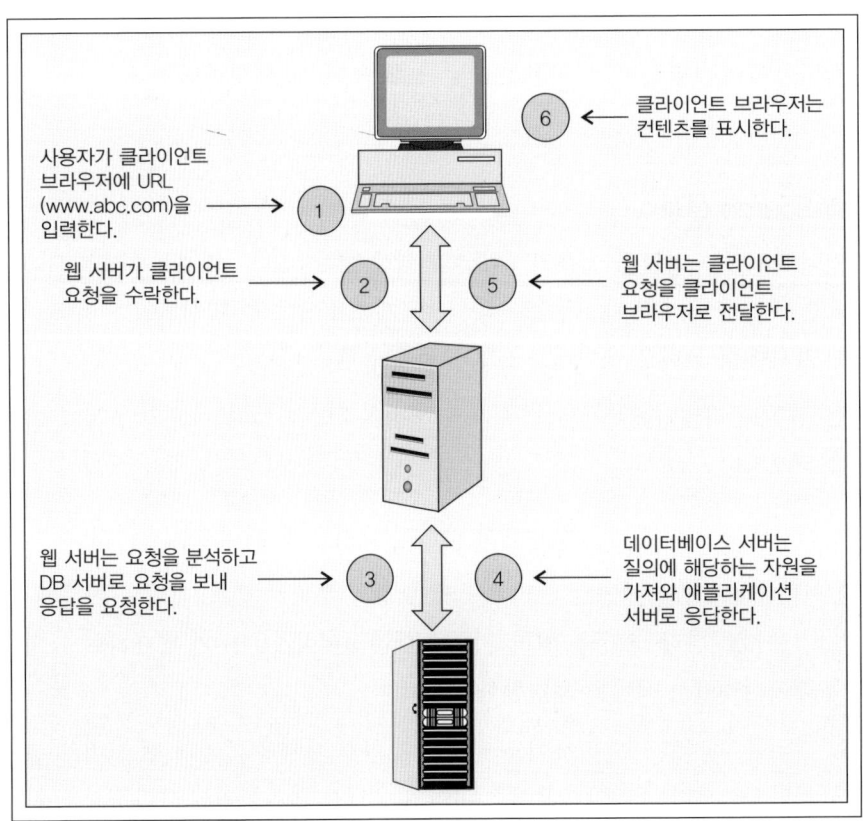

지금까지 웹 애플리케이션에서 데이터베이스 요청이 어떻게 처리되는지 살펴봤다. 이제 실제로 톰캣 7 데이터소스를 설정한다. 일단 데이터베이스와 관련된 몇 가지 용어를 살펴보자.

JDBC

자바 데이터베이스 연결JDBC, Java Database Connectivity은 자바 기반 데이터베이스 접근 기술로 클라이언트가 서버 데이터베이스에 접근하는 데 필요한 API를 제공한다. JDBC는 관계형 데이터베이스에 맞게 만들어졌으며 데이터베이스 질의, 갱신 기능을 제공한다.

JNDI

자바 네이밍과 디렉터리 인터페이스JNDI, Java Naming and Directory Interface 서비스는 자바 프로그래밍 언어를 사용해 만들어진 애플리케이션에 네이밍, 디렉터리 기능을 제공하는 자바 플랫폼 API다.

DataSource

JDBC API를 이용해 관계형 데이터베이스에 접근할 때 사용하는 자바 객체다. JNDI와 통합되고 데이터소스 객체를 JNDI 네이밍 서비스에 등록했을 때 위력을 발휘한다. 데이터소스는 애플리케이션 자신만 접근할 수 있으며 데이터베이스에 연결할 때 필요한 객체다.

톰캣 7에서 데이터베이스에 접근하려면 항상 다음 정보가 필요하며 동시에 데이터소스 설정의 선행요소다.

- IP 주소
- 포트 번호
- JNDI 이름
- 데이터베이스 사용자 아이디/비밀번호

시중에 있는 데이터베이스 서버

애플리케이션은 인터넷에 호스트되며 애플리케이션의 웹 서버는 항상 DMZ(Demilitarized Zone, 비무장 지대)에 설정된다. DMZ에 관한 자세한 정보는 http://en.wikipedia.org/wiki/DMZ_(computing)를 참고하자. 데이터베이스 서버는 내부 네트워크에 위치한다. 이때 웹 서버와 데이터베이스가 통신할 수 있도록 방화벽 포트가 열려 있어야 한다.

데이터베이스 연결 풀DBCP, Database Connection Pool 설정은 TOMCAT_HOME 또는 CATALINA_HOME/lib/tomcat-dbcp.jar에 있다. 이 특별한 JAR가 연결 풀을 관리한다. 다음 그림은 tomcatdbcp.jar의 위치를 보여준다. 다음은 톰캣 7 서버가 데이터베이스와 연결을 수립하는데 필요한 여러 가지 내장 속성이다.

- 데이터베이스 연결 풀
- 공통 DBCP 속성

```
[root@localhost lib]# cd /opt/apache-tomcat-7.0.12/lib/
[root@localhost lib]# ls -l tomcat-dbcp.jar
-rw-r--r-- 1 root root 234639 Apr  1 18:15 tomcat-dbcp.jar
[root@localhost lib]#
```

- server.xml의 데이터베이스 서버 세부 설정
- lib 디렉터리에 위치해야 하는 특정 JAR나 JDBC 드라이버
- 애플리케이션 web.xml은 JNDI를 정의해야 한다.
- 애플리케이션 코드는 JNDI 설정을 적절하게 정의해야 한다.

현재 시장에서는 여러 데이터베이스가 있으며 각 DB마다 장단점이 있다. 2장에서는 기업 애플리케이션에서 가장 흔히 사용하는 데이터베이스를 살펴보고 이들 데이터베이스에서 데이터소스를 어떻게 설정하는지 학습할 것이다.

보통 데이터베이스의 종류와 관계없이 다음의 네 가지 과정으로 DataSource를 설정할 수 있다.

오라클의 DataSource

오라클 데이터베이스는 훌륭한 기능 덕분에 IT 시장에서 높은 점유율을 유지하고 있다. 다음과 같은 과정을 거쳐 톰캣에서 데이터소스를 설정할 수 있다.[2]

1. 기본적으로 데이터소스 값은 erver.xml의 전역 섹션에 정의되어 있다. 다음 그림은 server.xml에 정의된 데이터소스를 보여준다.

    ```
    <!-- Global JNDI resources Documentation at /docs/jndi-
      resourceshowto.html-->
    <GlobalNamingResources>
    <!-- Editable user database that can also be used by
    UserDatabaseRealm to authenticate users-->
    ```

---

2 이 책에서 말하는 오라클 = 오라클 데이터베이스다. 회사명과 오라클 데이터베이스명이 같지만 문맥에 따라 무엇을 가리키는지 쉽게 파악할 수 있을 것이다. - 옮긴이

```
            <Resource name="jdbc/tomcat7" auth="Container"
              type="javax.sql.DataSource"
              driverClassName="oracle.jdbc.OracleDriver"
              url="jdbc:oracle:thin:@127.0.0.1:1521:test"
              description="test database for tomcat 7"
              username="admin" password="admin" maxActive="20" maxIdle="10"
              maxWait="-1"/>
          </GlobalNamingResources>
```

```
<Resource name="jdbc/tomcat7" auth="Container"
          type="javax.sql.DataSource" driverClassName="oracle.jdbc.OracleDriver"
          url="jdbc:oracle:thin:@127.0.0.1:1521:mysid"
          description="User database that can be updated and saved"
          username="admin" password="admin" maxActive="20" maxIdle="10"
          maxWait="-1"/>
```

2. 오라클 JDBC 드라이버 클래스를 톰캣 인스턴스의 CATALINA_HOME/lib/에 위치시켜야 한다. 오라클은 클래스 12.jar나 ojdbc14.jar를 사용한다.

기본적으로 톰캣은 *.jar 파일만 허용한다. 드라이버가 ZIP 형식으로 되어 있으면 간단히 이름을 .jar로 바꿔서 jar 디렉터리로 배포하자. 자신의 환경에 맞는 오라클 JAR을 http://www.oracle.com/technetwork/database/enterprise-edition/jdbc-10201-088211.html 에서 무료로 다운받을 수 있다.

오라클 데이터베이스 버전 9i를 설치했다면 oracle.jdbc.driver.OracleDriver 클래스를 이용해 JDBC를 연결해야 하고 9i 이후 버전을 설치했다면 oracle.jdbc.OracleDriver 클래스를 이용해야 한다. oracle.jdbc.driver.OracleDriver는 사라질 클래스이므로 이후로의 주요 릴리스에서는 더 이상 지원하지 않는다.

3. 애플리케이션의 web.xml에서 자원의 문서 형식 정의DTD, Document Type Definition를 반드시 정의해야 한다. 관리자 입장에서 볼 때 의문이 생길 수 있다. 왜 서버의 web.xml에서는 애플리케이션 DTD를 정의할 수 없을까? 배포 과정에서 애플리케이션은 서버 web.xml이 아니라 자신의 web.xml을 참조해 자원에 접근하기 때문이다. 서버의 web.xml은 서버 세션 파라

미터와 같이 웹/애플리케이션 서버용과 관련된 서버 속성을 바꿀 때만 사용한다.

```
<resource-ref>
  <description>Oracle Datasource for tomcat </description>
  <res-ref-name>jdbc/tomcat7 </res-ref-name>
  <res-type>javax.sql.DataSource</res-type>
  <res-auth>Container</res-auth>
</resource-ref>
```

4. 마지막으로 개발자는 코드에서 JNDI 레퍼런스를 만든 다음 JNDI를 데이터베이스에 연결해야 한다.

MySQL의 DataSource

MySQL은 가장 큰 오픈소스 데이터베이스 중 하나다(현재는 오라클에서 지원). 오라클과 설정과정은 비슷하지만 파라미터가 약간 다르다. MySQL에서는 다음과 같은 방법으로 데이터소스를 설정할 수 있다.

1. 다음 코드는 server.xml의 데이터소스 정의 코드를 보여준다. 기본적으로 이들 값을 전역 섹션에서 정의한다.

```
<Resource name="jdbc/tomcat7" auth="Container"
  type="javax.sql.DataSource"
  maxActive="100" maxIdle="30" maxWait="10000"
  username="tomcatuser" password="tomcat"
  driverClassName="com.mysql.jdbc.Driver"
  url="jdbc:mysql://localhost:3306/tomcat7"/>
```

2. 다음 코드는 애플리케이션의 web.xml 설정을 보여준다. 애플리케이션 컨텐츠와 관련된 WEB-INF/web.xml에 다음 코드를 저장해야 한다.

```
<web-app xmlns="http://java.sun.com/xml/ns/j2ee"
  xmlns:xsi="http://www.w3.org/2001/XMLSchema-instance"
  xsi:schemaLocation="http://java.sun.com/xml/ns/j2ee
  http://java.sun.com/xml/ns/j2ee/web-app_2_4.xsd"
  version="2.4">
```

```xml
   <description>Tomcat 7 test DB</description>
   <resource-ref>
     <description>DB Connection</description>
     <res-ref-name>jdbc/tomcat7</res-ref-name>
     <res-type>javax.sql.DataSource</res-type>
     <res-auth>Container</res-auth>
   </resource-ref>
</web-app>
```

3. MySQL JDBC 드라이버는 톰캣의 CATALINA_HOME/lib/ 폴더로 배포된다. MySQL 3.23.47이나 Connector/J 3.0.11-stable JAR 파일이 가장 흔히, 그리고 널리 사용된다.

 MySQL JAR는 오픈소스 웹사이트(http://dev.mysql.com/downloads/)에서 무료로 다운받을 수 있다.

4. 톰캣 관리자는 MySQL에서 DB 서버 사용자가 모든 권한을 갖도록 DB를 설정해야 함을 반드시 기억해야 한다. MySQL 프롬프트로 로그인한 다음 다음 명령어로 특정 사용자에 특권을 줄 수 있다.

```
mysql> GRANT ALL PRIVILEGES ON *.* TO tomcatuser@localhost
IDENTIFIED BY 'tomcat7' WITH GRANT OPTION;

mysql> create database tomcat7;

mysql> use tomcat7;

mysql> create table testdata ( id int not null auto_increment
primary key,foo varchar(25), bar int);
```

 비밀번호 없이 MySQL 사용자를 만들면 JDBC 드라이버 연결에 실패하면서 catalina.out에 인증 에러가 발생했음을 확인할 수 있다.

PostgreSQL의 DataSource

PostgreSQL는 관계형 데이터베이스로 오픈소스 프로젝트다. PostgreSQL는 가장 오래된 데이터베이스(15년된) 중 하나다. 윈도, 유닉스, 맥과 같이 여러 OS에 PostgreSQL을 설치할 수 있다.

오라클과 비슷하게 다음과 같이 네 단계로 데이터소스를 설정할 수 있다.

1. 아래 코드는 server.xml의 데이터소스 정의를 보여준다. 기본적으로 이들 값은 전역 섹션에 정의한다.

    ```
    <Resource name="jdbc/tomcat7" auth="Container"
      type="javax.sql.DataSource"
      driverClassName="org.postgresql.Driver"
      url="jdbc:postgresql://127.0.0.1:5432/tomcat7"
      username="tomcat7" password="tomcat" maxActive="20" maxIdle="10"
      maxWait="-1"/>
    ```

2. PostgreSQL JDBC 드라이버는 톰캣 폴더 CATALINA_HOME/lib/postgresql-9.0-801.jdbc3.jar로 배포된다.

PostgreSQL 버전에 따라 알맞은 JDBC 드라이버를 다운로드할 수 있다. 드라이버 버전 관련 내용은 http://jdbc.postgresql.org/download.html를 참고하자.

3. 애플리케이션의 web.xml을 다음과 같이 설정한다. 아래 코드는 애플리케이션 전용 컨텐츠와 관련된 WEB-INF/web.xml에 추가해야 한다.

    ```
    <resource-ref>
      <description>postgreSQL Tomcat datasource </description>
      <res-ref-name>jdbc/tomcat7 </res-ref-name>
      <res-type>javax.sql.DataSource</res-type>
      <res-auth>Container</res-auth>
    </resource-ref>
    ```

마지막으로 개발자는 자신의 코드 파일에서 JNDI를 참조해 데이터베이스에 연결한다.

시중에서 흔히 볼 수 있는 데이터베이스의 데이터소스 비교

지금까지 다양한 데이터베이스에서 데이터소스를 설정하는 방법을 살펴봤다. 이번에는 각 데이터베이스에서 데이터소스 설정 방법이 어떻게 다른지 비교 분석하자.

- **오라클** 다음은 오라클 데이터베이스의 데이터소스 파라미터를 정의하는 코드다.

    ```
    <Resource name="jdbc/tomcat7" auth="Container"
      type="javax.sql.DataSource"
      driverClassName="oracle.jdbc.OracleDriver"
      url="jdbc:oracle:thin:@127.0.0.1:1521:test"
      description="test database for tomcat 7"
      username="admin" password="admin" maxActive="20"
      maxIdle="10" maxWait="-1"/>
    ```

- **MySQL** 다음은 MySQL 데이터베이스의 데이터소스 파라미터를 정의하는 코드다.

    ```
    <Resource name="jdbc/tomcat7" auth="Container"
      type="javax.sql.DataSource"
      driverClassName="com.mysql.jdbc.Driver"
      url="jdbc:mysql://localhost:3306/tomcat7"
      username="tomcatuser" password="tomcat"
      maxActive="100" maxIdle="30" maxWait="10000"/>
    ```

- **PostgreSQL** 다음은 PostgreSQL 데이터베이스의 데이터소스 파라미터를 정의하는 코드다.

    ```
    <Resource name="jdbc/tomcat7" auth="Container"
      type="javax.sql.DataSource"
      driverClassName="org.postgresql.Driver"
      url="jdbc:postgresql://127.0.0.1:5432/tomcat7"
      username="tomcat7" password="tomcat" maxActive="20" maxIdle="10"
      maxWait="-1"/>
    ```

Database	oracle	Mysql	Postgresql
classes	oracle.jdbc.OracleDriver	com.mysql.jdbc.Driver	org.postgresql.Driver
Port	1521	3306	5432
JDBC driver	ojdbc14.jar	MySQL 3.23.47	postgresql-9.0-801.jdbc3.jar

이전 그림은 각 데이터베이스의 드라이버 클래스명, 포트, JDBC 드라이버를 보여준다. 따라서 데이터베이스를 연결하는데 필요한 내용만 알고 있으면 아무 새 데이터베이스라도 쉽게 설정할 수 있다.

모든 데이터베이스 업체는 자사의 데이터베이스와 연결하는데 사용할 수 있도록 미리 정의된 라이브러리 집합을 제공한다. 따라서 이 책에서 설명하지 않은 데이터베이스에 연결해야 한다면 데이터베이스 업체 홈페이지에서 지원 정보를 확인하자.

톰캣 관리자 설정

톰캣 관리자Tomcat Manager는 매우 강력한 톰캣 관리 도구다. 때로는 데이터 센터 외부에 있는 서버 제품(출시된)에서 문제가 생길 수 있다. 따라서 상황에 따라 원격으로 톰캣에 접속해 문제를 해결해야 하는데 이때 중요 문제를 처리하는 데 톰캣 관리자가 매우 유용하다. 톰캣 관리자는 이런 기능을 제공한다.

- 원격으로 새 애플리케이션 배포
- 아이들 세션 청소
- 컨테이너 재시작없이 애플리케이션 배포 철회
- 메모리 누수 분석
- JVM 상태
- 서버 상태

톰캣 관리자 활성화

기본적으로 톰캣 7에서는 톰캣 관리자가 비활성화되어 있다. 톰캣 관리자를 활성화하려면 톰캣 7의 conf 폴더에서 기본 파일 tomcat-user.xml을 고쳐야 한다.

tomcat-user.xml 파일에서 사용자 역할role과 인증 정보(사용자명과 패스워드)를 설정할 수 있다. 톰캣 관리자를 활성화하려고 하면 다음 그림처럼 톰캣 페이지에서 인증 창이 뜰 것이다.

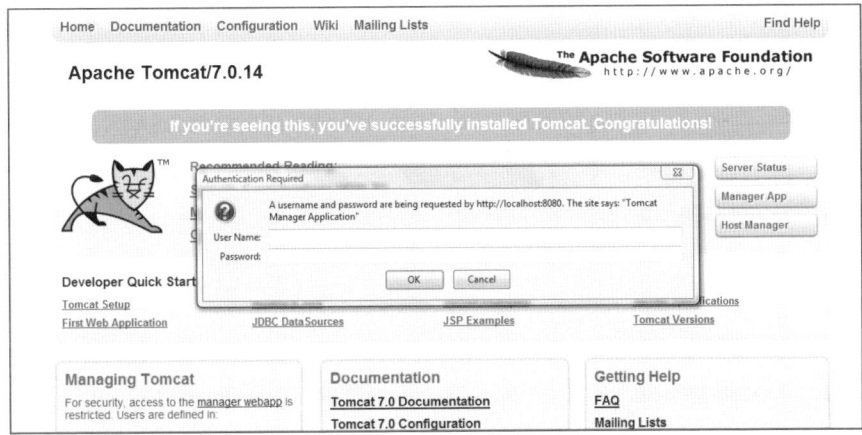

다음 그림은 tomcat-users.xml에서 사용자 속성을 활성화하기 전의 모습이다.

```
<tomcat-users>
<!--
  NOTE:  By default, no user is included in the "manager-gui" role required
  to operate the "/manager/html" web application.  If you wish to use this ap
  you must define such a user - the username and password are arbitrary.
-->
<!--
  NOTE:  The sample user and role entries below are wrapped in a comment
  and thus are ignored when reading this file. Do not forget to remove
  <!.. ..> that surrounds them.
-->
<!--
  <role rolename="tomcat"/>
  <role rolename="role1"/>
  <user username="tomcat" password="tomcat" roles="tomcat"/>
  <user username="both" password="tomcat" roles="tomcat,role1"/>
  <user username="role1" password="tomcat" roles="role1"/>
-->
</tomcat-users>
```

다음처럼 톰캣 관리자를 활성화할 수 있다.[3]

```
<role rolename="tomcat"/>
<role rolename="role1"/>
<user username="admin" password="admin" roles="tomcat"/>
<user username="both" password="admin" roles="tomcat,role1"/>
<user username="role1" password="admin" roles="role1"/>
</tomcat-users>
```

기본적으로 톰캣 7에는 tomcat, role1이라는 두 사용자가 설정되어 있다. 시스템 요구사항에 맞춰 사용자를 더 추가하려면 tomcat-users.xml에 사용자를 추가하고 역할을 정의한다. 톰캣 사용자 설정을 활성화했으면 톰캣 서비스를 재시작해야 설정이 적용된다.

다음 그림처럼 http://localhost:8080/에 접속해서 Manager App을 클릭하면 톰캣 관리자가 나타난다.

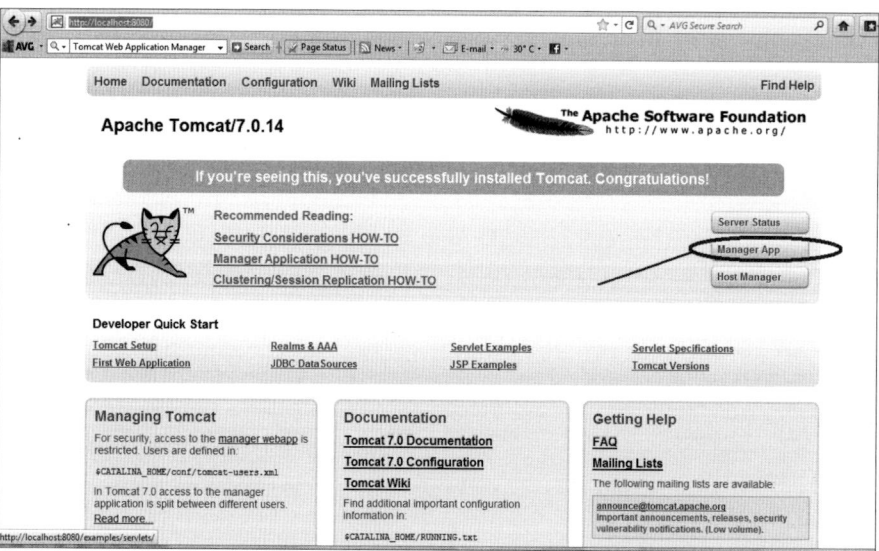

---

3 이전 그림에 있던 주석('<!—'와 '—>')을 제거했다. – 옮긴이

인증 창이 나타나면 tomcat-users.xml 파일에 설정되어 있는 것처럼 사용자 아이디와/비밀번호(사용자 = admin, 비밀번호 = a dmin)를 입력하고 OK를 클릭한다. 그러면 다음 그림처럼 톰캣 관리자 콘솔이 나타난다.

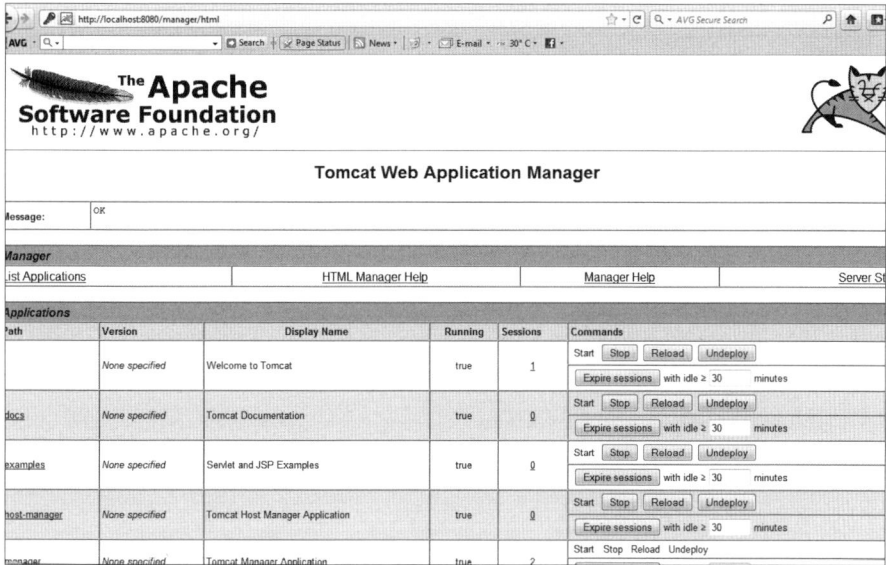

이 콘솔에서 새 애플리케이션을 배포하거나 현재 애플리케이션의 상태(정지, 배포 철회, 시작, 다시 로드 등)를 바꿀 수 있다. 또한 Server Status를 클릭해서 현재 서버 상태를 확인할 수 있다(다음 그림 참고).

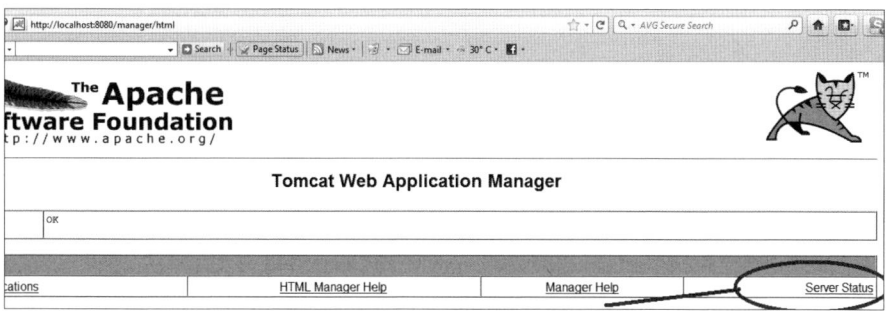

다음 그림은 Server Status 화면을 보여준다.

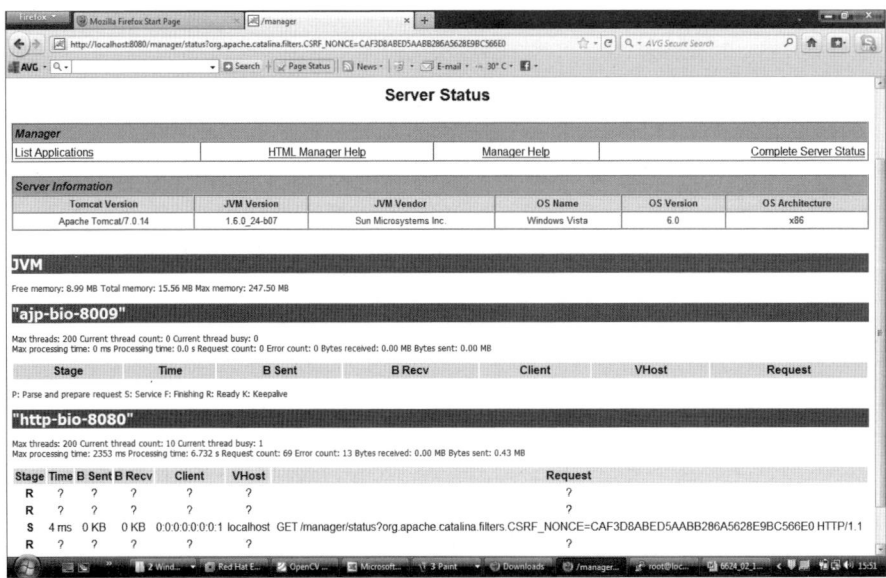

Server Status에서는 다음과 같은 서버 상태 정보를 표시한다.

- JVM status
    - JVM 상태
    - 최대 메모리
    - 총 메모리
    - 자유 메모리
- AJP 포트 8009 연결
    - 연결 상태
    - 송신 데이터
    - 수신 데이터
    - 클라이언트
    - 가상 호스트

- HTTP 포트 8080 연결
    - 연결 상태
    - 송신 데이터
    - 수신 데이터
    - 클라이언트
    - 가상 호스트
- 서버 정보
    - 톰캣 버전
    - OS 버전
    - JVM 버전
    - 시스템 아키텍처

컨텍스트 경로

컨텍스트 경로는 웹 애플리케이션의 핵심 요소다. 가상 호스트에서도 컨텍스트 경로를 사용한다. 가상 호스트는 컨텍스트 경로를 이용해 하나의 웹 서버나 IP에 여러 도메인명을 호스트한다.

.war 파일의 URL 매핑을 정의할 때도 컨텍스트 경로를 사용한다.

왜 컨텍스트 경로가 필요한지를 묻는 사람이 많다. 그럼 컨텍스트 경로를 사용하지 않고 한 개의 루트 디렉터리에 애플리케이션을 배포할 수 있는가? 한 개의 루트 디렉터리에 배포할 수는 있지만 그렇게 하는 것보다는 컨텍스트 경로를 정의해 서버의 부하를 최소화할 수 있다. 예를 들어 한 개의 루트 디렉터리에 애플리케이션을 배포한 상태라 가정할 때, 서버가 URL 요청을 받으면 server.xml 이나 컨텍스트 경로를 먼저 검색한다. URL 요청에 포함된 경로를 찾았으면 바로 URL 요청을 처리할 수 있고 찾지 못했으면 배포된 모든 WAR 파일을 검색해야 한다. 따라서 컨텍스트 경로를 이용하면 불필요한 검색을 피할 수 있으므로 CPU 사이클을 절약할 수 있다.

컨텍스트 경로를 사용할 때 얻을 수 있는 두 번째 장점은 로깅, appBase, DB 연결 등과 같은 요구사항에 따라 애플리케이션을 자유롭게 커스터마이즈할 수 있다는 것이다.

한 개의 애플리케이션을 100개의 톰캣 서버에 배포해야 하는 대기업이 있다고 가정하자 100개의 서버 모두에 애플리케이션을 각각 배포하는 것은 현실적으로 불가능하다. 따라서 이런 상황에서는 Common NAS 공유를 이용해 애플리케이션을 배포한다.

컨텍스트 경로 활성화

둘 중 한 가지 방법으로 컨텍스트 경로를 활성화할 수 있다.

- 톰캣 웹 애플리케이션 관리자 GUI 이용
- server.xml에서 명령행으로 설정

톰캣 웹 애플리케이션 관리자 GUI 이용

톰캣 관리자에서 컨텍스트 경로를 활성화하려면 먼저 http://localhost:8080에 접속해서 톰캣 관리자 앱에 로그인해야 한다. 그리고 다음 그림처럼 **Manager App**을 클릭한다.

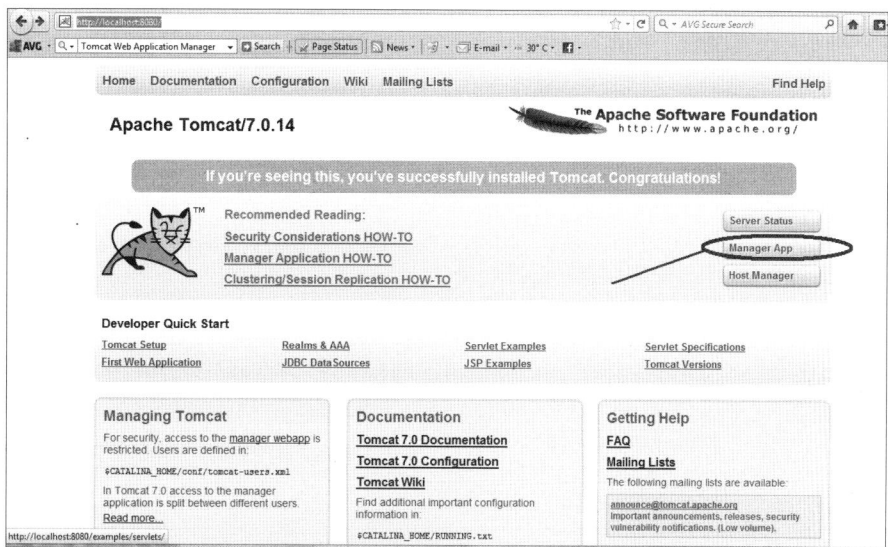

그러면 다음 그림처럼 Tomcat Web Application Manager 콘솔과 관련 기능이 나타난다.

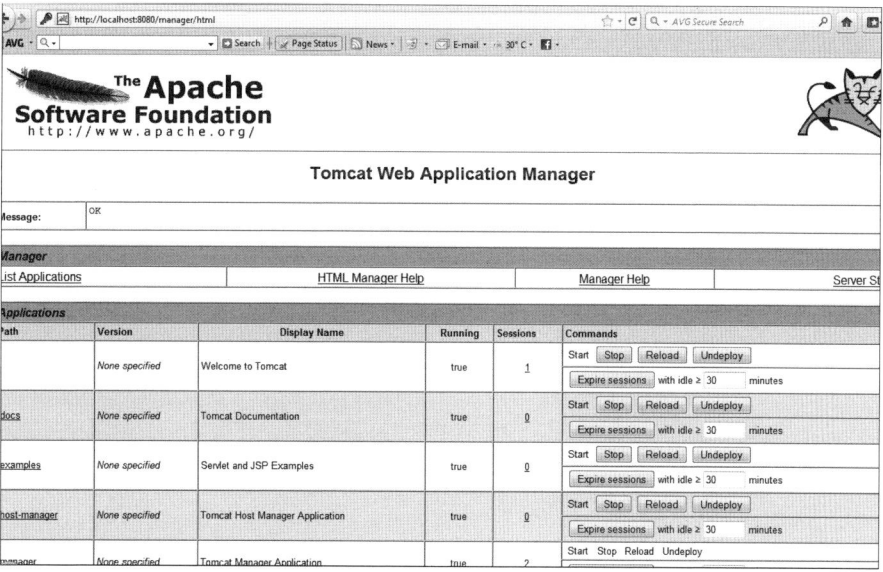

Deploy 탭에서 컨텍스트 경로를 만들 수 있다. **찾아보기** 버튼을 눌러 자신의 WAR 파일을 선택한 다음 Deploy를 클릭한다. 애플리케이션을 배포하는데 10에서 15초 정도가 걸린다. 애플리케이션이 배포되었으면 다음 그림과 비슷한 화면이 나타난다.

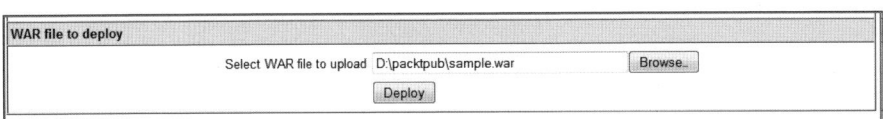

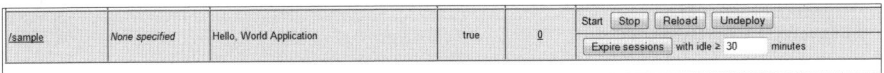

다음 그림은 애플리케이션 배포 상태와 Stop, Reload, Undeploy 같은 관리 제어 기능을 수행하는 버튼을 보여준다.

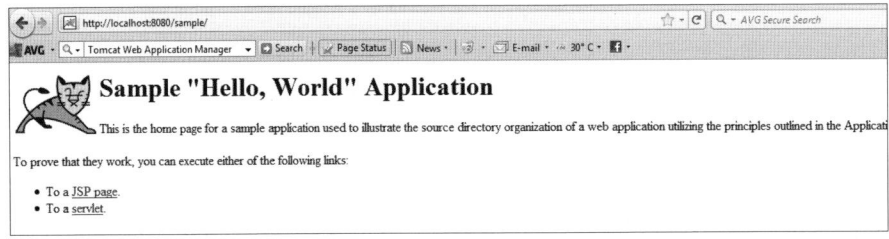

애플리케이션을 성공적으로 배포했으면 URL http://localhost:8080/sample로 접속해서 배포된 애플리케이션을 실행할 수 있다(다음 그림 참고).

명령행으로 server.xml 설정하기

server.xml을 고쳐서 톰캣 7의 컨텍스트 경로를 추가하는 방법도 있다. 그러려면 어느 정도 XML을 이해해야 한다. 어떤 부분을 고쳐서 컨텍스트 경로를 추가하는지 간단히 살펴보자.

```
<Context path="/sample" docBase="/opt/" reloadable="true"
  swallowOutput="true">
  <WatchedResource>WEB-INF/web.xml</WatchedResource>
  <Logger className="org.apache.catalina.logger.FileLogger"
    prefix="www-sample-com-log." suffix=".txt"
    timestamp="true"/>
</Context>
```

```
<Context path="/sample" docBase="/opt/" reloadable="true"
    swallowOutput="true">
<WatchedResource>WEB-INF/web.xml</WatchedResource>
    <Logger className="org.apache.catalina.logger.FileLogger"
      prefix="www-example-com-log." suffix=".txt"
      timestamp="true"/>

    </Context>
```

이제 이 컨텍스트 경로에 정의된 파라미터를 하나씩 살펴보자. 이전 그림은 컨텍스트 경로 세부 내용을 보여준다.

- `path="/sample"` 서버 요청 URL 경로(http://localhost:8080/sample 같은)를 정의한다.
- `docBase="/opt/"` 컨텍스트 경로의 문서 루트를 정의한다. 쉽게 표현하면 이 파라미터는 배포할 .war 파일을 어디에서 찾는지를 정의한다.
- `reloadable="true"` 파라미터 값이 참true이면 WAR 파일이 바뀔 때마다 톰캣을 재시작하지 않고 자동으로 변경사항을 적용한다.
- `swallowOutput="true"` 파라미터 값이 참이면 System.out과 System.err 출력을 애플리케이션 로그로 재전송한다.

 톰캣 설정을 바꾸기 전에 기존 설정을 항상 백업하는 습관을 갖자.

톰캣 7에 배포하기

배포란 웹 애플리케이션에 WAR 파일을 설치하는 것을 말한다. 즉 톰캣 webapps 디렉터리에 WAR 파일의 압축을 어떻게 해제할 것인지 정의할 수 있다.

웹아카이브의 구조

톰캣에서 애플리케이션을 보관하고 배포할 수 있도록 우리의 웹 애플리케이션을 특정 디렉터리 구조로 만들 수 있다. 웹 애플리케이션에서 사용하는 모든 서블릿, 클래스, 정적 파일, 기타 리소스는 각각의 디렉터리 구조에 저장된다. 이 디렉터리 구조의 루트가 웹 애플리케이션의 문서 루트가 된다. 이 루트 디렉터리에 있는 모든 파일(루트 밑에 있는 특별 디렉터리 WEB-INF를 제외한)을 클라이언트에 제공할 수 있다. 웹 애플리케이션의 이름을 이용해 애플리케이션의 컴포넌트 요청을 해석한다.

 개인적인 파일(클라이언트에 제공하지 않는 파일)은 항상 루트 디렉터리에 있는 WEB-INF 디렉터리에 저장하자. WE-INF에 포함된 모든 파일은 사적인 데이터이므로 클라이언트에 제공되지 않는다.

- **웹애플리케이션명/**   HTML, JSP 같은 모든 정적 파일은 이 디렉터리(또는 서브 디렉터리)에 저장한다. 이 디렉터리가 웹 애플리케이션의 루트다.
- **/WEB-INF/web.xml**   웹 애플리케이션의 배포 디스크립터 파일이다. 애플리케이션 전용 자원을 이 파일에 기술한다.
- **/WEB-INF/classes**   모든 서버용 클래스나 애플리케이션 전용 서드 파티 클래스를 저장하는 디렉터리.
- **/WEB-INF/lib**   JSP 완성에 필요한 JAR 파일을 포함한다.

- **web.xml** 모든 동적 파일(서블릿과 JSP) 관련 세부 사항, 그리고 세션 타임아웃, 데이터소스 정의(DB 접근) 등과 같은 설정 관련 정보를 포함한다.

```
<servlet>
 <servlet-name>classB</servlet-name>
 <servlet-class>class.classB</servlet-class>
</servlet>
```

이전 코드에서 서블릿 클래스와 서블릿 이름을 매핑했다(톰캣이 시작하면 클래스 객체를 생성하며 우리가 servlet-name 필드에 정의한 이름으로 생성한 객체를 매핑한다).

```
classB =new class.classB ()
<servlet-mapping>
<servlet-name> classB </servlet-name>
```

아카이브 파일

실제 업무에서 개발자가 배포할 애플리케이션을 전달할 것이다. 이때 애플리케이션은 보통 아카이브 파일 형태로 되어 있다. 아카이브 파일은 애플리케이션이나 모듈의 클래스, 정적 파일, 디렉터리, 배포 디스크립터 파일 모두를 포함하는 하나의 파일이다. 보통 JAR 유틸리티나 Ant JAR 도구를 이용해 아카이브 파일을 만든다.

다음 설명처럼 애플리케이션 형식에 따라 JAR 유틸리티 패키지의 확장자가 달라진다.

- EJB는 .jar 파일로 패키지
- 웹 애플리케이션은 .war로 패키지
- 리소스 어댑터는 .rar로 패키지
- 엔터프라이즈 애플리케이션은 .ear로 패키지하며 이때 EJB, 웹 애플리케이션, 자원 어댑터 등의 조합을 포함할 수 있다.
- 웹 서비스는 .ear이나 .war 파일로 패키지할 수 있다.

익스플로디드 아카이브 디렉터리

익스플로디드Exploded 아카이브 디렉터리는 JAR 아카이브와 같은 파일, 디렉터리 구조를 갖는다. 그러나 JAR 아카이브와 달리 파일과 디렉터리가 우리의 파일 시스템에 직접 저장되며 JAR 유틸리티로 하나의 아카이브 파일로 패키지하지도 않는다.

다음과 같은 상황에서는 하나의 아카이브 파일 대신 익스플로디드 아카이브 디렉터리로 애플리케이션을 배포해야 한다.

- 전체 애플리케이션을 다시 배포하지 않고 배포된 애플리케이션의 일부만 업데이트 할 때
- 톰캣 관리자를 이용해 동적으로 배포 디스크립터를 고치고 저장하려고 할 때

 아카이브 파일이나 .war 파일에서는 콘솔에서 배포 디스크립터의 값을 고칠 수 없다.

- 주기적으로 업데이트되는 정적 파일을 포함하는 웹 애플리케이션을 배포할 때. 아카이브를 다시 만들지 않고 정적 파일을 바로 업데이트하고 리프레시할 수 있도록 익스플로드 디렉터리로 애플리케이션을 배포하는 것이 바람직하다.

배포 관련 명령

배포 도구는 다음과 같은 일반 배포 명령 수행 기능을 제공한다.

- **배포** 클라이언트가 애플리케이션을 이용할 수 있도록 대상 서버에 소스 파일을 배포하고 클래스 로더로 클래스를 로딩한다.
- **재배포** 현재 클라이언트에 서비스를 제공중인 배포 유닛이나 배포 유닛(예를 들어 WAR, WAR 내의 모듈, 웹 애플리케이션의 정적 파일 등)의 일부를 업데이트한다. 전에 애플리케이션을 재배포하는 상황에서는 모든 애플리케이션 모듈

을 반드시 성공적으로 재배포해야 한다. 그렇지 않으면 전체 애플리케이션이 중지된다.

재배포 중에 클라이언트는 애플리케이션을 이용할 수 없다. 톰캣 7 서버는 재배포 중에 클라이언트 접속이 발생했을 때 관련된 애플리케이션 동작과 배포 작업을 보장하지 않는다. 따라서 실제 제품 환경에서는 재배포 기능은 사용하지 않는 것이 좋다.

- **정지** 애플리케이션의 클래스를 언로드하고 클라이언트가 애플리케이션을 사용할 수 없는 상태로 만든다. 정지 상태가 되더라도 배포 파일과 배포 이름이 남아 있으므로 정지된 애플리케이션을 재배포하거나 다시 시작할 수 있다.
- **시작** 클라이언트가 애플리케이션을 사용할 수 있도록 애플리케이션의 클래스를 클래스 로더로 로딩한다. 애플리케이션을 시작하려면 먼저 배포 과정을 거쳐 대상 서버에 필요한 파일이 배포된 상태여야 한다.
- **배포철회** 배포 유닛을 정지하고 대상 서버에 저장된 배포 파일과 배포 이름을 제거한다.

재배포 중에 클라이언트는 애플리케이션을 이용할 수 없다. 톰캣 7 서버는 재배포 중에 클라이언트 접속이 발생했을 때 관련된 애플리케이션 동작과 배포 작업을 보장하지 않는다.

배포 유형

배포 스테이징 모드staging mode는 애플리케이션이나 스탠드어론 모듈을 배포할 대상 서버에 어떻게 배포 파일을 제공할지 결정하는 과정이다. 톰캣 7 서버는 다음과 같이 세 가지 스테이징 파일 옵션을 제공한다.

- Stage 모드
- Nostage 모드
- External_stage 모드

다음 표는 세 가지 배포 스테이징 모드의 동작과 좋은 적용 사례를 설명한다.

배포 스테이징 모드	동작	이때 활용
Stage	우선 톰캣 관리자가 배포 유닛 소스 파일을 대상 서버의 스테이징 디렉터리로 복사한 다음 배포 파일의 지역 복사본을 이용해 대상 서버에 애플리케이션을 배포한다.	작거나 중간 크기 애플리케이션을 여러 톰캣 7 인스턴스에 배포할 때 작거나 중간 크기의 애플리케이션을 클러스터에 배포할 때
Nostage	톰캣 관리자는 배포 유닛 파일을 복사하지 않는다. 대신 모든 서버는 물리적으로 같은 배포 복사파일(톰캣 관리자와 대상 서버가 직접 접근할 수 있는 장치여야 한다)을 이용해 애플리케이션을 배포한다. 익스플로디드 아카이브 디렉터리에 Nostage를 적용하는 것은 권장하지 않는다.	한 개의 서버 인스턴스에 배포할 때 다중 홈 기기의 클러스터에 배포할 때 매우 큰 애플리케이션을 여러 대상 또는 클러스터(배포 파일이 서버에 위치)에 배포할 때
External_stage	톰캣 관리자는 배포 유닛 파일을 복사하지 않는다. 대신 관리자는 배포하기 전에 배포 파일이 올바른 스테이징 디렉터리 장소로 전달되었는지 반드시 확인해야 한다(예를 들어 배포 전에 수동으로 파일을 복사). External_stage 배포시 톰캣 관리자는 배포 파일 복사본으로 파일을 검증해야 한다. 대상 서버의 스테이징 디렉터리에 있는 배포 파일의 사본은 배포 전까지는 유효화되지 않는다.	대상 서버에서 배포 파일의 위치를 수동으로 조절할 때 서드 파티 애플리케이션이나 스크립트를 이용해 올바른 스테이징 디렉터리로 배포 파일 복사를 관리하는 서버 인스턴스에 배포할 때 톰캣 관리자로 선택한 배포 디스크립터를 동작으로 업데이트할 필요가 없을 때 애플리케이션 컴포넌트의 일부를 재배포할 필요가 없을 때

톰캣 7에서 애플리케이션을 배포하는 방법

톰캣 7에서는 여러 가지 방법으로 애플리케이션을 배포할 수 있다. 다음 그림처럼 다양한 업계에 알려져 사용되는 다섯 가지 배포 방법이 있다.

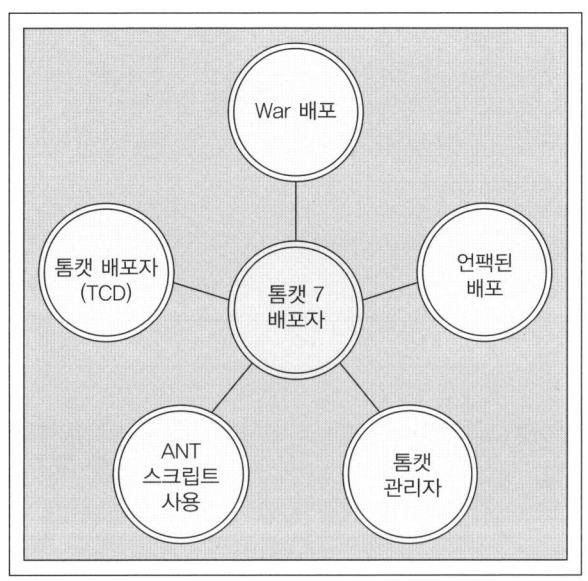

- **War 배포** 톰캣의 CATALINA_BASE 디렉터리에 WAR 파일을 배포한 다음 톰캣이 배포한 애플리케이션을 확인할 수 있도록 톰캣을 재시작한다. 실생활 제품 환경에서 널리 사용하는 방법이다.

- **언팩된 배포** 해당 인스턴스의 CATALINA_BASE 디렉터리로 WAR 파일을 압축 해제한다. 개발 서버에서 흔히 사용하는 방법이다.

- **톰캣 관리자** 실생활 제품 특히 원격 인프라구조 배포에서 널리 사용하는 좋은 도구다. 원격 시스템에서 톰캣 브라우저로 접속한 다음 애플리케이션을 배포할 수 있다(다음 그림 참고).

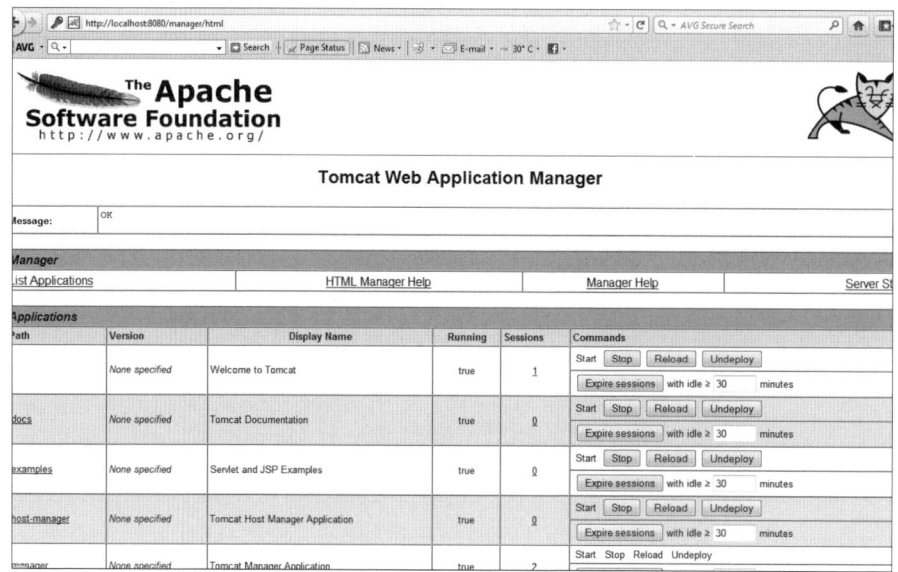

○ Deploy 탭에서 컨텍스트 경로를 만들 수 있다. **찾아보기** 버튼을 클릭하고 WAR 파일을 선택한 다음 Deploy 버튼을 클릭한다. 애플리케이션을 배포하는데 10초에서 15초 가량이 걸리며 배포가 완료되면 다음 그림과 비슷한 화면이 나타날 것이다.

○ 다음 그림은 애플리케이션 배포 상태와 Stop, Reload, Undeploy 같은 배포 관리 제어 기능 버튼을 보여준다.

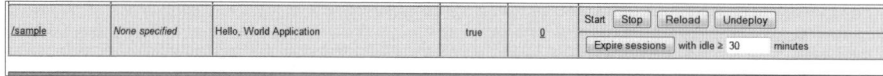

○ 성공적으로 배포를 마쳤으면 다음 그림처럼 URL http://localhost:8080/sample에 접속할 수 있다.

- **ANT 스크립트 사용** ANT 스크립트를 이용해 애플리케이션을 배포하는 방법도 있다. ANT 스크립트는 소스/목적지 그리고 대상 파일 정보 등을 포함한다. ANT 스크립트 배포는 톰캣 인스턴스가 실행 중인 상태에서만 동작한다.

- **톰캣 배포자**TCD, Tomcat Deployer   TCD는 애플리케이션 배포 도구다. TCD를 이용하려면 ANT가 설치되어 있어야 하며 톰캣 인스턴스가 실행 중인 상태여야 한다. 톰캣 인스턴스에 따로 TCD를 설치할 필요는 없다.

톰캣의 배포, 설정 과정에서 흔히 발생하는 문제

톰캣에 애플리케이션을 배포하고 설정하면서 여러 가지 문제가 발생할 수 있다. 어떤 문제가 발생할 수 있는지 살펴보자.

시나리오 1

문제 사용자가 애플리케이션을 배포한 다음에도 여전히 예전 코드가 보인다고 불평

해결 과정

- doc 베이스의 파일이 최근 파일인지 확인한다.
- 톰캣 7의 logs 디렉터리에 있는 catalina.out을 통해 특정 WAR 파일명이 배포되었는지 확인한다.

- 이전 두 가지 모두 확인했는데도 문제가 해결되지 않으면 톰캣 서비스를 중지하고 다음 명령어를 이용해 work/Catalina/localhost 디렉터리에 있는 temp 디렉터리의 컨텐츠를 삭제한다.

    ```
    cd /opt/apache-tomcat-7.0.12/temp/
      rm -rf ../temp/*

    cd /opt/apache-tomcat-7.0.12/work/Catalina/localhost/
      rm -rf ../localhost/*
    ```

- 톰캣 서비스를 재시작하고 사용자에게 다시 애플리케이션을 확인하도록 지시한다.

시나리오 2

문제 사용자가 한 노드에서는 현재 배포된 코드를 볼 수 있지만 다른 노드에서는 여전히 예전 코드가 표시된다고 불평

해결 과정

- doc 베이스의 파일이 최근 파일인지 확인한다.
- 톰캣 7의 logs 디렉터리에 있는 catalina.out을 통해 특정 WAR 파일명이 배포되었는지 확인한다.
- 이전 두 가지 모두 확인했는데도 문제가 해결되지 않으면 node2의 톰캣 서비스를 중지한다. node1의 코드를 복제하도록 설정하고 다음 명령어를 이용해 the work/Catalina/localhost 아래의 temp 디렉터리의 컨텐츠를 삭제한다.

    ```
    cd /opt/apache-tomcat-7.0.12/temp/
      rm -rf ../temp/*

    cd /opt/apache-tomcat-7.0.12/work/Catalina/localhost/
     rm -rf ../localhost/*
    ```

- 톰캣 서비스를 재시작하고 사용자에게 애플리케이션을 검사하도록 지시한다. 또한 node1과 node2가 복제 모드로 동작하는지 데이터베이스 상태를 확인한다.
- 양쪽 노드에서 데이터베이스에 연결한다.

시나리오 3

문제 server.xml을 고친 이후로 톰캣 인스턴스가 실행되지 않음

해결 과정

- 톰캣 bin 디렉터리로 이동한다.
- configtest.sh를 실행한다. 그러면 다음과 같은 내용이 출력된다.

```
[root@localhost ~]# cd    /opt/apache-tomcat-7.0.12/bin/
[root@localhost bin]#    ./configtest.sh
Using CATALINA_BASE:     /opt/apache-tomcat-7.0.12
Using CATALINA_HOME:     /opt/apache-tomcat-7.0.12
Using CATALINA_TMPDIR:   /opt/apache-tomcat-7.0.12/temp
Using JRE_HOME:          /opt/jdk1.6.0_24
Using CLASSPATH:         /opt/apache-tomcat-7.0.12/bin/bootstrap.jar:/opt/apache-tomcat-7.0.12/bin/tomcat-juli.jar
Error:-
org.apache.catalina.startup.Bootstrap.main(Bootstrap.java:435)
Caused by: java.net.BindException: Address already in use
        at java.net.PlainSocketImpl.socketBind(Native Method)
        at java.net.PlainSocketImpl.bind(PlainSocketImpl.java:383)
        at java.net.ServerSocket.bind(ServerSocket.java:328)
        at java.net.ServerSocket.<init>(ServerSocket.java:194)
        at java.net.ServerSocket.<init>(ServerSocket.java:150)
```

- 위 에러 메시지를 보면 톰캣이 이미 실행 중임을 알 수 있다. 따라서 웹 서버를 중지하고 temp 디렉터리를 비운다.
- 서비스를 다시 시작한다.

요약

2장에서는 다양한 데이터베이스(오라클, MySQL, PostgreSQL)에서 데이터 소스를 설정하는 방법, sample 애플리케이션을 이용해 컨텍스트 경로를 만드는 방법, 톰캣 관리자를 이용해 sample 애플리케이션을 배포하는 방법 등을 포함한 다양한 배포 방법을 살펴봤다. 일반적으로 발생할 수 있는 문제도 살펴봤다.

3장에서는 JVM과 OS 수준에서 톰캣 7의 성능을 튜닝하는 방법을 살펴본다.

3 성능 튜닝

연차를 내고 여행을 즐기고 있다. 새벽 2시에 전화벨이 울려서 전화를 받았다. ABC 회사의 웹 시스템이 다운됐으니 온라인으로 접속해서 문제를 해결하라는 상사의 지시가 떨어진다. 이런 난처한 상황을 겪고 싶지 않다면 3장을 주의 깊게 읽어야 한다.

3장에서는 성능 튜닝과 관련한 내용을 중점적으로 학습한다.

- 메모리 관련 문제
- JVM 파라미터 최적화
- OS 수준의 최적화를 통한 성능 개선

톰캣 7의 성능 튜닝

성능 튜닝을 잘 해야 말썽 없이 웹 애플리케이션을 실행할 수 있다. 또한 성능을 잘 튜닝해야 애플리케이션을 실행하는 톰캣의 성능도 좋아진다. 톰캣 서버를 튜닝하는 방법은 애플리케이션의 종류마다 다르다. 각각의 애플리케이션은 자신만의 요구사항이 있으므로 모든 애플리케이션에 맞게 톰캣 7을 튜닝하는 일은 쉽지 않다. 3장에서는 톰캣의 다양한 컴포넌트 튜닝 방법을 살펴보고, 이들 컴포넌트 튜닝이 서버 성능에 어떤 영향을 미치는지도 확인한다. 설정을 바꾸기에 앞서 왜 톰캣을 튜닝해야 하는지 간단히 살펴보자.

왜 성능을 튜닝해야 하는가

기본적으로 톰캣 7 패키지는 제품 모드로 실행되도록 커스터마이즈되어 있다. 많은 이가 '왜 톰캣 7의 성능을 튜닝해야 하는가?'라고 질문한다.

웹 애플리케이션마다 요구사항이 다르므로 이 질문의 답변도 상당히 가변적일 수밖에 없다. 일부 애플리케이션은 메모리를 많이 요구하는가 하면 어떤 애플리케이션은 GC로 인한 멈춤이 있을지라도 적은 메모리를 요구한다. 애플리케이션마다 요구사항이 다르므로 관리자는 애플리케이션의 요구사항에 맞게 톰캣을 튜닝해야 한다.

JVM 튜닝은 성능 튜닝에 영향을 미치는 한 요소에 불과하다. 데이터베이스 설정, OS 수준의 설정, 애플리케이션에 사용된 하드웨어 등과 같이 다양한 요소가 애플리케이션의 성능에 영향을 미칠 수 있다. 다음 그림은 톰캣 7과 관련한 다양한 종류의 성능 튜닝 예제를 보여준다.

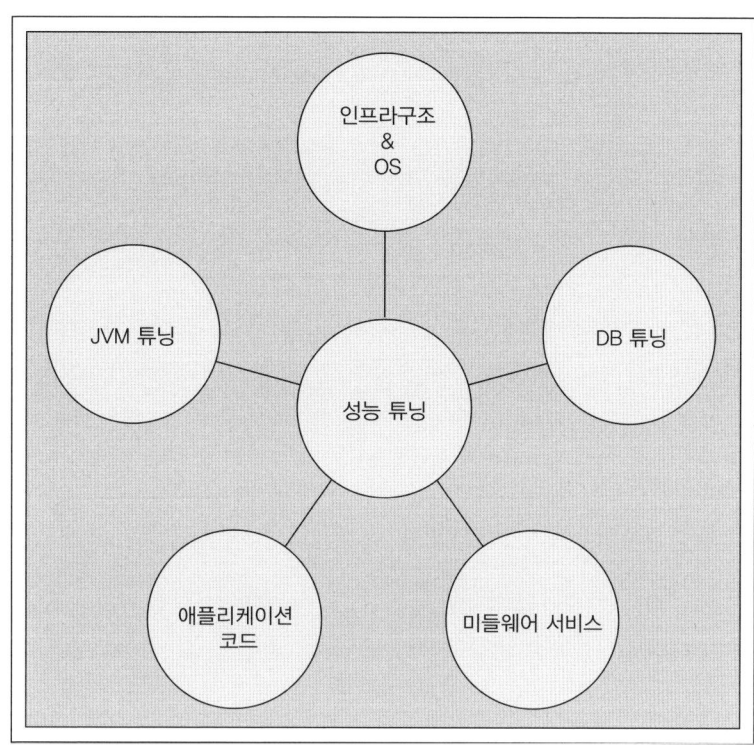

다음은 톰캣 7의 성능에 영향을 주는 요소다.

- **애플리케이션 코드** 애플리케이션을 제대로 구현하지 않으면 성능 문제가 발생할 수 있다. 예를 들어 애플리케이션에서 데이터베이스 연결을 제대로 종료하지 않으면 기존의 연결이 지속되면서 애플리케이션 실행 속도가 느려질 수 있다.

- **데이터베이스 튜닝** 데이터베이스는 톰캣에서 호스트하는 애플리케이션의 성능에 큰 영향을 미칠 수 있다. 예를 들어 데이터베이스의 반응이 느리면 애플리케이션의 질의 응답이 느려지면서 결국 톰캣 7에서 실행되는 애플리케이션의 속도도 느려진다.

- **JVM 튜닝** 모든 애플리케이션에는 자신만의 메모리 요구사항이 있다. 예를 들어 사용할 수 있는 메모리가 충분치 않은 상태에서 abc라는 애플리케이션이 많은 메모리(사용할 수 있는 메모리보다 큰 메모리)를 요구한다면 OOM(out of memory)이 발생하면서 성능 문제가 생긴다.

- **미들웨어 서비스** 미들웨어 서비스를 이용하려고 외부 인터페이스를 이용하는 과정에서 애플리케이션 연결 문제가 발생할 수 있다. 예를 들어 오늘날의 모바일 애플리케이션은 웹 서비스를 이용해 서버에 접속해서 애플리케이션 데이터를 가져온다. 이처럼 애플리케이션 전체가 아닌 웹 서비스만 인터넷에 노출시킨다.

- **인프라구조와 OS** 인프라 구조상의 문제 때문에 성능저하가 발생할 수 있다. 예를 들어 네트워크의 인터넷 연결 문제가 있거나 네트워크의 패킷 누락(drop) 현상이 있으면 성능이 저하된다.

지금까지 설명한 문제 해결 방법은 7장의 '톰캣 문제 해결' 부분에서 자세히 살펴본다.

성능 문제의 70퍼센트는 애플리케이션의 잘못된 구현 때문에 발생한다. 애플리케이션에서 부적절하게 루프를 구성하거나, 연결을 닫지 않는 등 여러 가지 문제가 있을 수 있다.

성능 튜닝 시작하기

애플리케이션을 개발함과 동시에 성능 튜닝을 진행해야 한다. 어떤 이는 '왜 개발 단계에서부터 성능 튜닝을 해야 하는가?'라고 질문할 것이다.

애플리케이션의 아키텍처, 애플리케이션이 실제 어떤 성능으로 실행돼야 하는지, 애플리케이션에서 얼마나 많은 자원을 소비할지를 애플리케이션 개발 단계에서 결정한다. 성능 튜닝과 관련한 과정이 미리 정의되진 않았지만 모든 관리자가 준수해야 할 실질적인 성능 튜닝 규칙이 있다.

다음 그림은 성능 튜닝 과정의 흐름을 보여준다.

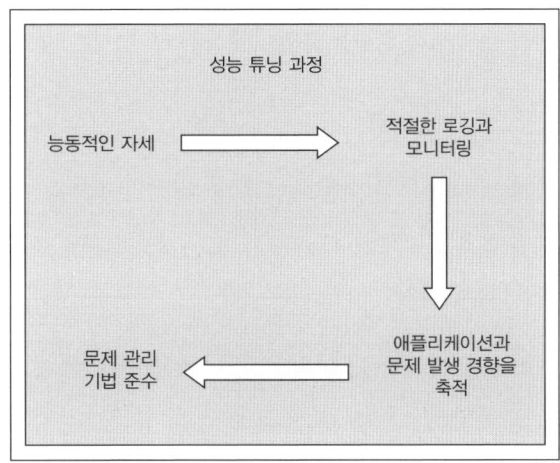

- **능동적인 자세**   미래에 애플리케이션에 다양한 장애(애플리케이션의 병목)가 발생할 수 있다. 예측되는 장애를 피할 수 있는 해결책을 준비한다. 애플리케이션 문제를 추적하고 시중에서 구할 수 있는 가장 최신 프로파일링 도구를 사용하라.

 능동적으로 애플리케이션을 확인해서 병목을 피한다면 제품 환경에서 발생할 70퍼센트의 문제를 해결할 수 있다. 이와 같은 접근 방법을 적용한다면 애플리케이션을 사용하는 고객에게 큰 만족을 선사할 것이다.

- **적절한 로깅과 모니터링**   톰캣에 적절한 수준의 로깅이 활성화돼 있어야 한다. 제품 시스템에서 발생할 수 있는 잠재적인 문제를 추적할 때 로깅이 큰 도움이 된다. 6장의 '톰캣 7 로깅'에서 로깅을 활성화하는 다른 방법을 살펴본다. 항상 정기적으로 시스템을 모니터링할 것을 권장한다.

애플리케이션의 상태를 제대로 보여주는 다양한 모니터링 도구를 시중에서 구할 수 있다. 대기업에서는 이들 모니터링 도구를 이용해 애플리케이션을 프로파일링한다. 대표적인 프로파일링 도구로 JON(Jboss on Network), CA Wily, Nagios, Panorama 등이 있다.

- **애플리케이션과 문제 발생 경향을 축적** 애플리케이션을 24시간 내내 실행하면서 항상 애플리케이션과 관련한 상황을 축적하는 것이 바람직하다. 또한 문제가 발생했을 때 모든 이에게 적절한 정보를 제공할 수 있도록 애플리케이션 지원에 필요한 훌륭한 문서를 준비해야 한다.
- **문제 관리 기법 준수** 문제가 발생했을 때는 항상 근본 원인 분석RCA, Root Cause Analysis을 실시한다.[1]

지금까지 톰캣 7 튜닝 접근 방법을 살펴봤다. 이제 실제로 톰캣 7을 튜닝하자.

톰캣 컴포넌트 튜닝

톰캣 7에서는 스레드 튜닝, 포트 커스터마이즈, JVM 튜닝 등 서버 성능에 영향을 미치는 다양한 설정을 조절할 수 있다. 성능 개선에 큰 영향을 미치는 톰캣 7의 컴포넌트를 간단히 살펴보자.

톰캣 7의 커넥터 종류

커넥터란 요청을 수락하고 응답을 리턴하는 교차점을 가리킨다. 다음 그림처럼 톰캣 7에는 세 가지 종류의 커넥터가 있다. 애플리케이션은 자신의 요구사항에 맞는 커넥터를 사용한다. 각 커넥터의 기능을 살펴보자.

---

1 근본 원인 분석 방법은 표면적인 현상이 아니라 문제가 발생한 근본 원인에 초점을 두어 문제를 해결하는 기법이다. 자세한 내용은 http://en.wikipedia.org/wiki/Root_cause_analysis를 참고하자. – 옮긴이–

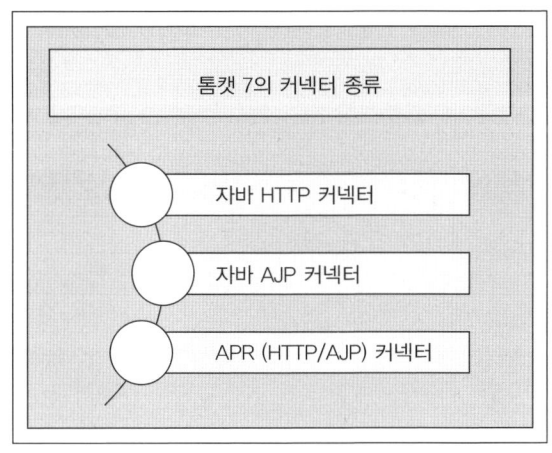

자바 HTTP 커넥터

HTTP 프로토콜을 기반으로 하는 자바 HTTP 커넥터는 HTTP/1.1 프로토콜만 지원한다. 톰캣은 자바 HTTP 커넥터를 이용해 독립형standalone 웹 서버로 동작할 수 있으며, JSP/서블릿 호스트 기능도 제공할 수 있다.

 HTTP 커넥터와 관련한 더 자세한 정보는 http://tomcat.apache.org/tomcat-7.0-doc/config/http.html을 참고하자.

자바 AJP 커넥터

자바 AJP 커넥터Java AJP Connector는 AJP(아파치 JServ 프로토콜)와 AJP를 통한 웹 서버 통신을 기반으로 한다. 자바 서블릿 컨테이너를 인터넷에 노출하고 싶지 않을 때 AJP 커넥터를 사용(다른 프론트엔드 서버를 이용)하며 톰캣 7에서 SSL 터미네이션을 처리하지 않는 상황이라면 AJP 커넥터를 매우 유용하게 활용할 수 있다. AJP 구현 예제로 mod_jk, mod_proxy 등이 있다.[2]

---

2 SSL 터미네이션은 SSL 처리를 다른 기기에 맡길 수 있는 기법이다. SSL 터미네이션을 이용하면 동시에 보다 많은 요청, 세션, 쿠키 등을 처리할 수 있다. - 옮긴이

AJP 커넥터와 관련한 더 자세한 정보는 http://tomcat.apache.org/tomcat-7.0-doc/config/ajp.html을 참고하자.

APR(AJP/HTTP) 커넥터

APR_{Apache Portable Runtime}은 확장성, 성능, 다른 웹 서버와의 협력 작업 상황에서 능력을 발휘한다. APR은 Open SSL, 공유 메모리, 유닉스 소켓 등과 같은 부가 기능을 제공한다. 자바가 백엔드 기술로 흡수되는 것이 아니라 웹 서버 기술로 동작하도록 하는 것도 APR의 기능이다. 톰캣 커넥터의 실제 구현은 4장 '아파치 웹 서버와 톰캣 통합'에서 살펴본다.

 APR 커넥터와 관련한 자세한 사항은 http://tomcat.apache.org/tomcat-7.0-doc/apr.html를 참고하자.

톰캣 7의 스레드 최적화

스레드 튜닝은 톰캣의 성능에 큰 영향을 미치는 요소다. 다른 곳에서는 잘 실행되는 어떤 애플리케이션이 있는데 같은 우리가 같은 애플리케이션을 구현하니까 성능이 저하(애플리케이션 성능 문제)되었다. 애플리케이션의 성능이 저하된 원인은 스레드 튜닝이 제대로 되어 있지 않아 서버 성능이 떨어졌기 때문일 것이다. 스레드 튜닝의 다른 컴포넌트인 스레드 풀 튜닝도 살펴보자.

스레드 풀이란 톰캣 7 웹 서버가 수락할 수 있는 연결 수 또는 서버가 수락할 수 있는 요청 수라고 정의할 수 있다. 스레드 풀의 종류는 공유_{Shared} 풀과 전용_{Dedicated} 풀 두 가지가 있다. TOMCAT_HOME/conf/server.xml 파일을 이용해 풀을 설정할 수 있다. 풀의 종류와 설정 방법을 살펴보자.

공유 스레드 풀(공유된 실행자)

공유 스레드 풀은 많은 커넥터가 공유하는 풀을 가리킨다. 예를 들어 네 개의 커넥터 설정이 있다면 모든 커넥터에서 같은 스레드 풀을 공유할 수 있다. 다음과 같은 방법으로 공유 스레드 풀을 설정할 수 있다.

1. server.xml을 열어서 services 섹션에 공유 스레드 풀 정의를 추가한다. 스레드 풀 코드는 굵은 글씨로 표시했다.

    ```
    <Executor name="tomcatThreadPool"
      namePrefix="catalina-exec-"
      maxThreads="150"
      minSpareThreads="4"/>
    ```

2. 공유 스레드 풀을 정의했으면 다음 코드처럼 server.xml의 services 섹션에 커넥터 정의에서 스레드 설정 참조를 호출한다.

    ```
    <Connector executor="tomcatThreadPool"
      port="8080" protocol="HTTP/1.1"
      connectionTimeout="20000"
      redirectPort="8443" />
    ```

server.xml에서 제공하는 기본 예제를 이용해 공유 풀을 설명했다. 그러나 실제 업무에서는 필요한 요구사항에 맞게 공유 풀을 정의해야 한다.

전용 스레드 풀

전용 스레드 풀이란 스레드 풀을 특정 커넥터 전용으로 할당하는 것을 의미한다. 예를 들어 부하가 많이 걸릴 것으로 예상되는 애플리케이션의 커넥터에는 톰캣 인스턴스를 부드럽게 관리할 수 있도록 전용 스레드 풀을 할당하는 것이 좋다. 전용 연결 풀 값은 굵을 글씨로 표시했다.

1. server.xml을 열어서 Connector 섹션 내에 전용 스레드 풀 설정을 정의한다. 다음 코드에서 전용 풀과 관련된 부분을 굵은 글씨로 표시했다.

```
<Connector port="8443" protocol="HTTP/1.1"
  SSLEnabled="true"
  maxThreads="150"
  scheme="https"
  secure="true"
  clientAuth="false" sslProtocol="TLS" />
```

공유 스레드 풀과 전용 스레드 풀의 비교

상황에 따라 어떤 스레드 풀을 사용하는 것이 바람직한지 판단할 수 있도록 공유 스레드 풀과 전용 스레드 풀을 비교하자. 다음은 톰캣 7의 두 가지 스레드 풀 기법을 비교한 표다.

기능	공유 스레드 풀	전용 스레드 풀
사용자 수	적음	많음
환경	개발	제품
성능	낮음	좋음

maxThreads

maxThreads는 서버가 수락할 수 있는 최대 요청 수를 정의한다. 기본적인 톰캣의 설정 값은 maxThreads=150다. 제품 환경에서는 서버 성능에 따라 maxThreads 값을 튜닝해야 한다.

실제로 maxThreads 값을 튜닝해보자. maxThreads=300으로 설정된 애플리케이션이 있다고 가정하자. 스레드 튜닝이 서버에 어떤 영향을 미치는지 살펴보자. maxThreads를 적절하게 설정하지 않으면 서버 성능이 저하될 수 있다. maxThreads가 서버 성능에 미치는 영향을 어떻게 파악할 수 있을까?

서버의 CPU 사용량을 확인하는 방법이 있다. 서버의 CPU 사용량이 높으면 스레드 값을 줄여야 한다. CPU 사용량이 높다는 것은 서버 성능이 저하됐음을 의미한다. CPU 사용량이 보통이면 더 많은 사용자 요청을 수락할 수 있도록 스레드 값을 증가시킬 수 있다.

maxThreads를 설정할 때는 데이터베이스 연결, 네트워크 대역폭 등의 다른 자원도 함께 고려해야 한다.

maxKeepAlive

maxKeepAlive는 톰캣 7에서 동시에 대기할 수 있는(종료되지 않고) TCP 연결 수를 정의한다. maxKeepAlive의 기본값은 1, 즉 비활성화된다.

maxKeepAlive = 1 이면,

- 톰캣에서 SSL 터미네이션을 수행하지 않는다.
- 부하 균형 기법을 사용한다.
- 동시에 더 많은 사용자를 수용한다.

maxKeepAlive > 1 이면,

- 톰캣에서 SSL 터미네이션을 수행한다.
- 적은 동시 사용자를 수용한다.

JVM 튜닝

시중에는 다양한 JVM 업체가 있으므로 애플리케이션의 요구사항에 맞게 JVM 업체와 JDK를 선택할 수 있다.

IT 업계에서는 썬(현재는 오라클) JDK를 가장 널리 사용한다.

왜 톰캣의 JDK를 튜닝해야 하는가

기본적으로 톰캣 7은 256 MB 힙을 포함한다. 그러나 최신 애플리케이션은 점점 많은 램을 요구한다. 따라서 최신 애플리케이션을 실행하려면 톰캣 7의 JVM 파라미터를 튜닝해야 한다. 톰캣의 JVM 기본 설정을 살펴보자. 다음과 같은 방법으로 톰캣 프로세서 ID(PID)와 메모리 값을 확인할 수 있다.

리눅스의 터미널에서 다음 명령어를 수행한다.

`ps -ef |grep java`

그러면 시스템에서 실행 중인 모든 자바 프로세스 정보(PID, 톰캣 실행 위치 등)가 출력된다.

```
root@localhost bin]# ps -ef |grep java
root      4306     1  0 14:09 pts/1    00:00:04 /opt/jdk1.6.0_24/bin/java -Djava.util.logging.config.file=/opt/apache-tomcat-7.0.12/conf/logging
.java.util.logging.manager=org.apache.juli.ClassLoaderLogManager -Djava.endorsed.dirs=/opt/apache-tomcat-7.0.12/endorsed -classpath /opt/apache-t
omcat/bootstrap.jar:/opt/apache-tomcat-7.0.12/bin/tomcat-juli.jar -Dcatalina.base=/opt/apache-tomcat-7.0.12 -Dcatalina.home=/opt/apache-tomcat-7.0
.tmpdir=/opt/apache-tomcat-7.0.12/temp org.apache.catalina.startup.Bootstrap start
root@localhost bin]#
```

root 4306 1 0 14:09 pts/1 00:00:04 /opt/jdk1.6.0_24/bin/java
  -Djava.util.logging.config.file=/opt/apachetomcat-
  7.0.12/conf/logging.properties -
  Djava.util.logging.manager=org.apache.juli.ClassLoaderLogManager -
  Djava.endorsed.dirs=/opt/apache-tomcat-7.0.12/endorsed -classpath
  /opt/apache-tomcat-7.0.12/bin/bootstrap.jar:/opt/apache-tomcat-
  7.0.12/bin/tomcat-juli.jar -Dcatalina.base=/opt/apache-tomcat-7.0.12 -
  Dcatalina.home=/opt/apache-tomcat-7.0.12 -Djava.io.tmpdir=/opt/
  apachetomcat-
  7.0.12/temp org.apache.catalina.startup.Bootstrap start

이전 출력 결과에서 4306이 톰캣 프로세스의 PID임을 알 수 있다. 톰캣의 프로세스 ID를 확인했으면 `jmap` 명령으로 톰캣 인스턴스에 할당된 메모리를 확인할 수 있다.

윈도우에서는 다음 명령을 실행해서 톰캣 프로세스 ID를 확인할 수 있다.

`tasklist |find "tomcat"`

그러면 다음 그림과 같은 정보가 출력되며 톰캣 프로세스 ID는 2112라는 것을 확인할 수 있다.

```
C:\Users\user>tasklist |find "tomcat"
tomcat7.exe                   2112 Services              0      38,656 K
```

JMAP(메모리 맵)

JMAP은 공유된 자바 가상 메모리 전체 모습을 출력하는 유틸이다. 공유된 메모리 상태를 확인할 때 JMAP을 유용하게 사용할 수 있다. JMAP은 다양한 옵션을 제공한다. 다음 표는 JMAP의 유용한 옵션을 설명한다.

옵션	설명
-dump	자바 힙을 hprof 바이너리 형식으로 덤프
-finalizer info	소멸(finalization)을 기다리는 오브젝트 정보 출력
-heap	힙 요약 정보 출력
-histo	힙 히스토그램 출력
-permstat	자바 힙의 영구 세대(permanent generation)를 클래스 로더 통계로 출력[3]

 JMAP 명령과 관련한 상세 정보는 http://docs.oracle.com/javase/6/docs/technotes/tools/share/jmap.html를 참고하자.

jmap 문법

jmap 문법은 ./jmap -heap <process id>이며, 여기서 <process id>는 메모리 상태를 확인하려는 자바 프로세스 ID다.

---

3 영구 세대는 클래스 정의와 관련 메타데이터를 저장하는 힙의 영역을 가리킨다. - 옮긴이

표의 옵션에서 -heap을 사용하면 힙 요약 정보, 사용 중인 GC 알고리즘, 힙 설정, 세대별 힙 사용 정보가 출력된다.

 64비트 VM에서 jmap 명령을 실행하려면 'jmap –J–d64 –heap pid'를 사용한다.

PID 예제 값으로 4306을 사용한다.

[root@localhost bin]# ./jmap -heap 4306

그러면 다음과 같은 정보가 출력된다.

```
Attaching to process ID 4306, please wait...
Debugger attached successfully.
Client compiler detected.
JVM version is 19.1-b02
using thread-local object allocation.
Mark Sweep Compact GC
```
Heap Configuration:
```
  MinHeapFreeRatio = 40
  MaxHeapFreeRatio = 70
  MaxHeapSize      = 268435456 (256.0MB)
  NewSize          = 1048576 (1.0MB)
  MaxNewSize       = 4294901760 (4095.9375MB)
  OldSize          = 4194304 (4.0MB)
  NewRatio         = 2
  SurvivorRatio    = 8
  PermSize         = 12582912 (12.0MB)
  MaxPermSize      = 67108864 (64.0MB)
```
```
Heap Usage:
New Generation (Eden + 1 Survivor Space):
  capacity = 5111808 (4.875MB)
  used     = 3883008 (3.703125MB)
  free     = 1228800 (1.171875MB)
  75.96153846153847% used
Eden Space:
  capacity = 4587520 (4.375MB)
  used     = 3708360 (3.5365676879882812MB)
  free     = 879160 (0.8384323120117188MB)
```

```
   80.83583286830357% used
From Space:
   capacity = 524288 (0.5MB)
   used     = 174648 (0.16655731201171875MB)
   free     = 349640 (0.33344268798828125MB)
   33.31146240234375% used
To Space:
   capacity = 524288 (0.5MB)
   used     = 0 (0.0MB)
   free     = 524288 (0.5MB)
   0.0% used
tenured generation:
   capacity = 11206656 (10.6875MB)
   used     = 3280712 (3.1287307739257812MB)
   free     = 7925944 (7.558769226074219MB)
   29.274673080077485% used
Perm Generation:
   capacity = 12582912 (12.0MB)
   used     = 6639016 (6.331459045410156MB)
   free     = 5943896 (5.668540954589844MB)
   52.762158711751304% used
```

출력 정보에는 다음과 같은 세부사항이 포함된다.

- 애플리케이션의 힙 설정(굵은 글씨로 표시)
- 각 JVM 컴포넌트의 힙 사용 현황
- 가비지 콜렉션에 사용하는 알고리즘

이전 출력 정보를 이용해 톰캣 7에 할당된 메모리 상태(톰캣에 256MB가 할당돼 있으며, 영구 세대에서 12MB를 사용)를 파악할 수 있다.

톰캣 7의 힙 크기를 증가시키는 방법

톰캣 7의 힙 크기를 증가시키려면 TOMCAT_HOME/bin에 위치한 catalina.sh 파일에 JAVA_OPTS 파라미터를 추가해야 한다.

힙의 크기를 256MB에서 512MB로 증가시키며, 영구 세대 크기도 256MB로 설정한다고 가정하자.

```
JAVA_OPTS="-Xms128m -Xmx512m -XX:MaxPermSize=256m"
```

 JVM 파라미터 설정을 바꿨으면 톰캣 서버를 재시작해야 새로운 값이 적용된다. 서버를 재시작한 다음 jmap 명령을 실행해서 JVM 파라미터 값이 바뀌었는지 확인할 수 있다.

[root@localhost bin]# jmap -heap 21091

다음은 위 명령을 실행한 결과다.

```
Attaching to process ID 21091, please wait...
Debugger attached successfully.
Client compiler detected.
JVM version is 19.1-b02
using thread-local object allocation.
Mark Sweep Compact GC
Heap Configuration:
    MinHeapFreeRatio = 40
    MaxHeapFreeRatio = 70
    MaxHeapSize      = 536870912 (512.0MB)
    NewSize          = 1048576 (1.0MB)
    MaxNewSize       = 4294901760 (4095.9375MB)
    OldSize          = 4194304 (4.0MB)
    NewRatio         = 2
    SurvivorRatio    = 8
    PermSize         = 12582912 (12.0MB)
    MaxPermSize      = 268435456 (256.0MB)
```

JVM 파라미터를 고친 다음 바뀐 값을 굵은 글씨로 표시했다.

catalina.sh에 JRE_HOME, JAVA_OPTS, JAVA_ENDORSED_DIRS, JPDA_TRANSPORT, JPDA_ADDRESS, JPDA_SUSPEND, JPDA_OPTS, LOGGING_CONFIG, LOGGING_MANAGER 등의 파라미터도 정의할 수 있다.

지금까지 메모리를 증가시키는 방법을 살펴봤다. 이제 JVM을 튜닝해야 하는 이유와 톰캣 7의 힙을 증가시키거나 감소시키는 방법을 살펴보자. 가비지 콜렉션 GC, Garbage Collection은 JVM 튜닝에서 빼놓을 수 없는 중요한 기능이다.

가비지 콜렉션

가바지는 쓰레기다. JVM에서 어떤 쓰레기가 발생하는지 살펴보자.

JVM에는 어떤 가비지가 발생하는가?

가비지란 JVM 메모리에 상주하는 오브젝트 중에 다른 프로그램에서 사용하지 않는 오브젝트를 가리킨다.

가비지 콜렉터는 주기적으로 실행되는 알고리즘으로 메모리내에 상주하는 오브젝트의 활성/비활성 상태를 수집하고, 비활성 상태의 메모리를 제거해서 메모리를 해제하는 일을 수행한다.

가비지 콜렉션에는 다음과 같은 특징이 있다.

- 대용량 메모리를 가진 애플리케이션에서는 가비지 콜렉션이 적절하게 동작하지 않는다.
- 가비지 콜렉션은 생명주기가 매우 짧은 오브젝트가 있을 수 있다는 사실과 일부 오브젝트는 톰캣 7을 다시 시작할 때까지 수년간 활성 상태로 있을 수 있다는 사실을 가정하지 않는다.

가비지 콜렉션이 동작하는 방법

GC 알고리즘이 호출되면 GC는 메모리에 있는 모든 비활성 오브젝트를 수집해서 메모리를 정리한다. 수동으로 메모리를 관리하는 방법이 있는가 하면 GC처럼 자동으로 메모리를 관리하는 기법도 있다.

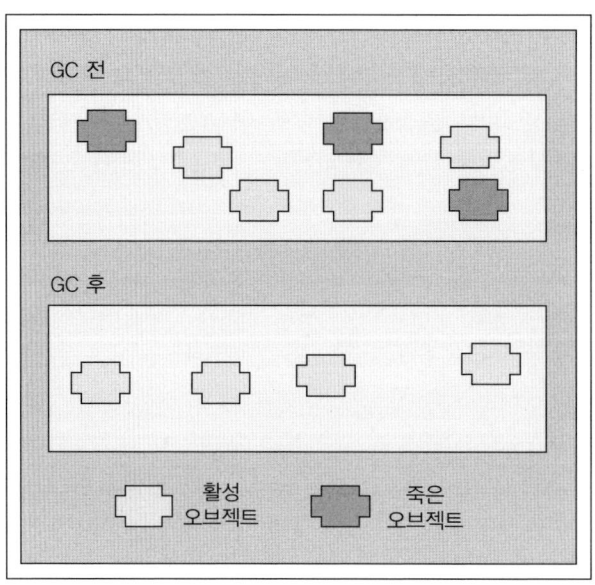

GC는 메모리에서 모든 비활성 오브젝트만 제거하고 활성 스레드는 메모리에 그대로 남겨둔다. 이전 그림은 GC가 실행되기 전과 후의 모습을 보여준다. 실생활에서는 주로 세 가지 종류의 GC를 사용한다.

- 직렬 콜렉터 Serial collector
- 병렬 콜렉터 Parallel collector
- 동시의 멈춤이 적은 콜렉터 Concurrent low pause collector

다음 표는 직렬 콜렉터의 기능을 설명한다.

기능	직렬 콜렉터
프로세스	하나의 스레드로 GC를 수행
GC 멈춤	높음
스레딩	단일 스레드
애플리케이션	작은 애플리케이션(100MB 미만의 데이터)
장점	단일 스레드 통신 방식

다음 표는 병렬 콜렉터의 기능을 설명한다.

기능	병렬 콜렉터
프로세스	병렬 스레드로 작은 GC를 수행
GC 멈춤	직렬보다 작음
스레딩	멀티스레드
애플리케이션	중간 – 대규모
장점	특정 시점에서 최고의 성능이 필요한 애플리케이션에 적합

다음 표는 동시 콜렉터의 기능을 설명한다.

기능	동시 콜렉터
프로세스	GC가 동시에 수행
GC 멈춤	중지 시간이 짧음
스레딩	멀티스레드
애플리케이션	중간 – 대규모
장점	빠른 반응성을 요하는 애플리케이션에 적합

 세 가지 알고리즘은 JDK 1.5나 그 이후 버전에서 동작한다.

 병렬 콜렉터와 동시 콜렉터 알고리즘을 동시에 사용하지 않는다.

JVM 옵션

자바 핫스팟(Java HotSpot) VM 옵션을 크게 표준 옵션과 비표준 옵션 두 가지로 구분할 수 있다.

표준 옵션

각 OS별 자바 애플리케이션 실행 명령(예를 들어 윈도 환경에서는 java.exe)을 입력했을 때 나타나는 자바 핫스팟 VM 옵션이 표준 옵션이다. 다음 그림은 자바 애플리케이션 실행 명령 페이지에 나타나는 표준 옵션을 보여준다.

```
$ java -showversion
java version "1.7.0_05"
Java(TM) SE Runtime Environment (build 1.7.0_05-b05)
Java HotSpot(TM) Client VM (build 23.1-b03, mixed mode)
사용법: java [-options] class [args...]
           (클래스 실행)
   또는  java [-options] -jar jarfile [args...]
           (jar 파일 실행)
여기서 options는 다음과 같습니다.
    -d32          사용 가능한 경우 32비트 데이터 모델을 사용합니다.
    -d64          사용 가능한 경우 64비트 데이터 모델을 사용합니다.
    -client       "client" VM을 선택합니다.
    -server       "server" VM을 선택합니다.
    -hotspot      "client" VM의 동의어입니다[사용되지 않음].
                  기본 VM은 client입니다..

    -cp <class search path of directories and zip/jar files>
    -classpath <class search path of directories and zip/jar files>
                  클래스 파일을 검색할 ;(으)로 구분된 디렉토리,
                  JAR 아카이브 및 ZIP 아카이브 목록입니다.
    -D<name>=<value>
                  시스템 속성을 설정합니다.
    -verbose[:class|gc|jni]
                  상세 정보 출력을 사용으로 설정합니다.
    -version      제품 버전을 인쇄한 후 종료합니다.
    -version:<value>
                  실행할 버전을 지정해야 합니다.
    -showversion  제품 버전을 인쇄한 후 계속합니다.
    -jre-restrict-search | -no-jre-restrict-search
                  버전 검색에서 사용자 전용 JRE를 포함/제외합니다.
    -? -help      이 도움말 메시지를 인쇄합니다.
    -X            비표준 옵션에 대한 도움말을 인쇄합니다.
    -ea[:<packagename>...|:<classname>]
    -enableassertions[:<packagename>...|:<classname>]
                  세분성이 지정된 검증을 사용으로 설정합니다.
    -da[:<packagename>...|:<classname>]
    -disableassertions[:<packagename>...|:<classname>]
                  세분성이 지정된 검증을 사용 안함으로 설정합니다.
    -esa | -enablesystemassertions
                  시스템 검증을 사용으로 설정합니다.
    -dsa | -disablesystemassertions
                  시스템 검증을 사용 안함으로 설정합니다.
```

비표준 옵션

JVM에서 비표준 옵션은 -X나 -XX 옵션으로 정의한다. 비표준 옵션을 세 가지 종류로 그룹화할 수 있다.

- **행동 옵션** VM의 기본 행동을 바꾸는 옵션이다.
- **성능 튜닝 옵션** VM의 성능을 최적화하는 옵션이다. 서버 튜닝에도 유용한 옵션이다.
- **디버깅 옵션** VM 정보를 출력하고 표시한다. 로그 추적 기능 활성화 관련 옵션이다(이들은 중요한 문제를 해결할 때 매우 유용한 옵션이다).

 -X로 시작하는 옵션은 비표준 옵션(일부 VM 구현에서만 동작하는)이다. -XX로 시작하는 옵션은 안정성이 떨어지므로 일반적으로 권장하지 않는다.

다음 표는 JVM에서 매우 흔히 사용하는 옵션을 설명한다.

옵션	파라미터	설명
행동 옵션	-XX:+ScavengeBeforeFullGC	전체 GC에 앞서 젊은 세대 GC를 수행
	--XX:-UseParallelGC	병렬 가비지 콜렉션으로 빠른 GC(Scavenge) 수행
성능 옵션	-XX:MaxNewSize=size	신세대의 최대 크기(바이트 단위)
	-XX:MaxPermSize=64m	영구 세대의 크기(-Xmx 값을 초과했을 때)
	-Xms	톰캣 시작시 최소 힙 메모리
	-Xmx	인스턴스에 할당할 최대 메모리
	-Xss	힙의 스택 크기
디버깅 옵션	-XX:-CITime	JIT 컴파일러가 소비한 시간 출력
	-XX:ErrorFile=./hs_err_pid⟨pid⟩.log	발생한 에러를 기록할 파일 지정
	-XX:HeapDumpPath=./java_pid⟨pid⟩.hprof	힙 덤프용 디렉터리 경로나 파일명
	-XX:-HeapDumpOnOutOfMemoryError	java.lang.OutOfMemoryError가 발생하면 힙을 파일로 덤프

이어짐

옵션	파라미터	설명
디버깅 옵션	-XX:OnError="⟨cmd args⟩;⟨cmd args⟩"	치명적 에러 발생시 사용자가 정의한 명령 실행
	-XX:OnOutOfMemoryError="⟨cmd args⟩;	처음으로 OutOfMemoryError가 발생하면 사용자가 정의한 명령 실행
	-XX:-PrintClassHistogram	Ctrl-Break를 눌렀을 때 클래스 인스턴스의 히스토그램 출력

 JVM 비표준 옵션과 관련한 상세 정보는 http://www.oracle.com/technetwork/java/javase/tech/vmoptions-jsp-140102.html를 참고하자.

GC 로그에 표시된 파라미터

GC는 stdout 스트림으로 가비지 콜렉션 정보를 출력한다. 가비지 콜렉션이 발생할 때마다 다음의 다섯 가지 필드 정보가 출력된다.

[%T %B->%A(%C), %D]

- %T 빠른 GC(Scavenge) 단계에서는 'GC'로 전체 GC를 수행할 때는 'Full GC:'로 표시한다. 빠른 GC는 새로운 세대에서 살아있는 오브젝트만 수집하고 전체 GC를 수행할 때 자바 힙의 모든 공간에서 오브젝트를 수집한다.
- %B 가비지 콜렉션을 실행하기 전의 자바 힙 크기(KB 단위)
- %A 가비지 콜렉션을 실행한 다음의 자바 힙 크기(KB 단위)
- %C 전체 자바 힙의 현재 용량(KB 단위)
- %D 콜렉션에 걸린 시간(초)

SurvivorRatio

SurvivorRatio은 생존 공간 크기에 대한 eden의 비율을 정의한다. 기본 값은 8, 즉 각 생존 공간의 크기보다 eden이 8배 크다. SurvivorRatio의 문법은 -XX:SurvivorRatio=<size> 같은 형식으로 구성된다.

다음은 SurvivorRatio 설정 예제다.

```
Xmn / (SurvivorRatio + 2) = 각 생존 공간의 크기
( Xmn / (SurvivorRatio + 2) ) * SurvivorRatio = eden 크기
```

OS 튜닝

각 OS마다 톰캣 7을 실행하는 데 필요한 요구사항이 다르며, 애플리케이션의 요구사항에 맞게 시스템 자체도 튜닝해야 한다. 요구사항은 각기 다르지만 모든 OS간에 비슷한 점도 있다. 모든 OS에서 톰캣 7을 최적화하는 데 사용하는 공통 모듈을 살펴보자. OS는 성능을 향상에 중요한 역할을 한다. 하드웨어에 따라 애플리케이션의 성능이 향상되거나 감소할 수 있다. 다음과 같은 사항이 애플리케이션의 성능에 영향을 줄 수 있다.

- **64비트 VM과 32비트 VM의 성능 특성 비교** 같은 애플리케이션을 실행시킨다면 32비트 VM이 64비트 VM보다 조금 더 빠르다. 그러나 64비트 VM은 더 큰 메모리를 사용할 수 있다는 장점이 있다. 64비트 VM을 사용하면 메모리를 많이 사용하는 애플리케이션에 4GB 이상의 메모리를 할당할 수 있다.

 64비트 JVM을 사용하려면 32비트 JVM에 비해 30퍼센트의 메모리를 더 추가해야 한다.

- **파일 크기** 애플리케이션의 요구사항에 따라 OS가 파일 크기를 설정한다. 애플리케이션이 매우 많은 트랜잭션을 사용한다면 파일 제한 수를 늘려야 한다.

- **제한 해제** 세션별로 사용자가 제한을 증가시킬 수 있다.

 /etc/sysctl.conf에서 이들 값을 정의한다. 지금까지 설명한 파라미터를 고치려면 /etc/sysctl.conf 파일을 변경해야 한다. 그렇지 않으면 OS가 재부팅된 이후에는 세부 설정값이 사라진다.

- **거대한 크기의 페이지** 많은 애플리케이션은 실행을 느려지게 하는 거대한 크기의 페이지를 전송한다. 이와 같은 상황이 발생한다면 애플리케이션의 요구에 맞게 페이지 크기를 늘려야 한다. 다음 명령어로 현재 페이지 크기를 확인할 수 있다.

```
[root@localhost bin]# cat /proc/meminfo
MemTotal:       1571836 kB
MemFree:         886116 kB
Buffers:          74712 kB
Cached:          430088 kB
SwapCached:           0 kB
Active:          308608 kB
Inactive:        331944 kB
HighTotal:       671680 kB
HighFree:         97708 kB
LowTotal:        900156 kB
LowFree:         788408 kB
SwapTotal:      2040212 kB
SwapFree:       2040212 kB
Dirty:               36 kB
Writeback:            0 kB
AnonPages:       135764 kB
Mapped:           54828 kB
Slab:             33840 kB
PageTables:        3228 kB
NFS_Unstable:         0 kB
```

```
Bounce:                0 kB
CommitLimit:     2826128 kB
Committed_AS:     496456 kB
VmallocTotal:     114680 kB
VmallocUsed:        4928 kB
VmallocChunk:     109668 kB
HugePages_Total:       0
HugePages_Free:        0
HugePages_Rsvd:        0
Hugepagesize:       4096 kB
```

meminfo를 이용해 메모리와 관련한 모든 세부 정보를 확인할 수 있다. 현재 상황을 잘 관찰한 다음 부족한 값을 증가시킬 수 있다.

요약

3장에서는 아파치 톰캣 7의 성능을 개선하는 다양한 방법과 기법을 살펴봤다. 커넥터 설정 방법, JVM 성능 튜닝, OS 파라미터 최적화 설정 방법도 차례로 살펴봤다.

4장에서는 톰캣 7과 다른 웹 서버를 통합하는 방법, 실제 환경에서 마주할 수 있는 공통적인 문제의 해결책을 설명한다.

4
아파치 웹 서버와 톰캣 통합

아파치 HTTP 서버는 IT 업계에서 가장 많이 사용하는 프론트엔드 웹 서버 중 하나다. 아파치 HTTP 서버는 1995년에 오픈소스화 되었으며 아파치 소프트웨어 재단이 소유하고 있다.

4장에서는 대기업 수준의 웹 통합 관련 일을 하는 웹 관리사에게 도움이 될 정보를 제공한다. 특히 IT 조직에서 기능을 통합할 수 있는지 좋은 아이디어도 제공한다. 대기업 수준에서 애플리케이션을 통합할 수 있도록 자신의 기술을 개선하고 싶다면 4장을 주의 깊게 살펴보자.

4장에서는 다음을 학습한다.

- 아파치 HTTP 설치
- 아파치의 다양한 모듈
- 톰캣 7과 아파치 통합
- IT 산업 환경이 어떻게 설정되어 있는지

사용자 요청 흐름(웹/애플리케이션 수준)

아파치를 설치하기 전에 IT 업계의 웹과 애플리케이션용 서버가 사용자의 요청을 어떻게 처리하는지를 간단하게 살펴보자. 다음 그림은 웹 애플리케이션에서 사용자 요청을 처리하는 과정이다. 컴포넌트 각 단계에서 다음과 같은 작업을 수행한다.

1. 사용자가 브라우저에 URL을 입력하면 요청이 발생하고 이 요청은 톰캣이 아닌 HTTP 서버로 전달된다.
2. HTTP 서버는 요청을 수락하고 비즈니스 로직을 처리하도록 톰캣으로 재전송한다.
3. 톰캣은 내부 데이터베이스 서버를 이용해 데이터를 얻고 요청과 같은 채널로 응답을 사용자에게 돌려준다.

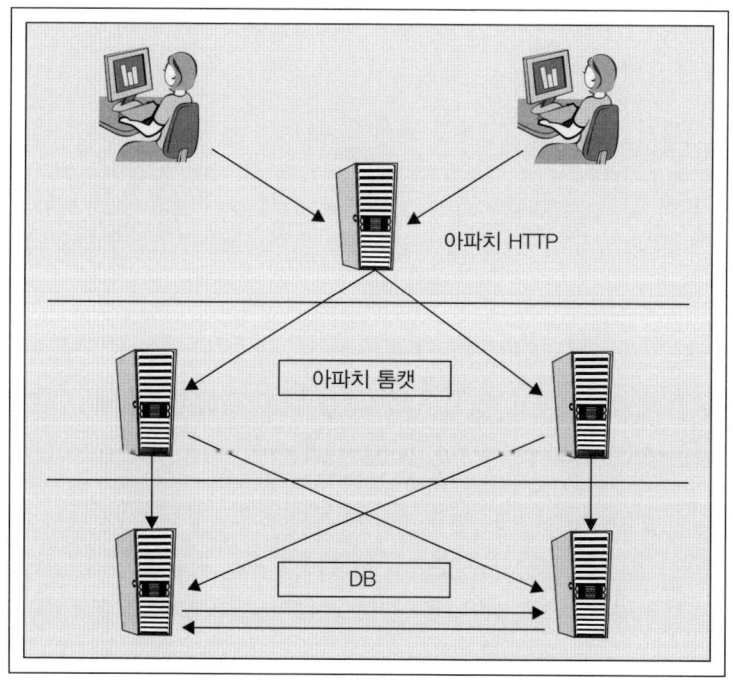

왜 아파치 HTTP 서버를 사용하는가

아파치 HTTP 서버는 IT 업계에서 가장 완성도가 높고 흔히 사용하는 웹 서버 중 하나다. 아파치 HTTP 서버의 완성도가 높은 이유는 오픈소스 커뮤니티 덕분이다. 다음과 같은 특성 때문에 IT 업계에서는 아파치 HTTP 서버를 프론트엔드 서버로 적극 사용한다.

- **정적 컨텐츠를 효율적으로 제공** HTTP 서버를 통해 무거운 사용자 환경의 이미지, JS, CSS, HTML 파일 같은 정적 컨텐츠를 효율적으로 제공한다. 톰캣도 정적 컨텐츠를 제공할 수는 있지만 아파치 HTTP 서버에 비해 반응 시간이 느리다.

- **10퍼센트 속도 증가** 아파치 HTTP 서버는 톰캣과 비교해 10퍼센트 정도 더 효율적으로 정적 컨텐츠를 제공한다. 사용자 부하가 높은 상황에서는 아파치를 통합하는 것이 좋다.

- **클러스터링** 아파치는 톰캣에 다중 인스턴스 연결을 안정적으로 제공하는 가장 효율적인 서버다. 이 기능의 가장 큰 장점은 인스턴스가 다운됐을 때에도 애플리케이션이 온라인 상태를 유지할 수 있다는 것이다. 또한 배포 중에 다른 인스턴스를 온라인 상태로 제공해 사용자 요청을 처리함과 동시에 인스턴스에 코드를 배포할 수 있다. 간단히 말해 장애 없이 365일 애플리케이션을 수행할 수 있다.

- **보안** 아파치는 사용자와 호스트 기반 보안을 제공한다. 톰캣에서도 이 기능을 제공한다. 따라서 우리는 애플리케이션의 요구사항을 고려해 아파치와 톰캣 둘 중 누구의 보안을 활성화할 것인지 결정해야 한다.

- **다중 웹사이트 호스팅** 아파치 HTTP 서버의 가장 훌륭한 기능 중 하나는 다중 웹사이트 호스팅 기능이다. 다중 웹사이트 호스팅은 톰캣 7에서 처음으로 선보인 기능이다. httpd.conf를 이용해 32개가 넘는 가상 호스트를 설정할 수 있다. 32개 이상의 가상 호스트를 설정하려면 virtual.conf 파일을 별도로 만든 다음 httpd.conf에서 virtual.conf를 포함하도록 설정해야 한다(httpd.conf와 virtual.conf는 아파치 HTTP 서버의 설정 파일).

- **모듈** 아파치는 매우 유연한 모듈 참조를 지원한다. 따라서 애플리케이션의 요구사항에 맞게 모든 모듈을 컴파일, 재컴파일할 수 있다. 애플리케이션의 확장성, 그리고 서드 파티 도구와 통합할 때 유용한 기능이다.

- **데코레이터** 데코레이터를 애플리케이션의 컨텐츠에 기반해 사용자 요청을 제공하도록 정의한 애플리케이션 URL(재전송과 재기록) 규칙이라 정의할 수 있다. 아파치 웹 서버는 재전송 규칙과 재기록 규칙을 매우 효율적으로 지원한다.

애플리케이션 코드로도 재전송 기능과 재기록 기능을 구현할 수 있다. 이들 규칙은 서블릿 클래스 형태로 되어 있다.

아파치 HTTP 설치

인프라구조의 요구사항에 따라 다양한 방법으로 아파치를 설치할 수 있다. 예를 들어 한 대의 기계에서 여러 아파치 인스턴스를 실행하려 한다면 소스 설치를 사용한다. 많은 웹 환경에서는 다음 세 가지 종류의 설치 방법을 주로 사용한다.

- 소스Source
- 바이너리Binary
- RPM/exe

소스는 시스템 요구사항에 맞게 커스터마이즈할 수 있으므로 웹 관리자가 가장 선호하는 유형의 설치 방법이다.

윈도우에서 아파치 HTTP 설치하기

아파치 HTTP를 서비스로 설치하는 방법을 살펴보자. 윈도우 플랫폼에서 아파치 HTTP 서버를 설치하는 방법은 간단하다. 다음 방법으로 아파치 HTTP 서버를 설치할 수 있다.

1. 다양한 사이트에서 아파치 HTTP 서버를 제공하지만 항상 공식 사이트(http://httpd.apache.org/download.cgi)에서 다운받는 것을 추천한다. 공식 사이트에 가면 안정stable 버전과 베타beta 버전 세부 정보를 확인할 수 있다. 웹 사이트에서 암호화 모듈(mod_ssl)이 없는 최신 Win32 바이너리를 선택하자. httpd-2.2.X-win32-x86-no_ssl.msi를 클릭해서 다운로드를 시작한다. 여기서 2.2는 메이저 버전이고, X는 마이너 버전(보통 매달 바뀌는)이다. 다음 그림은 공식 사이트에서 다운로드할 수 있는 다양한 버전을 보여준다.

 책에서는 httpd-2.2.X-win32-x86-no_ssl.msi를 이용해 아파치를 설치했다. 여러분이 이 책을 읽을 때쯤엔 아파치 버전이 바뀌었을 수 있다. 그러나 버전이 바뀌어도 설치 과정은 크게 달라지지 않을 것이다.[1]

---

1 책과 같은 버전을 사용하고 싶다면 아카이브 페이지(http://archive.apache.org/dist/httpd/binaries/win32/)에서 다운받을 수 있다. – 옮긴이

2. 필요한 exe 파일(http-2.2.X-win32-x86-no_ssl.exe)을 다운받았으면 받은 파일을 더블클릭하자. 그러면 설치 화면이 나타난다. 다음 그림과 같은 창이 나타났다면 Next를 클릭하자.

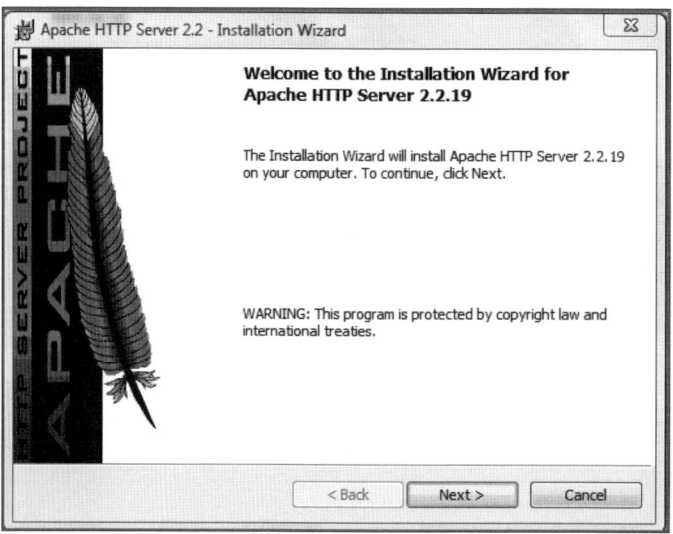

3. 그러면 다음 그림처럼 **라이선스 동의**(License Agreement) 화면이 나타난다. I accept… 옵션을 선택한 다음 Next를 클릭하면 서버 정보 화면이 나타난다.

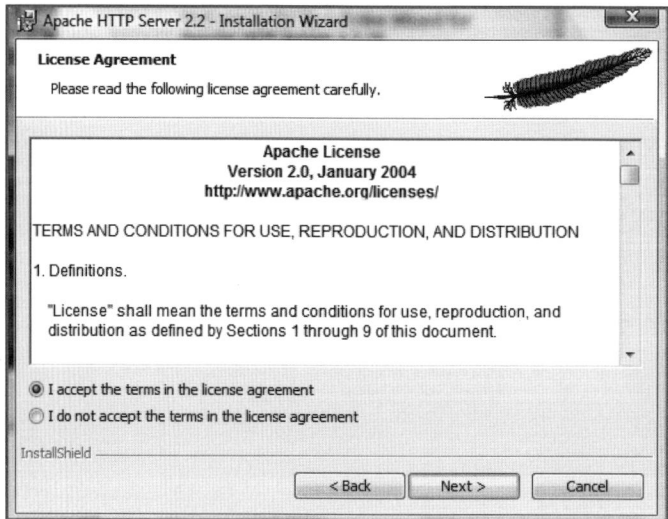

4. 다음 그림에서 볼 수 있는 것처럼 서버 관련 정보를 입력해야 한다.

- **서버 도메인**Server Domain
- **서버 이름**Server name　실제로는 기기의 호스트 이름이 서버 이름이 된다.
- **관리자 이메일 ID**　지역 서버의 SMTP 주소를 입력한다.

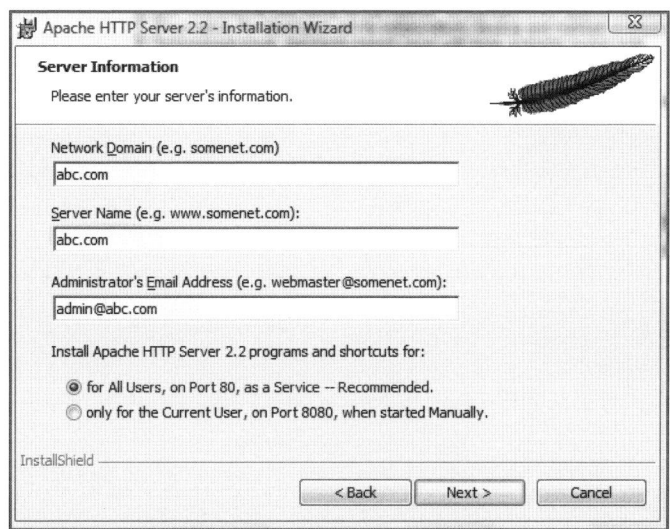

5. 이전 화면에서 모든 정보를 입력했으면 Next를 클릭하자. 그리고 다음 화면에서 볼 수 있는 것처럼 **일반**(Typical)을 선택한다.

'일반' 설치를 선택하면 톰캣 7을 윈도우에 설치하는 데 필요한 전체 라이브러리와 모듈을 자동으로 설치한다. 일반 설치는 또한 웹 서버가 자신의 기능을 수행하는 데 필요한 미리 정의된 모듈도 포함한다. 초보 사용자와 중급 사용자는 일반 설치를 추천한다. 커스텀(Custom) 설치를 선택하면 애플리케이션을 실행하는 데 필요한 기능을 적절히 선택할 수 있다. 선택하지 않은 모듈은 무시되므로 메모리와 하드 디스크 공간을 덜 차지한다. 아파치를 잘 안다면 커스텀 설치를 선택할 수 있다.

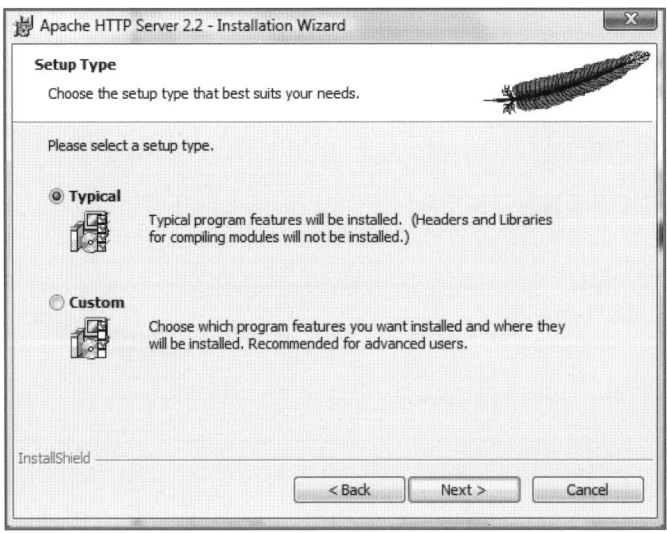

6. 다음 그림에서 볼 수 있는 것처럼 HTTP 서버 설치 디렉터리가 표시된다.

 중요한 웹 사이트는 D에 설치할 것을 추천한다. 그래야 서버가 크래시 된 이후에 큰 문제없이 아파치를 복구할 수 있다.

7. Next를 클릭하면 다음 그림처럼 설치를 시작한다.

8. 잠시 후 설치가 끝났음을 알리는 화면이 나타난다.

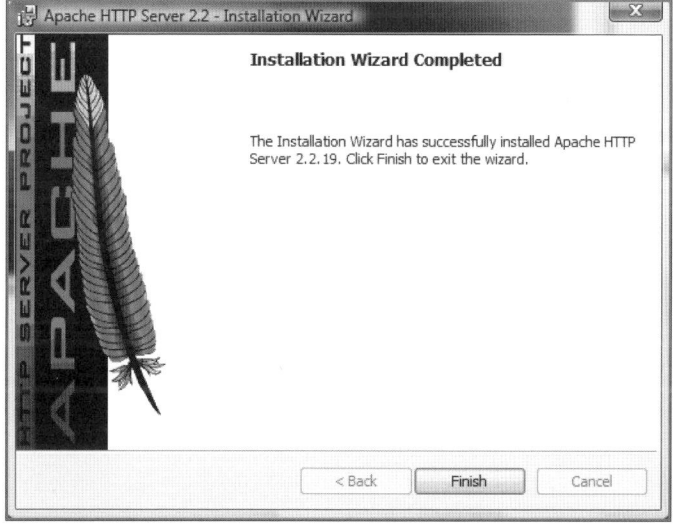

아파치 서비스를 확인하는 방법

아파치를 설치했으면 두 가지 방법으로 아파치 서비스를 시작하거나 중지할 수 있다.

- 아파치 모니터링 서비스
- services.msc

기본적으로 아파치는 아파치 시스템을 확인할 수 있도록 아파치 모니터Apache Monitor라는 도구를 제공한다. 다음 그림에서 아파치 서버 상태가 녹색임을 확인할 수 있다. 녹색은 서버가 실행 중임을 의미한다. 서비스를 재시작하려면 **Restart** 버튼을 이용한다.

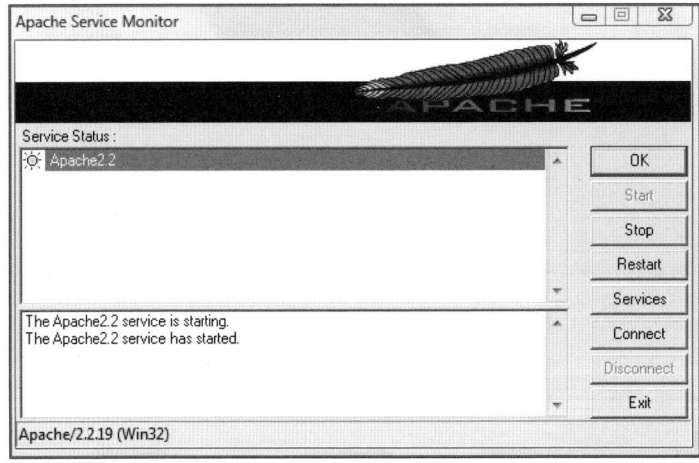

services.msc를 이용해 아파치 서비스를 재시작할 수도 있다. 왼쪽 아래의 윈도우 버튼을 클릭한 다음 **servces.msc**를 입력한다.

그러면 서비스 콘솔 창이 나타난다. 서비스 콘솔 창에서 **Apache2.2**를 찾아 더블 클릭하면 Apache2.2 속성 창이 나타난다. 속성 창에는 다음 그림에서 볼 수 있는 것처럼 **시작** 버튼과 **중지** 버튼이 있으며, 현재 **서비스 상태** 정보도 표시된다.

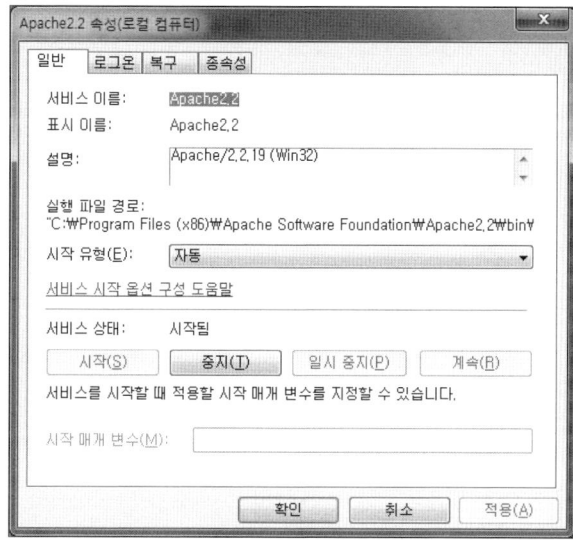

리눅스(비-DOS 환경)에 아파치 HTTP 설치하기

비-DOS에서 아파치 HTTP를 설치하는 방법은 윈도우 환경과 설치 방법이 다르다. 윈도우에서는 바이너리 파일을 이용해 아파치 HTTP를 설치했다. 리눅스에서는 소스 설치 방법을 살펴본다. 다음과 같은 방법으로 소스 설치를 진행한다.

1. 아파치 공식 서버(http://httpd.apache.org/download.cgi)에서 아파치 httpd 서버를 다운로드한다. 다음 화면은 다운로드할 수 있는 파일 목록을 보여준다
   (httpd-2.2.X.tar.gz에서 2.2가 메이저 버전이고 X는 마이너 버전이다).

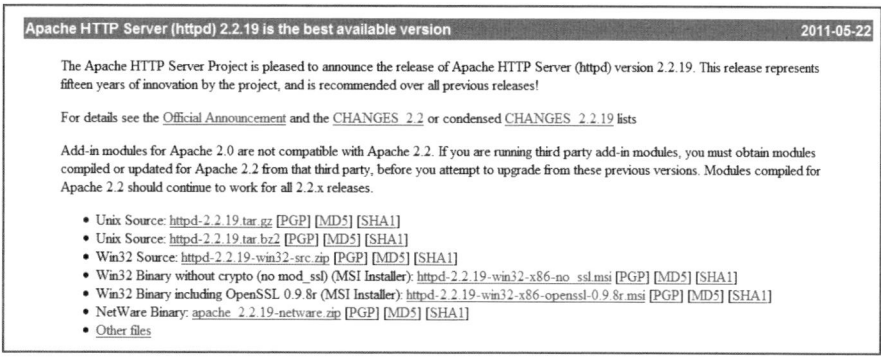

2. 다운로드를 완료했으면 소스 파일이 사용자 홈 디렉터리(예제에서는 /root)에 저장됐을 것이다. 소스 파일은 tar.gz 형태로 되어 있다. 다음 명령어를 수행해 소스의 압축을 해제한다. 우선 httpd 폴더를 만든 다음 압축 파일 안의 내용을 httpd 디렉터리로 압축 해제한다.

```
tar -zxvf httpd-2.2.X.tar.gz
```

 예제에서는 /opt 디렉터리에 httpd-2.2.19.tar.gz의 압축을 해제했다.

```
root@localhost:/opt
httpd-2.2.19/srclib/apr-util/dbm/NWGNUdbmgdbm
httpd-2.2.19/srclib/apr-util/dbm/NWGNUmakefile
httpd-2.2.19/srclib/apr-util/dbm/apr_dbm_sdbm.c
httpd-2.2.19/srclib/apr-util/dbm/apr_dbm_db.mak
httpd-2.2.19/srclib/apr-util/dbm/NWGNUdbmdb
httpd-2.2.19/srclib/apr-util/dbm/apr_dbm_db.dep
httpd-2.2.19/srclib/apr-util/dbm/sdbm/
httpd-2.2.19/srclib/apr-util/dbm/sdbm/sdbm_lock.c
httpd-2.2.19/srclib/apr-util/dbm/sdbm/sdbm_private.h
httpd-2.2.19/srclib/apr-util/dbm/sdbm/sdbm.c
httpd-2.2.19/srclib/apr-util/dbm/sdbm/sdbm_pair.c
httpd-2.2.19/srclib/apr-util/dbm/sdbm/sdbm_hash.c
httpd-2.2.19/srclib/apr-util/dbm/sdbm/sdbm_tune.h
httpd-2.2.19/srclib/apr-util/dbm/sdbm/sdbm_pair.h
httpd-2.2.19/srclib/apr-util/dbm/apr_dbm.c
httpd-2.2.19/srclib/apr-util/aprutil.mak
httpd-2.2.19/srclib/apr-util/misc/
httpd-2.2.19/srclib/apr-util/misc/apu_dso.c
httpd-2.2.19/srclib/apr-util/misc/apr_thread_pool.c
httpd-2.2.19/srclib/apr-util/misc/apr_date.c
httpd-2.2.19/srclib/apr-util/misc/apr_queue.c
httpd-2.2.19/srclib/apr-util/misc/apu_version.c
httpd-2.2.19/srclib/apr-util/misc/apr_reslist.c
httpd-2.2.19/srclib/apr-util/misc/apr_rmm.c
httpd-2.2.19/srclib/apr-util/aprutil.dep
httpd-2.2.19/srclib/apr-util/libaprutil.rc
httpd-2.2.19/srclib/apr-util/apu-config.in
```

3. 다음 명령어로 디렉터리를 확인하자. 다음 그림과 비슷한 결과가 나타날 것이다.

```
ls -ltrh
```

```
[root@localhost opt]# ls -ltrh
total 124M
-rw-r--r--  1 root root  81M May 16 20:28 jdk-6u24-linux-i586.bin
-rw-r--r--  1 root root 7.3M May 16 20:29
drwxr-xr-x 10 root root 4.0K May 16 20:35
drwxr-xr-x 11 root root 4.0K May 20 10:01
drwxr-xr-x  9 root root 4.0K Jun 23 02:23
-rw-r--r--  1 root root  36M Jul 25 10:58
[root@localhost opt]#
```

4. 다음 명령어로 압축이 해제된 디렉터리로 이동한다. 그러면 다음 화면과 비슷한 상태가 된다.

```
cd httpd-2.2.19
ls -ltrh
```

```
[root@localhost httpd-2.2.19]# ls -ltrh
total 1.4M
-rw-r--r--  1 root root  403 Nov 21  2004 emacs-style
-rw-r--r--  1 root root  11K Nov 21  2004 config.layout
-rw-r--r--  1 root root  15K Nov 21  2004 ABOUT_APACHE
-rw-r--r--  1 root root  10K Mar 13  2005 ROADMAP
-rw-r--r--  1 root root 8.0K Oct 17  2005 VERSIONING
-rw-r--r--  1 root root 5.1K Nov 29  2005 LAYOUT
-rw-r--r--  1 root root 2.9K Dec  7  2006 InstallBin.dsp
-rw-r--r--  1 root root 5.9K Jan  9  2007 README
-rw-r--r--  1 root root  17K Jan 12  2007 libhttpd.dsp
-rw-r--r--  1 root root 2.6K Aug 23  2007 BuildAll.dsp
-rw-r--r--  1 root root  29K Jan 18  2008 LICENSE
-rw-r--r--  1 root root 4.1K Jun 11  2008 httpd.dsp
-rw-r--r--  1 root root 4.7K Sep 18  2008 INSTALL
-rw-r--r--  1 root root  19K Nov 24  2008 acinclude.m4
-rw-r--r--  1 root root 8.6K Nov 25  2008 Makefile.in
-rw-r--r--  1 root root  828 Jan  5  2009 NOTICE
-rw-r--r--  1 root root 2.7K Jul 29  2009 BuildBin.dsp
-rw-r--r--  1 root root 5.3K Oct 13  2009 README.platforms
-rw-r--r--  1 root root  34K Oct  5  2010 Makefile.win
-rw-r--r--  1 root root  56K Oct  5  2010 Apache.dsw
-rw-r--r--  1 root root 2.5K Dec 20  2010 README-win32.txt
-rwxr-xr-x  1 root root 5.7K Feb  9 04:13 buildconf
-rw-r--r--  1 root root  13K Apr  1 06:47 NWGNUmakefile
-rw-r--r--  1 root root  24K Apr 16 12:09 configure.in
-rw-r--r--  1 root root  28K May  6 10:28 libhttpd.mak
-rw-r--r--  1 root root 8.8K May  6 10:28 httpd.mak
-rw-r--r--  1 root root  30K May  6 21:37 libhttpd.dep
-rw-r--r--  1 root root 1.3K May  6 21:37 httpd.dep
-rw-r--r--  1 root root 114K May 20 09:54 CHANGES
drwxr-xr-x  9 root root 4.0K May 20 09:59
drwxr-xr-x  3 root root 4.0K May 20 10:00
drwxr-xr-x 20 root root 4.0K May 20 10:00
drwxr-xr-x  2 root root 4.0K May 20 10:00
drwxr-xr-x  4 root root 4.0K May 20 10:00
drwxr-xr-x  5 root root 4.0K May 20 10:00
drwxr-xr-x  9 root root 4.0K May 20 10:00
drwxr-xr-x  5 root root 4.0K May 20 10:01
drwxr-xr-x  2 root root 4.0K May 20 10:01
-rwxr-xr-x  1 root root 646K May 20 10:01 configure
-rw-r--r--  1 root root  12K May 20 10:01 httpd.spec
```

5. 디렉터리를 확인했으면 실제로 리눅스에 아피치 HTTP를 설치해야 한다. 기본적으로 소스 폴더에 실행 권한이 없다. 따라서 다음 명령어를 실행해 실행 권한을 줘야 한다.

    [root@localhost httpd-2.2.19]# chown 0755 configure

기본적으로 아파치 포터블 런타임은 2.2 버전에 설치되지 않는다. 우리는 APR이 필요하므로 다음 절에서 자세히 살펴본다.

 2.2.3 버전부터 활성화된 APR을 포함하는 /configure를 제공한다.

아파치 포터블 런타임

아파치 포터블 런타임APR, Apache Portable Runtime은 아파치 파운데이션 소프트웨어에서 지원하는 오픈소스 프로젝트다. 아파치 포터블 런타임을 목표는 플랫폼 종류와 관계없이 개발자가 같은 동작을 기대하고 기능을 구현할 수 있는 API를 제공하는 것이다. 따라서 아파치 포터블 런타임을 이용하면 특정 운영체제에 종속된 코드를 사용하지 않아도 된다. 아파치 포터블 런타임과 관련한 더 자세한 정보는 http://apr.apache.org/를 참고하자.

톰캣 7은 APR을 이용해 확장성, 성능, 네이티브 기술과의 최적의 조합을 제공한다.

아파치 포터블 런타임 프로젝트에는 내부적으로 세 개의 서브 프로젝트(프로젝트의 기능을 단순화하고 개선시킬 목적으로)가 있다. 다음 그림은 API의 다양한 시브 프로젝트를 보여준다.

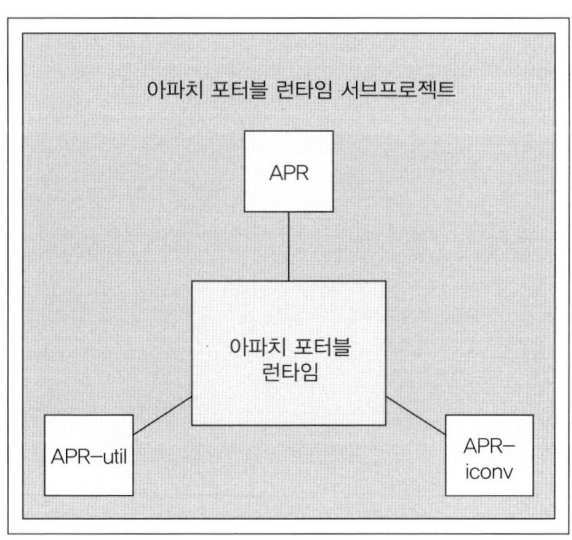

APR은 아파치가 다른 네이티브 기술과 통합하는 포터블 런타임 라이브러리다. 스레드와 프로세스 문제를 해결하는 데도 유용하다. APR과 관련한 자세한 정보는 http://apr.apache.org/docs/apr/trunk/index.html을 참고하자.

APR은 **아파치 포터블 런타임 유틸리티**APR-util는 라이브러리를 포함한다. APR-util을 설치하려면 OS에 GCC++ 패키지가 설치되어 있어야 한다(http://apr.apache.org/docs/apr-util/trunk/).

APR-iconv는 `iconv()` 라이브러리의 포터블 구현 버전이다(http://apr.apache.org/docs/apr-iconv/trunk/).

APR/APR-util 설치하기

APR/APR-util은 아파치 패키지에 포함되어 있으며 그림에서 볼 수 있는 것처럼 다음과 같은 디렉터리에 들어 있다.

- APR: Installdir/srclib/apr
- APR-util: Instaldir/srclib/apr-util

소스의 압축을 /opt/httpd-2.2.19에 해제했으므로 /opt/httpd-2.2.19에서 소스 디렉터리를 찾을 수 있다.

```
[root@localhost httpd-2.2.19]# cd srclib/
[root@localhost srclib]# ls -lrh
total 32K
drwxr-xr-x  4 root root 4.0K May 20 10:01
-rw-r--r--  1 root root  121 Feb 11  2005 Makefile.in
drwxr-xr-x 19 root root 4.0K May 20 10:01
drwxr-xr-x 25 root root 4.0K Jul 25 11:55
[root@localhost srclib]#
```

APR을 설치한 다음 APR-util을 설치한다. 다음과 같이 세 명령어를 사용해 세 단계로 APR을 설치할 수 있다.

1. apr과 apr-util 소스 디렉터리로 이동한 뒤 다음 명령어로 코드를 설정한다.

    [root@localhost srclib]# cd /opt/httpd-2.2.19/srclib/apr
    [root@localhost apr]# ./configure --prefix=/opt/httpd/apr-httpd/
    [root@localhost apr-util]# ./configure --prefix=/usr/local/aprutil-httpd/ --with-apr=/usr/local/apr-httpd/
    Make
    Make install

     아파치 소스 코드를 직접 컴파일 하는 상황이라면 APR/APR-util을 먼저 설치해야 한다. APR/APR-util를 먼저 설치하지 않으면 아파치 make 명령에서 에러가 발생한다.

2. 다음 명령어로 아파치를 설정(configure 명령 실행)한다. 다음 그림은 명령어 실행 출력 결과를 보여준다.

    [root@localhost httpd-2.2.19]#./configure --with-included-apr --prefix=/opt/apache-2.2.19

```
[root@           httpd-2.2.19]# ./configure --with-included-apr
checking for chosen layout... Apache
checking for working mkdir -p... yes
checking build system type... i686-pc-linux-gnu
checking host system type... i686-pc-linux-gnu
checking target system type... i686-pc-linux-gnu

Configuring Apache Portable Runtime library ...

configuring package in srclib/apr now
checking build system type... i686-pc-linux-gnu
checking host system type... i686-pc-linux-gnu
checking target system type... i686-pc-linux-gnu
Configuring APR library
Platform: i686-pc-linux-gnu
checking for working mkdir -p... yes
APR Version: 1.4.5
checking for chosen layout... apr
checking for gcc... gcc
checking for C compiler default output file name... a.out
checking whether the C compiler works... yes
checking whether we are cross compiling... no
checking for suffix of executables...
checking for suffix of object files... o
checking whether we are using the GNU C compiler... yes
checking whether gcc accepts -g... yes
checking for gcc option to accept ISO C89... none needed
checking for a sed that does not truncate output... /bin/sed
Applying APR hints file rules for i686-pc-linux-gnu
  setting CPPFLAGS to "-DLINUX=2"
```

```
make[3]: Nothing to be done for `local-all'.
make[3]: Leaving directory `/opt/httpd-2.2.19/srclib/apr'
/opt/httpd-2.2.19/srclib/apr/build/mkdir.sh /opt/apache-2.2.19/lib /opt/apache-2.2.19/bin /opt/apache-2.2.19/build \
              /opt/apache-2.2.19/lib/pkgconfig /opt/apache-2.2.19/include
/usr/bin/install -c -m 644 /opt/httpd-2.2.19/srclib/apr/include/apr.h /opt/apache-2.2.19/include
for f in /opt/httpd-2.2.19/srclib/apr/include/apr_*.h; do \
         /usr/bin/install -c -m 644 ${f} /opt/apache-2.2.19/include; \
    done
/bin/sh /opt/httpd-2.2.19/srclib/apr/libtool --mode=install /usr/bin/install -c -m 755 libapr-1.la /opt/apache-2.2.19/lib
/usr/bin/install -c -m 755 .libs/libapr-1.so.0.4.5 /opt/apache-2.2.19/lib/libapr-1.so.0.4.5
(cd /opt/apache-2.2.19/lib && { ln -s -f libapr-1.so.0.4.5 libapr-1.so.0 || { rm -f libapr-1.so.0 && ln -s libapr-1.so.0.4.5 libapr-1.so.0; }; })
(cd /opt/apache-2.2.19/lib && { ln -s -f libapr-1.so.0.4.5 libapr-1.so || { rm -f libapr-1.so && ln -s libapr-1.so.0.4.5 libapr-1.so; }; })
/usr/bin/install -c -m 755 .libs/libapr-1.lai /opt/apache-2.2.19/lib/libapr-1.la
/usr/bin/install -c -m 755 .libs/libapr-1.a /opt/apache-2.2.19/lib/libapr-1.a
chmod 644 /opt/apache-2.2.19/lib/libapr-1.a
ranlib /opt/apache-2.2.19/lib/libapr-1.a
PATH="$PATH:/sbin" ldconfig -n /opt/apache-2.2.19/lib
----------------------------------------------------------------------
Libraries have been installed in:
   /opt/apache-2.2.19/lib
```

3. 이전 그림은 configure 명령의 과정을 보여준다. configure 명령을 실행했을 때 에러가 없으면 0이 리턴되고 아니면 에러가 화면에 나타난다. 그리고 서버에서 make 명령어를 실행해 코드를 컴파일한다. 다음 그림은 make 명령의 출력을 보여준다.

```
[root@localhost httpd-2.2.X]#make
```

```
Making all in srclib
make[1]: Entering directory '/opt/httpd-2.2.19/srclib'
Making all in apr
make[2]: Entering directory '/opt/httpd-2.2.19/srclib/apr'
make[3]: Entering directory '/opt/httpd-2.2.19/srclib/apr'
/bin/sh /opt/httpd-2.2.19/srclib/apr/libtool --silent --mode=compile gcc -g -O2 -pthread    -DHAVE_CONFIG_H -DLINUX=2 -D_REENTRANT -D_G
4_SOURCE    -I./include -I/opt/httpd-2.2.19/srclib/apr/include/arch/unix -I./include/arch/unix -I/opt/httpd-2.2.19/srclib/apr/include/a
.2.19/srclib/apr/include   -o passwd/apr_getpass.lo -c passwd/apr_getpass.c && touch passwd/apr_getpass.lo
/bin/sh /opt/httpd-2.2.19/srclib/apr/libtool --silent --mode=compile gcc -g -O2 -pthread    -DHAVE_CONFIG_H -DLINUX=2 -D_REENTRANT -D_G
4_SOURCE    -I./include -I/opt/httpd-2.2.19/srclib/apr/include/arch/unix -I./include/arch/unix -I/opt/httpd-2.2.19/srclib/apr/include/a
.2.19/srclib/apr/include   -o strings/apr_cpystrn.lo -c strings/apr_cpystrn.c && touch strings/apr_cpystrn.lo
/bin/sh /opt/httpd-2.2.19/srclib/apr/libtool --silent --mode=compile gcc -g -O2 -pthread    -DHAVE_CONFIG_H -DLINUX=2 -D_REENTRANT -D_G
4_SOURCE    -I./include -I/opt/httpd-2.2.19/srclib/apr/include/arch/unix -I./include/arch/unix -I/opt/httpd-2.2.19/srclib/apr/include/a
.2.19/srclib/apr/include   -o strings/apr_fnmatch.lo -c strings/apr_fnmatch.c && touch strings/apr_fnmatch.lo
/bin/sh /opt/httpd-2.2.19/srclib/apr/libtool --silent --mode=compile gcc -g -O2 -pthread    -DHAVE_CONFIG_H -DLINUX=2 -D_REENTRANT -D_G
4_SOURCE    -I./include -I/opt/httpd-2.2.19/srclib/apr/include/arch/unix -I./include/arch/unix -I/opt/httpd-2.2.19/srclib/apr/include/a
.2.19/srclib/apr/include   -o strings/apr_snprintf.lo -c strings/apr_snprintf.c && touch strings/apr_snprintf.lo
/bin/sh /opt/httpd-2.2.19/srclib/apr/libtool --silent --mode=compile gcc -g -O2 -pthread    -DHAVE_CONFIG_H -DLINUX=2 -D_REENTRANT -D_G
4_SOURCE    -I./include -I/opt/httpd-2.2.19/srclib/apr/include/arch/unix -I./include/arch/unix -I/opt/httpd-2.2.19/srclib/apr/include/a
.2.19/srclib/apr/include   -o strings/apr_strings.lo -c strings/apr_strings.c && touch strings/apr_strings.lo
/bin/sh /opt/httpd-2.2.19/srclib/apr/libtool --silent --mode=compile gcc -g -O2 -pthread    -DHAVE_CONFIG_H -DLINUX=2 -D_REENTRANT -D_G
4_SOURCE    -I./include -I/opt/httpd-2.2.19/srclib/apr/include/arch/unix -I./include/arch/unix -I/opt/httpd-2.2.19/srclib/apr/include/a
.2.19/srclib/apr/include   -o strings/apr_strnatcmp.lo -c strings/apr_strnatcmp.c && touch strings/apr_strnatcmp.lo
```

 make 명령어를 실행했을 때 에러가 자주 발생하므로 반드시 make 실행 결과를 확인해야 한다.

```
/opt/httpd-2.2.19/srclib/apr/libtool --silent --mode=link gcc -g -O2 -pthread            -o mod_speling.la -rpath /opt/apache-2.2.19/modules -module -avo
sion  mod_speling.lo
/opt/httpd-2.2.19/srclib/apr/libtool --silent --mode=compile gcc -g -O2 -pthread      -DLINUX=2 -D_REENTRANT -D_GNU_SOURCE -D_LARGEFILE64_SOURCE    -I/opt
d-2.2.19/srclib/pcre -I. -I/opt/httpd-2.2.19/os/unix -I/opt/httpd-2.2.19/server/mpm/prefork -I/opt/httpd-2.2.19/modules/http -I/opt/httpd-2.2.19/modules
rs -I/opt/httpd-2.2.19/modules/proxy -I/opt/httpd-2.2.19/include -I/opt/httpd-2.2.19/modules/generators -I/opt/httpd-2.2.19/modules/mappers -I/opt/httpd
.19/modules/database -I/opt/httpd-2.2.19/srclib/apr/include -I/opt/httpd-2.2.19/srclib/apr-util/include -I/opt/httpd-2.2.19/srclib/apr-util/xml/expat/li
opt/httpd-2.2.19/modules/proxy/../generators -I/opt/httpd-2.2.19/modules/ssl -I/opt/httpd-2.2.19/modules/dav/main -prefer-pic -c mod_alias.c && touch mo
as.slo
/opt/httpd-2.2.19/srclib/apr/libtool --silent --mode=link gcc -g -O2 -pthread            -o mod_alias.la -rpath /opt/apache-2.2.19/modules -module -avoid-
on  mod_alias.lo
/opt/httpd-2.2.19/srclib/apr/libtool --silent --mode=compile gcc -g -O2 -pthread      -DLINUX=2 -D_REENTRANT -D_GNU_SOURCE -D_LARGEFILE64_SOURCE    -I/opt
d-2.2.19/srclib/pcre -I. -I/opt/httpd-2.2.19/os/unix -I/opt/httpd-2.2.19/server/mpm/prefork -I/opt/httpd-2.2.19/modules/http -I/opt/httpd-2.2.19/modules
rs -I/opt/httpd-2.2.19/modules/proxy -I/opt/httpd-2.2.19/include -I/opt/httpd-2.2.19/modules/generators -I/opt/httpd-2.2.19/modules/mappers -I/opt/httpd
.19/modules/database -I/opt/httpd-2.2.19/srclib/apr/include -I/opt/httpd-2.2.19/srclib/apr-util/include -I/opt/httpd-2.2.19/srclib/apr-util/xml/expat/li
opt/httpd-2.2.19/modules/proxy/../generators -I/opt/httpd-2.2.19/modules/ssl -I/opt/httpd-2.2.19/modules/dav/main -prefer-pic -c mod_rewrite.c && touch
rewrite.slo
/opt/httpd-2.2.19/srclib/apr/libtool --silent --mode=link gcc -g -O2 -pthread            -o mod_rewrite.la -rpath /opt/apache-2.2.19/modules -module -avo
sion  mod_rewrite.lo
make[4]: Leaving directory '/opt/httpd-2.2.19/modules/mappers'
make[3]: Leaving directory '/opt/httpd-2.2.19/modules/mappers'
make[2]: Leaving directory '/opt/httpd-2.2.19/modules'
make[2]: Entering directory '/opt/httpd-2.2.19/support'
make[2]: Leaving directory '/opt/httpd-2.2.19/support'
make[1]: Leaving directory '/opt/httpd-2.2.19'
```

4. 이전 그림과 다음 그림에서는 에러가 발생하지 않았다. 다음 명령어를 실행해 make 설치과정을 진행한다.

```
[root@localhost httpd-2.2.X]#make install
```

```
make[3]: Nothing to be done for `local-all'.
make[3]: Leaving directory `/opt/httpd-2.2.19/srclib/apr'
/opt/httpd-2.2.19/srclib/apr/build/mkdir.sh /opt/apache-2.2.19/lib /opt/apache-2.2.19/bin /opt/apache-2.2.19/build \
          /opt/apache-2.2.19/lib/pkgconfig /opt/apache-2.2.19/include
/usr/bin/install -c -m 644 /opt/httpd-2.2.19/srclib/apr/include/apr.h /opt/apache-2.2.19/include
for f in /opt/httpd-2.2.19/srclib/apr/include/apr_*.h; do \
          /usr/bin/install -c -m 644 ${f} /opt/apache-2.2.19/include; \
     done
/bin/sh /opt/httpd-2.2.19/srclib/apr/libtool --mode=install /usr/bin/install -c -m 755 libapr-1.la /opt/apache-2.2.19/lib
/usr/bin/install -c -m 755 .libs/libapr-1.so.0.4.5 /opt/apache-2.2.19/lib/libapr-1.so.0.4.5
(cd /opt/apache-2.2.19/lib && { ln -s -f libapr-1.so.0.4.5 libapr-1.so.0 || { rm -f libapr-1.so.0 && ln -s libapr-1.so.0.4.5 libapr-1.so.0; }; })
(cd /opt/apache-2.2.19/lib && { ln -s -f libapr-1.so.0.4.5 libapr-1.so || { rm -f libapr-1.so && ln -s libapr-1.so.0.4.5 libapr-1.so; }; })
/usr/bin/install -c -m 755 .libs/libapr-1.lai /opt/apache-2.2.19/lib/libapr-1.la
/usr/bin/install -c -m 755 .libs/libapr-1.a /opt/apache-2.2.19/lib/libapr-1.a
chmod 644 /opt/apache-2.2.19/lib/libapr-1.a
ranlib /opt/apache-2.2.19/lib/libapr-1.a
PATH="$PATH:/sbin" ldconfig -n /opt/apache-2.2.19/lib
----------------------------------------------------------------------
Libraries have been installed in:
   /opt/apache-2.2.19/lib

If you ever happen to want to link against installed libraries
in a given directory, LIBDIR, you must either use libtool, and
specify the full pathname of the library, or use the `-LLIBDIR'
flag during linking and do at least one of the following:
   - add LIBDIR to the `LD_LIBRARY_PATH' environment variable
        during execution
```

5. 이전 명령을 실행하면 다음 그림처럼 서버에 아파치 HTTP이 설치된다. 이 때 다음 그림처럼 설치에 필요한 디렉터리 구조, 파일, manages, htdocs 등을 만든다는 것을 확인할 수 있다.

```
Installing configuration files
mkdir /opt/apache-2.2.19/conf
mkdir /opt/apache-2.2.19/conf/extra
mkdir /opt/apache-2.2.19/conf/original
mkdir /opt/apache-2.2.19/conf/original/extra
Installing HTML documents
mkdir /opt/apache-2.2.19/htdocs
Installing error documents
mkdir /opt/apache-2.2.19/error
Installing icons
mkdir /opt/apache-2.2.19/icons
mkdir /opt/apache-2.2.19/logs
Installing CGIs
mkdir /opt/apache-2.2.19/cgi-bin
Installing header files
Installing build system files
Installing man pages and online manual
mkdir /opt/apache-2.2.19/man
mkdir /opt/apache-2.2.19/man/man1
mkdir /opt/apache-2.2.19/man/man8
mkdir /opt/apache-2.2.19/manual
make[1]: Leaving directory `/opt/httpd-2.2.19'
```

6. make install 명령어 실행이 끝나면 현재 설치 경로에 아파치 HTTP 서버 디렉터리 구조가 만들어졌을 것이다. 디렉터리 구조를 살펴보자. 다음 그림은 아파치 HTTP 서버의 디렉터리 구조를 보여준다. 아파치 관리자의 작업 중 90퍼센트 정도가 conf, module, htdocs 디렉터리에서 일어난다.

```
[root@          apache-2.2.19]# ls -ltrh
total 60K
drwxr-xr-x  2 root root 4.0K May 20 12:59
drwxr-xr-x 14 root root  12K May 20 13:01
drwxr-xr-x  3 root root 4.0K Jul 25 16:05
drwxr-xr-x  2 root root 4.0K Jul 25 16:05
drwxr-xr-x  2 root root 4.0K Jul 25 16:05
drwxr-xr-x  4 root root 4.0K Jul 25 16:05
drwxr-xr-x  3 root root 4.0K Jul 25 16:05
drwxr-xr-x  2 root root 4.0K Jul 25 16:05
drwxr-xr-x  3 root root 4.0K Jul 25 16:05
drwxr-xr-x  2 root root 4.0K Jul 25 16:05
drwxr-xr-x  4 root root 4.0K Jul 25 16:06
drwxr-xr-x  2 root root 4.0K Jul 25 16:06
```

7. 설치를 완료하기 전에 HTTP 서비스를 시작해서 설치가 정상적으로 끝났는지 확인해야 한다. configtest 스크립트를 실행해서 설정을 검사하는 것이 가장 좋은 방법이다. configtest 스크립트는 아파치 httpd에 기본적(비도스 환경에서만)으로 포함된다. configtest 스크립트는 APACHE_HOME/bin 디렉터리에 들어있다.

[root@localhost bin]# ./apachectl configtest
Syntax OK

그리고 다음 명령어로 아파치를 다시 시작한다.

[root@root@localhost bin]# ./apachectl start

아파치를 시작했으면 반드시 인스턴스 상태를 확인해야 한다. 다음처럼 ps 명령어를 이용해 시스템을 확인할 수 있다.

ps -ef |grep httpd

```
root      6334     1  0 16:11 ?        00:00:00 /opt/apache-2.2.19/bin/httpd -k start
daemon    6335  6334  0 16:11 ?        00:00:00 /opt/apache-2.2.19/bin/httpd -k start
daemon    6336  6334  0 16:11 ?        00:00:00 /opt/apache-2.2.19/bin/httpd -k start
daemon    6337  6334  0 16:11 ?        00:00:00 /opt/apache-2.2.19/bin/httpd -k start
daemon    6338  6334  0 16:11 ?        00:00:00 /opt/apache-2.2.19/bin/httpd -k start
daemon    6339  6334  0 16:11 ?        00:00:00 /opt/apache-2.2.19/bin/httpd -k start
root      6343 27394  0 16:11 pts/1    00:00:00 grep httpd
```

이전 그림은 HTTP 프로세스의 상태를 보여준다. 예제에서 HTTP 서버가 적절하게 실행되고 있음을 확인할 수 있다.

데비안 리눅스(Ubuntu)에서는 apt-get 명령을 이용해 직접 아파치 패키지를 설치할 수 있다. 명령어 문법은 다음과 같다.

```
sudo apt-get install apache2
```

yum 유틸리티를 이용해 아파치를 설치하는 방법도 있다. CentOS에서 주로 yum 유틸리티를 사용한다. 다음 명령어로 아파치를 설치할 수 있다.

```
yum -y install httpd
```

아파치 Jserv 프로토콜

Jserv는 평문 텍스트가 아닌 바이너리 형태의 데이터를 네트워크로 전송하도록 개발된 프로토콜이다. Jserv는 TCP와 패킷 기반 프로토콜을 사용하므로 웹 서버 성능이 증가한다. 또한 복호화 요청은 웹 서버에서 처리하므로 애플리케이션 서버는 큰 부하를 받지 않는다.

네트워크 비용은 주로 TCP 프로토콜에서 발생하므로 AJP를 사용하면 네트워크 트래픽을 줄일 수 있다.

AJP 프로토콜은 mod_jk와 mod_proxy로 이뤄졌다. mod_jk와 mod_proxy는 브라우저를 통해 높은 컨텐츠 응답률을 전송할 때도 도움이 된다.

최신 버전의 mod_jk를 이용해 아파치와 톰캣을 통합하면 웹 브라우저에 64k 응답 헤더를 저장할 수 있다. 응답 헤더 저장 과정은 SSO가 활성화된 애플리케이션에서, 그리고 브라우저에 자바 세션 값을 저장할 때 아주 유용하게 사용할 수 있다.

mod_jk 설치하고 설정하기

mod_jk는 아파치나 IIS 같은 웹 서버를 톰캣 7과 통합할 때 사용하는 AJP 커넥터다. mod_jk를 설치하지 않으면 톰캣에 프론트엔드 웹 서버를 제공할 수 없다. mod_jk는 프론트엔드 웹 서버 뒤에 톰캣을 숨기고 URL을 접근할 때 포트 번호를 제거하는 데 상당히 유용한 모듈이다. 먼저 몇 단계에 걸쳐 mod_jk를 설치하고 설정한 다음에야 mod_jk를 사용할 수 있다. 우선 mod_jk를 설치하는 방법을 확인하자.

mod_jk 설치

공식 사이트(http://tomcat.apache.org/download-connectors.cgi)에서 mod_jk 소스를 다운받을 수 있다. 공식 사이트에서 최신 안정 버전을 다운받을 것을 추천한다.

1. 소스를 다운받았으면 다음 명령어를 이용해 받은 파일의 압축을 해제한다.

    ```
    [root@localhost opt]# tar -zxvf tomcat-connectors-1.2.x-src.tar
    ```

    여기서 x는 마이너 버전을 가리킨다.

2. 코드의 압축을 해제했으면 현재 디렉터리에 tomcat-connectors-1.2.32라는 디렉터리가 생성된다. tomcat-connectors-1.2.32 디렉터리가 mod_jk 소스의 홈 디렉터리다. 다음 그림은 이전 명령어를 이용해 tomcat-connectors-1.2.32 디렉터리에 코드를 압축 해제한 모습을 보여준다.

```
total 52K
-rw-r--r--  1 root bin  14K May  4  2008 LICENSE
-rw-r--r--  1 root bin  269 Jan  3  2011 NOTICE
-rw-r--r--  1 root bin 1.5K Jun 30 15:16 BUILD.txt
drwxr-xr-x  4 root bin 4.0K Jul  2 01:47
drwxr-xr-x  6 root bin 4.0K Jul  2 01:47
drwxr-xr-x  2 root bin 4.0K Jul  2 01:47
drwxr-xr-x  9 root bin 4.0K Jul  2 01:47
drwxr-xr-x 10 root bin 4.0K Jul  2 01:47
drwxr-xr-x  2 root bin 4.0K Jul  2 01:47
drwxr-xr-x 11 root bin 4.0K Jul  2 01:47
```

3. 다음과 같은 명령어로 mod_jk 소스의 native 디렉터리로 이동한 뒤 configure 명령을 실행한다.

[root@localhost opt]# cd /opt/tomcat-connectors-1.2.32-src/native
./configure --with-apxs=/opt/apache-2.2.19/bin/apxs

설정 팁

아파치 버전마다 mod_jk이 다르며 현재 환경에서 사용하는 아파치 버전에 맞는 아파치 확장 도구(APXS, the Apache Extension Tool)를 사용해야 한다.

일단 서버에서 mod_jk를 컴파일을 한 다음에는 다른 아파치 인스턴스용을 또 만들 필요가 없다. 다른 인스턴스에 결과물을 직접 복사할 수 있다.

리눅스에서는 이 방법이 동작한다는 것을 확인했다.

4. 다음 그림은 APXS 모듈 설치 과정을 보여준다. configure 명령을 실행하면 서부터 mod_jk 설치가 시작된다.

```
[root@          native]# ./configure --with-apxs=/opt/apache-2.2.19/bin/apxs
checking build system type... i686-pc-linux-gnu
checking host system type... i686-pc-linux-gnu
checking target system type... i686-pc-linux-gnu
checking for a BSD-compatible install... /usr/bin/install -c
checking whether build environment is sane... yes
checking for gawk... gawk
checking whether make sets $(MAKE)... yes
checking for test... /usr/bin/test
checking for rm... /bin/rm
checking for grep... /bin/grep
checking for echo... /bin/echo
checking for sed... /bin/sed
checking for cp... /bin/cp
checking for mkdir... /bin/mkdir
need to check for Perl first, apxs depends on it...
checking for perl... /usr/bin/perl
APRINCLUDEDIR is  -I/opt/apache-2.2.19/include -I/opt/apache-2.2.19/include
building connector for "apache-2.0"
checking for gcc... gcc
checking for C compiler default output file name... a.out
checking whether the C compiler works... yes
checking whether we are cross compiling... no
checking for suffix of executables...
checking for suffix of object files... o
checking whether we are using the GNU C compiler... yes
checking whether gcc accepts -g... yes
checking for gcc option to accept ANSI C... none needed
checking for style of include used by make... GNU
checking dependency style of gcc... none
checking for a sed that does not truncate output... /bin/sed
```

5. 설정이 끝났으면 다음 그림처럼 make 명령을 이용해 소스를 컴파일한다.

   [root@localhost apache-2.0]# make

```
root@          native]# make
aking all in common
make[1]: Entering directory `/opt/tomcat-connectors-1.2.32-src/native/common'
opt/apache-2.2.19/build/libtool --silent --mode=compile gcc -I/opt/apache-2.2.19/include  -DHAVE_CONFIG_H -g -O2 -pthread
clude -I/opt/apache-2.2.19/include  -DHAVE_CONFIG_H -DLINUX=2 -D_REENTRANT -D_GNU_SOURCE -D_LARGEFILE64_SOURCE -I /opt/j
1/include/ -c jk_ajp12_worker.c -o jk_ajp12_worker.lo
opt/apache-2.2.19/build/libtool --silent --mode=compile gcc -I/opt/apache-2.2.19/include  -DHAVE_CONFIG_H -g -O2 -pthread
clude -I/opt/apache-2.2.19/include  -DHAVE_CONFIG_H -DLINUX=2 -D_REENTRANT -D_GNU_SOURCE -D_LARGEFILE64_SOURCE -I /opt/j
1/include/ -c jk_connect.c -o jk_connect.lo
opt/apache-2.2.19/build/libtool --silent --mode=compile gcc -I/opt/apache-2.2.19/include  -DHAVE_CONFIG_H -g -O2 -pthread
clude -I/opt/apache-2.2.19/include  -DHAVE_CONFIG_H -DLINUX=2 -D_REENTRANT -D_GNU_SOURCE -D_LARGEFILE64_SOURCE -I /opt/j
1/include/ -c jk_msg_buff.c -o jk_msg_buff.lo
opt/apache-2.2.19/build/libtool --silent --mode=compile gcc -I/opt/apache-2.2.19/include  -DHAVE_CONFIG_H -g -O2 -pthread
clude -I/opt/apache-2.2.19/include  -DHAVE_CONFIG_H -DLINUX=2 -D_REENTRANT -D_GNU_SOURCE -D_LARGEFILE64_SOURCE -I /opt/j
1/include/ -c jk_util.c -o jk_util.lo
opt/apache-2.2.19/build/libtool --silent --mode=compile gcc -I/opt/apache-2.2.19/include  -DHAVE_CONFIG_H -g -O2 -pthread
clude -I/opt/apache-2.2.19/include  -DHAVE_CONFIG_H -DLINUX=2 -D_REENTRANT -D_GNU_SOURCE -D_LARGEFILE64_SOURCE -I /opt/j
1/include/ -c jk_ajp13.c -o jk_ajp13.lo
opt/apache-2.2.19/build/libtool --silent --mode=compile gcc -I/opt/apache-2.2.19/include  -DHAVE_CONFIG_H -g -O2 -pthread
clude -I/opt/apache-2.2.19/include  -DHAVE_CONFIG_H -DLINUX=2 -D_REENTRANT -D_GNU_SOURCE -D_LARGEFILE64_SOURCE -I /opt/j
1/include/ -c jk_pool.c -o jk_pool.lo
opt/apache-2.2.19/build/libtool --silent --mode=compile gcc -I/opt/apache-2.2.19/include  -DHAVE_CONFIG_H -g -O2 -pthread
clude -I/opt/apache-2.2.19/include  -DHAVE_CONFIG_H -DLINUX=2 -D_REENTRANT -D_GNU_SOURCE -D_LARGEFILE64_SOURCE -I /opt/j
1/include/ -c jk_worker.c -o jk_worker.lo
opt/apache-2.2.19/build/libtool --silent --mode=compile gcc -I/opt/apache-2.2.19/include  -DHAVE_CONFIG_H -g -O2 -pthread
clude -I/opt/apache-2.2.19/include  -DHAVE_CONFIG_H -DLINUX=2 -D_REENTRANT -D_GNU_SOURCE -D_LARGEFILE64_SOURCE -I /opt/j
1/include/ -c jk_ajp13_worker.c -o jk_ajp13_worker.lo
opt/apache-2.2.19/build/libtool --silent --mode=compile gcc -I/opt/apache-2.2.19/include  -DHAVE_CONFIG_H -g -O2 -pthread
clude -I/opt/apache-2.2.19/include  -DHAVE_CONFIG_H -DLINUX=2 -D_REENTRANT -D_GNU_SOURCE -D_LARGEFILE64_SOURCE -I /opt/j
1/include/ -c jk_lb_worker.c -o jk_lb_worker.lo
```

6. make 명령으로 코드를 컴파일 한 다음에는 make install 명령으로 코드 설치를 완료한다.

   root@localhost apache-2.0]# make install

```
make[1]: Leaving directory `/opt/tomcat-connectors-1.2.32-src/native'
target="all"; \
        list='common apache-2.0'; \
        for i in $list; do \
            echo "Making $target in $i"; \
            if test "$i" != "."; then \
                (cd $i && make $target) || exit 1; \
            fi; \
        done;
Making all in common
make[1]: Entering directory `/opt/tomcat-connectors-1.2.32-src/native/common'
make[1]: Nothing to be done for `all'.
make[1]: Leaving directory `/opt/tomcat-connectors-1.2.32-src/native/common'
Making all in apache-2.0
make[1]: Entering directory `/opt/tomcat-connectors-1.2.32-src/native/apache-2.0'
make[1]: Nothing to be done for `all'.
make[1]: Leaving directory `/opt/tomcat-connectors-1.2.32-src/native/apache-2.0'
```

7. 실행이 끝나면 다음 그림처럼 소스의 apache-2.0 디렉터리에 모듈이 생성된다.

```
total 2.5M
-rw-r--r-- 1 root bin    11K Jun 21  2007 bldjk.qclsrc
-rw-r--r-- 1 root bin    11K Jun 21  2007 bldjk54.qclsrc
-rw-r--r-- 1 root bin   1.4K Sep 13  2010 config.m4
-rw-r--r-- 1 root bin    12K Sep 14  2010 mod_jk.dsp
-rw-r--r-- 1 root bin   3.0K Oct 21  2010 Makefile.in
-rw-r--r-- 1 root bin   1.5K Oct 21  2010 Makefile.apxs.in
-rw-r--r-- 1 root bin   6.5K Mar 18 02:05 NWGNUmakefile
-rw-r--r-- 1 root bin   129K May 23 12:03 mod_jk.c
-rw-r--r-- 1 root bin   7.0K Jun 30 12:13 Makefile.vc
-rw-r--r-- 1 root root  1.6K Jul 25 16:30 Makefile.apxs
-rw-r--r-- 1 root root  3.2K Jul 25 16:30 Makefile
-rw-r--r-- 1 root root  124K Jul 25 16:33 mod_jk.o
-rw-r--r-- 1 root root   309 Jul 25 16:33 mod_jk.lo
-rwxr-xr-x 1 root root  858K Jul 25 16:33 mod_jk.so
-rw-r--r-- 1 root root   788 Jul 25 16:33 mod_jk.la
-rw-r--r-- 1 root root  1.1M Jul 25 16:33 mod_jk.a
```

아파치에서 mod_jk 설정하기

아파치에서 `mod_jk`를 설정하는 방법은 조금 복잡한 편이다. 다양한 방법으로 `mod_jk`를 설정할 수 있지만 일반적으로 workers.properties, mod_jk.conf를 만드는 방식을 사용한다. 다음과 같은 방법으로 `mod_jk`를 설정한다.

1. 다음 명령어를 이용해 커넥터 소스의 apache-2.0 디렉터리에 있는 mod_jk.so를 아파치 httpd 서버의 modules 디렉터리로 복사한다.

```
[root@localhost apache-2.0]# cp mod_jk.so /opt/apache-2.2.19/modules/
chmod 755 mod_jk.so
```

실행 권한을 설정한다.

```
chown root:root mod_jk.so
```

소유권을 root로 설정한다.

2. httpd 서버 설정을 편집하려면 다음처럼 $APACHE_HOME/conf 디렉터리에 mod_jk.conf라는 새 파일을 만들어야 한다.

```
[root@localhost apache-2.0]# cd /opt/apache-2.2.19/conf
vi mod-jk.conf

LoadModule jk_module modules/mod_jk.so
JkWorkersFile conf/workers.properties
JkLogFile logs/mod_jk.log
JkLogLevel info
JkMount /sample/* node1
```

mod_jk.conf 파일은 다음과 같은 세부 정보를 포함한다.

- **모듈 경로** 아파치를 시작할 때 모듈을 로드할 위치를 정의한다.

  예) `LoadModule jk_module modules/mod_jk.so`

- **작업자 파일 경로** 작업자 파일 위치를 정의한다. 작업자 파일은 톰캣 인스턴스의 IP, 포트, 로드 분산 방법 등의 정보를 포함한다.

  예) `JkWorkersFile conf/workers.properties`

- **로그 파일** 로그 파일은 아파치 톰캣 통합 과정이 기록한다. 아파치/톰캣 간의 연결 양호 상태도 기록된다.

  예) `JkLogFile logs/mod_jk.log`

- **URL 매핑** URL 매핑은 아파치 컨텍스트 경로, 정의된 URL 요청 재전송 규칙을 정의한다. 다음과 같이 URL 매핑을 설정했다면 사용자가 http://localhost/sample라는 URL을 입력했을 때 해당 요청을 톰캣 node1으로 재전송한다.

  예) `JkMount /sample/* node1`

- **로그 수준** 로그 수준 파라미터는 `mod_jk`에서 수행하는 다양한 이벤트를 `logs`가 어떻게 처리할지를 정의한다.

  예) `JkLogLevel info`

```
LoadModule jk_module modules/mod_jk.so
JkWorkersFile conf/workers.properties
JkLogFile logs/mod_jk.log
JkLogLevel info
JkMount /sameple/* node1
JkMount /* node1
```

3. 다음 명령어를 이용해 conf 디렉터리에 workers.properties라는 새 파일을 만든다.

   [root@localhost conf]# vi workers.properties

   ```
   worker.list=node1
   worker.node1.port=8009
   worker.node1.host=10.130.240.51
   worker.node1.type=ajp13
   worker.node1.lbfactor=1
   ```

   workers.properties에는 다음 정보가 포함된다.

   ○ 노드 이름 (호스트의 공통 이름)

   ○ 톰캣의 AJP 포트 세부 정보 (톰캣에서 AJP 요청을 어떤 포트로 수락하는지)

   ○ 톰캣 호스트 IP (톰캣 인스턴스가 실행 중인 IP 주소)

   ○ 사용중인 프로토콜 (통신에 사용하는 프로토콜. 기본값은 AJP)

   ○ 부하 분산 방법 (라운드 로빈, 연결 지속 등)

   ```
   worker.list=node1
   worker.node1.port=8009
   worker.node1.host=10.130.240.51
   worker.node1.type=ajp13
   worker.node1.lbfactor=1
   worker.node1.cachesize=10
   ```

4. 마지막으로 httpd의 주요 설정 파일인 httpd.conf에 mod_jk.conf를 포함시킨다.

```
[root@localhost conf]# vi httpd.conf
```

 httpd.conf의 끝에다 conf/mod_jk.conf를 추가해야 한다.

아파치 HTTP 설정 파일(httpd.conf)에서 `mod_jk` 관련 설정을 완료했다. 그러나 아파치 httpd 서비스를 재시작 하기 전까지 `mod_jk`는 동작하지 않는다. 다음 명령어로 아파치 서비스를 재시작한다.

```
[root@localhost bin]# ./apachectl stop
[root@root@localhost bin]# ./apachectl start
```

 설정을 고친 다음부터 아파치 서비스가 표시되지 않으면 설정에 어떤 문제가 있는지를 보여주는 configtest.sh(bin 디렉터리에 있는)를 실행하자.

아파치 웹 서버를 설정했고, 서비스도 재시작 했다면 애플리케이션을 테스트 할 수 있다. 1장 톰캣 설치에서 톰캣 서비스가 실행 중인 호스트와 포트 번호(http://localhost:8080/applicationname)를 이용해 다음 그림처럼 애플리케이션을 테스트했다.

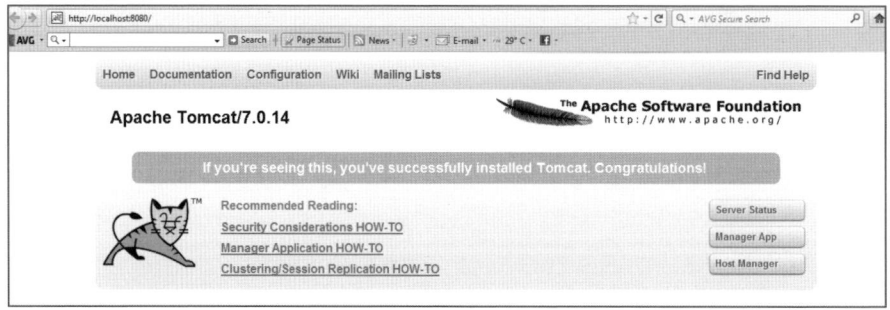

mod_jk 설정을 활성화했으면 URL에서 포트 번호를 빼도 된다(http://localhost/
applicationname). 다음 그림은 애플리케이션 URL에 접근한 모습을 보여준다.

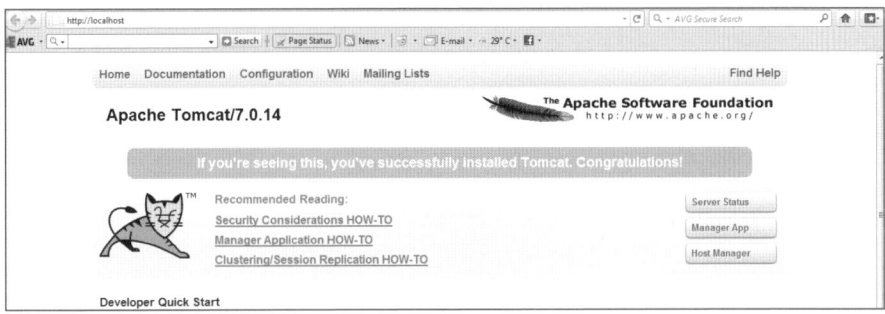

mod_proxy 설정

mod_proxy 설정 방법은 mod_jk 설정 방법에 비해 매우 간단하다. 우선 모듈을
추가한 다음 URL을 가상 호스트로 재전송해야 한다.

httpd.conf를 열어서 다음 항목을 추가하자.

1. 다른 LoadModule이 있는 곳을 찾은 뒤 다음 행을 다른 LoadModule의 아래
   로 추가한다.

   ```
   LoadModule proxy_module modules/mod_proxy.so
   LoadModule proxy_http_module modules/mod_proxy_http.so
   ```

2. 다른 VirtualHost 정의 부분이나 아니면 파일의 맨 아랫부분으로 다음 행
   을 추가한다.

   ```
   NameVirtualHost *
   <VirtualHost *>
     ServerName abc.com
     ProxyRequests Off
     <Proxy *>
       Order deny,allow
       Allow from all
     </Proxy>
   ```

```
        ProxyPass / http://localhost:8080/
        ProxyPassReverse / http://localhost:8080/
        <Location />
          Order allow,deny
          Allow from all
        </Location>
    </VirtualHost>
```

편집을 마쳤으면 설정 파일을 저장한다. 지금쯤이면 경험적으로 설정 파일을 고친 다음 재설정하기 전까지 고친 내용이 반영되지 않는다는 사실을 알 수 있을 것이다.

[root@localhost bin]# ./apachectl stop
[root@root@localhost bin]# ./apachectl start

mod_jk와 mod_proxy 비교

지금까지 mod_jk와 mod_proxy를 살펴봤다. 하지만 아직까지 웹 서버 속도를 높이려면 어떤 모듈을 언제 사용해야 하는지 모른다. 두 모듈을 비교하고 실제 환경에서 어떤 모듈이 적절한지 확인하자.

기능	mod_jk	mod_proxy
부하 분산	고수준	기본
인터페이스 관리	네	아니오
컴파일	별도 프로세서	불필요. 기본적으로 아파치에 포함
설정	큼	기본
프로토콜	AJP	HTTP/HTTPS/AJP
노드 실패	진보	불가

mod_jk와 mod_proxy의 기능을 비교한 표다. 웹 관리자는 필요한 기능에 따라 어떤 모듈을 사용할지 선택할 수 있다.

> 아파치 톰캣에서 90퍼센트는 mod_jk를 사용한다.

톰캣 7과 IIS 통합

윈도우 OS 버전에 따라 IIS 버전도 달라진다. 예를 들어 윈도우 2003은 II6, 윈도우 2008은 IIS 7을 제공한다. 이 책에서는 톰캣 7과 IIS 7을 통합하는 과정을 설명한다. 그러나 톰캣과 IIS를 통합하기 전에 둘을 성공적으로 통합하려면 일부 설정을 고쳐야 한다.

요구사항

톰캣과 IIS를 통합하려면 다음이 필요하다.

- 서버에 .NET 3.5가 설치돼 있어야 한다.
- IIS와 톰캣용 공통 가상 디렉터리를 가진 새 사이트다. 사용자의 요청을 수락한 다음 내부적으로 톰캣 7으로 재전송할 웹 사이트를 만들어야 한다. 톰캣과 IIS를 통합하려면 IIS와 톰캣용 공통 가상 디렉터리를 만들고 그 모듈을 공유해야 한다.
- `isapi_redirect.dll` 윈도우 플랫폼용 동적 링크 라이브러리다.
- `isapi_redirect iplugin` IIS로 들어온 요청을 톰캣으로 재전송할 때 사용한다.
- `workers.properties` 호스트명, AJP 포트, 부하 분산 등의 모든 설정 정의를 포함한다.
- `uriworkermap.properties` 애플리케이션의 URI 매핑 정보(예를 들어 /sample)를 포함한다.

설치 과정

http://tomcat.apache.org/downloadconnectors에서 최신 mod_jk를 다운로드한다. 다운로드한 파일을 C로 압축 해제한 후 이름을 Tomcat으로 바꾼다. Tomcat 폴더를 더블클릭하면 다음 그림과 같은 디렉터리 구조가 나타난다.

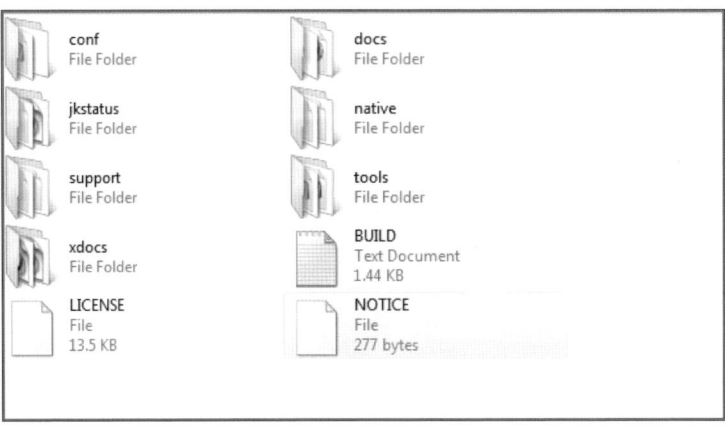

C:\tomcat\native\ii 디렉터리로 이동한 다음 isapi_redirect.reg 파일을 더블클릭한다(다음 그림 참고). 그러면 레지스트리 항목이 추가된다.

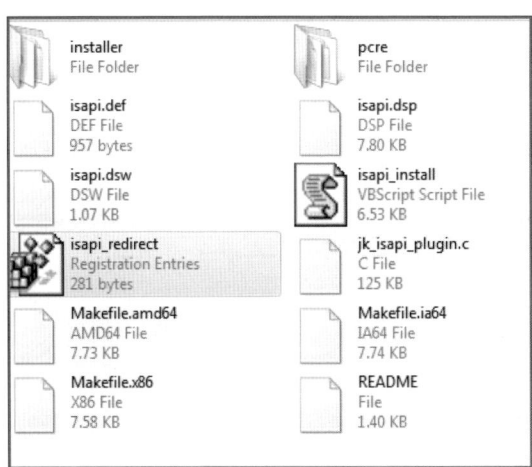

레지스트리 파일을 편집 모드로 열어서 내용을 간단히 확인하자.

```
REGEDIT4
[HKEY_LOCAL_MACHINE\SOFTWARE\Apache Software Foundation\Jakarta Isapi
  Redirector\1.0]
"log_file"="C:\\tomcat\\logs\\isapi.log"
"log_level"="debug"
"worker_file"="C:\\tomcat\\conf\\workers.properties"
"worker_mount_file"="C:\\tomcat\\conf\\uriworkermap.properties"
```

레지스트리 파일은 worker.properties, URI 매핑, 로그 위치 등과 같은 다양한 톰캣 연결 파라미터를 포함한다.

레지스트리를 저장했으면 명령어 입력 창에 다음 명령어를 입력해서 IIS 서버를 재시작한다.

iisreset stop
iisreset start

workers.properties와 URI 매핑 파일을 살펴보자. C:\tomcat\native\iis\installer\conf에 예제 workers.properties 파일이 있다.

다음 그림은 IIS에서 mod_jk를 설정하는 데 사용하는 다양한 설정 파일을 보여준다.

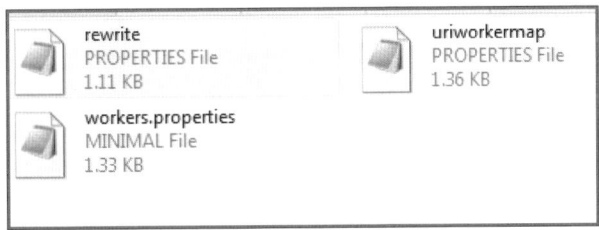

workers.properties는 다음과 같은 코드를 포함한다.

workers.properties
```
# The workers that jk should create and work with
#worker.list=wlb,jkstatus
# Defining a worker named ajp13w and of type ajp13
# Note that the name and the type do not have to match.
```

```
worker.ajp13w.type=ajp13
worker.ajp13w.host=localhost
worker.ajp13w.port=8009
# Defining a load balancer
worker.wlb.type=lb
worker.wlb.balance_workers=ajp13w
# Define status worker
worker.jkstatus.type=status
```

uriworkermap.properties에는 다음과 같은 코드가 포함된다.

uriworkermap.properties
```
# uriworkermap.properties - IIS
# This file provides sample mappings for example wlb
# worker defined in workermap.properties.minimal
# The general syntax for this file is:
# [URL]=[Worker name]
/admin/*=wlb
/manager/*=wlb
/jsp-examples/*=wlb
/servlets-examples/*=wlb
/examples/*=wlb
# Optionally filter out all .jpeg files inside that context
# For no mapping the url has to start with exclamation (!)
!/servlets-examples/*.jpeg=wlb
# Mount jkstatus to /jkmanager
# For production servers you will need to
# secure the access to the /jkmanager url
/jkmanager=jkstatus
```

통합 과정에서 일반적으로 발생하는 문제와 해결 방법

아파치 톰캣 또는 IIS 톰캣 통합 과정에서 다양한 문제가 발생할 수 있다. 그중 일부 문제를 선택했다. 특정 문제가 왜 발생하는지, 그리고 해결 방법은 무엇인지 살펴보자. 톰캣 통합 과정에서 매우 흔히 발생하는 문제만 골랐다.

시나리오 1 httpd 서버가 컴파일할 수 없으므로 컴파일 모드에서 빠져나온다.

에러

```
configure: error: in `/opt/httpd-2.2.19/srclib/apr':
configure: error: no acceptable C compiler found in $PATH
See `config.log' for more details.
configure failed for srclib/apr
```

이유 GCC, GCC+ 같은 C 컴파일러가 없다.

해결 방법 인터넷에서 GCC 컴파일러를 다운로드하고 지시대로 컴파일한다.

```
[root@localhost httpd-2.2.19]# ./configure
checking for chosen layout... Apache
checking for working mkdir -p... yes
checking build system type... i686-pc-linux-gnu
checking host system type... i686-pc-linux-gnu
checking target system type... i686-pc-linux-gnu

Configuring Apache Portable Runtime library ...

checking for APR... reconfig
configuring package in srclib/apr now
checking build system type... i686-pc-linux-gnu
checking host system type... i686-pc-linux-gnu
checking target system type... i686-pc-linux-gnu
Configuring APR library
Platform: i686-pc-linux-gnu
checking for working mkdir -p... yes
APR Version: 1.4.5
checking for chosen layout... apr
checking for gcc... no
checking for cc... no
checking for cl.exe... no
configure: error: in `/opt/httpd-2.2.19/srclib/apr':
configure: error: no acceptable C compiler found in $PATH
See `config.log' for more details.
configure failed for srclib/apr
```

시나리오 2 아파치가 make 명령을 컴파일할 수 없어서 에러를 표시하면서 종료된다.

에러 make가 코드를 컴파일할 수 없다.

이유 make가 자신의 기능을 수행할 수 없다.

해결 방법 다음 명령어를 실행한다.

```
make clean
#그리고
make
```
make install

```
gcc -E -DHAVE_CONFIG_H -DLINUX=2 -D_REENTRANT -D_GNU_SOURCE -D_LARGEFILE64_SOURCE   -I/opt/httpd-2.2.19/srcl:
r-util/include/private  -I/opt/httpd-2.2.19/srclib/apr/include   -I/opt/httpd-2.2.19/srclib/apr-util/xml/expa
*[)]\(.*\);$/\1/' >> aprutil.exp
gcc -E -DHAVE_CONFIG_H -DLINUX=2 -D_REENTRANT -D_GNU_SOURCE -D_LARGEFILE64_SOURCE   -I/opt/httpd-2.2.19/srcl:
r-util/include/private  -I/opt/httpd-2.2.19/srclib/apr/include   -I/opt/httpd-2.2.19/srclib/apr-util/xml/expa
d -e '/^$/d' >> aprutil.exp
sed 's,^\(location=\).*$,\1installed,' < apu-1-config > apu-config.out
make[3]: Leaving directory `/opt/httpd-2.2.19/srclib/apr-util'
make[2]: Leaving directory `/opt/httpd-2.2.19/srclib/apr-util'
Making all in pcre
make[2]: Entering directory `/opt/httpd-2.2.19/srclib/pcre'
Makefile:7: /build/ltlib.mk: No such file or directory
make[2]: *** No rule to make target `/build/ltlib.mk'.  Stop.
make[2]: Leaving directory `/opt/httpd-2.2.19/srclib/pcre'
make[1]: *** [all-recursive] Error 1
make[1]: Leaving directory `/opt/httpd-2.2.19/srclib'
```

시나리오 3 아파치 HTTP 서버가 톰캣 7에 연결할 수 없다.

에러   AJP로 연결할 수 없다.

이유   포트가 막혔거나 AJP 설정이 올바르지 않다.

해결 방법   다음 명령어를 이용해 에러 로그를 자세히 확인한다.

[root@localhost logs]# cat error_log

[Mon Jul 25 16:11:00 2011] [notice] Apache/2.2.19 (Unix) DAV/2 configured -- resuming normal operations

[Mon Jul 25 16:52:16 2011] [notice] caught SIGTERM, shutting down

[Mon Jul 25 16:52:23 2011] [warn] No JkShmFile defined in httpd.conf. Using default /opt/apache-2.2.19/logs/jk-runtime-status

[Mon Jul 25 16:52:23 2011] [warn] No JkShmFile defined in httpd.conf. Using default /opt/apache-2.2.19/logs/jk-runtime-status

[Mon Jul 25 16:52:23 2011] [notice] Apache/2.2.19 (Unix) DAV/2 mod_jk/1.2.32 configured -- resuming normal operations

[root@localhost logs]# cat mod_jk.log
[Mon Jul 25 16:52:23.555 2011] [13355:3086857920] [warn] jk_map_validate_property::jk_map.c (411): The attribute 'worker.node1.cachesize' is

```
deprecated - please check the documentation for the correct replacement.

[Mon Jul 25 16:52:23.555 2011] [13355:3086857920] [info] init_jk::mod_
jk.c (3252): mod_jk/1.2.32 () initialized

[Mon Jul 25 16:52:23.564 2011] [13356:3086857920] [warn] jk_map_validate_
property::jk_map.c (411): The attribute 'worker.node1.cachesize' is
deprecated - please check the documentation for the correct replacement.

[Mon Jul 25 16:52:23.564 2011] [13356:3086857920] [info] init_jk::mod_
jk.c (3252): mod_jk/1.2.32 () initialized
```

그리고 서버에서 다음처럼 configtest 명령을 실행해 설정을 검사한다.

```
[root@root@localhost bin]# ./apachectl configtest
Syntax OK
```

요약

4상에서는 아파치/IIS를 톰캣과 통합하는 방법(그리고 톰캣의 다양한 컴포넌트 통합)을 살펴봤다. http://www.apachefriends.org/en/xamppwindows 같은 사이트에서 제공하는 아파치와 톰캣 통합 제품을 이용할 수 있다. 4장을 통해 통합과 관련된 훌륭한 명령어를 학습했고, 통합 설치 과정에서 발생하는 문제에 대처할 수 있게 됐다.

5장에서는 톰캣의 보안 개선 방법, 자신만의 보안 설정을 갖는 애플리케이션, 서버 보안 SSL 등과 같은 기능을 살펴본다.

5
톰캣 7 보안

21세기에 인터넷은 혁명을 일으켰다. 과거에는 몇 달 동안 정보를 수집했었다면 오늘날에는 인터넷 덕분에 몇 초 만에 필요한 정보를 수집할 수 있는 세상이 되었다. 정보를 쉽게 얻을 수 있게 되면서 정보 보안, 즉 인터넷상의 정보를 어떻게 안전하게 지킬 것인가 하는 새로운 문제가 생겼다.

애플리케이션의 인터넷 사용을 개선할 수 있는 기술이 매일 쏟아지고 있다. 이런 기술 덕분에 해커나 기타 커뮤니티에서 보안을 뚫고 특정 정보에 접근하기가 어렵게 됐다.

5장에서는 다음을 학습한다.

- 톰캣 보안 권한
- 카탈리나Catalina 속성
- 톰캣 7의 SSL 구현

톰캣 관리자

IT 회사에서 보안은 생명이다. 따라서 모든 IT 회사에는 독립적인 IT 보안 관리 부서가 있다. IT 보안 관리 부서의 최우선 목표는 네트워크, 웹, OS 인프라구조 등에 존재할 수 있는 모든 취약점을 제거하는 것이다.

일반적으로 톰캣 웹사이트나 다른 안전하고 잘 알려진 호스트에서 톰캣을 다운로드할 수 있다. 알 수 없는 경로에서 제공하는 톰캣을 다운로드한다면 악성 코드가 포함된 톰캣을 내려받을 가능성이 생긴다. 다운로드가 끝나면 MD5/PGP를 이용해 내려받은 톰캣 파일의 무결성integrity을 확인해야 한다. 리눅스에서는 OpenPGP Open Specification for Pretty Good Privacy를 이용해 MD5 검증을 수행할 수 있다. 특히 제품 시스템에서는 이 과정을 반드시 거쳐야 한다.

톰캣 보안 권한

아파치 톰캣 자체에서도 꽤 훌륭한 보안 관련 옵션을 제공한다. 그러나 모든 환경은 애플리케이션을 어떻게 활용하는가에 따라 보안 수준도 달라져야 한다. 예를 들어 뱅킹 사이트라면 높은 수준의 보안을 요구할 것이고, 사용자 기반 애플리케이션은 낮은 보안 수준으로도 괜찮을 수 있다.

톰캣 7의 TOMCAT_HOME/conf 디렉터리에 기본 권한 설정 파일이 들어 있다. 시스템을 구성하는 네 개의 파일로 톰캣 7의 모든 보안을 설정할 수 있다. 네 개의 파일이 무엇이고, 각 파일에서 제공하는 기능은 무엇인지 살펴보자.

catalina.properties

이 파일은 패키지 접근 관련 정보, 패키지 정의, 공통 로더, 공유 로더, 톰캣 시작 시 스캔할 필요가 없는 JAR 파일 목록 등의 정보를 포함한다. 많은 JAR 파일을 스캔하지 않는 목록에 추가해서 메모리 소비를 줄일 수 있으므로 성능이 개선될 수 있다. 원하는 JAR 파일(예를 들어 모든 공통 JAR)을 catalina.properties에 정의할 수 있다.

제품 환경에서는 톰캣의 여러 인스턴스에서 일부 라이브러리 JAR를 공유한다. 이때는 공유 로더 파라미터를 사용할 수 있다. 기본적으로 톰캣 7 정책은 보안을 개선할 수 있도록 다음과 같은 패키지를 포함한다. 애플리케이션의 요구사항과 활용 방법에 따라 정책을 커스터마이즈할 수 있다. 다음은 catalina.properties에서 사용하는 주요 문법이다.

```
package.access=sun.,org.apache.catalina.,org.apache.coyote.,org.apache.
  tomcat.,org.apache.jasper.
```

```
package.definition=sun.,java.,org.apache.catalina.,org.apache.coyote.,
  org.apache.tomcat.,org.apache.jasper
```

```
common.loader=${catalina.base}/lib,${catalina.base}/lib/*.jar,
  ${catalina.home}/lib,${catalina.home}/lib/*.jar
```

```
tomcat.util.scan.DefaultJarScanner.jarsToSkip=
  \bootstrap.jar,commons-daemon.jar,tomcat-juli.jar,
  \annotations-api.jar,el-api.jar,jsp-api.jar,servlet-api.jar,
  \catalina.jar,catalina-ant.jar,catalina-ha.jar,
  catalina-tribes.jar,\jasper.jar,jasper-el.jar,ecj-*.jar,
  \tomcat-api.jar,tomcat-util.jar,tomcat-coyote.jar,
  tomcat-dbcp.jar,\tomcat-i18n-en.jar,tomcat-i18n-es.jar,
  tomcat-i18n-fr.jar,tomcat-i18n-ja.jar,\
  commons-beanutils*.jar,commons-collections*.jar,commons-dbcp*.jar,
  \commons-digester*.jar,commons-fileupload*.jar,commons-logging*.jar,
  \commons-pool*.jar,\ant.jar,jmx.jar,jmxtools.
  jar,\xercesImpl.jar,xmlParserAPIs.jar,xml-apis.jar,
  \dnsns.jar,ldapsec.jar,localedata.jar,sunjce_provider.jar,
  sunpkcs11.jar,tools.jar,\apple_provider.jar,AppleScriptEngine.jar,
  CoreAudio.jar,dns_sd.jar,\j3daudio.jar,j3dcore.jar,j3dutils.jar,
  jai_core.jar,jai_codec.jar,\mlibwrapper_jai.jar,MRJToolkit.jar,
  vecmath.jar
```

catalina.policy

이 파일은 톰캣에 배포된 애플리케이션과 이들의 세부 권한 정보(런타임에 사용하는)를 포함한다. catalina.policy에 권한을 정의한 다음 OS 세부 정보, 톰캣 내부 코드, 다양한 디렉터리에 있는 웹 애플리케이션 코드와 같은 시스템 파라미터에 접근할 수 있다. 톰캣 7에서는 기본적으로 세 가지 권한을 구현할 수 있다. 다음 그림은 카탈리나의 세가지 유형의 정책을 보여준다.

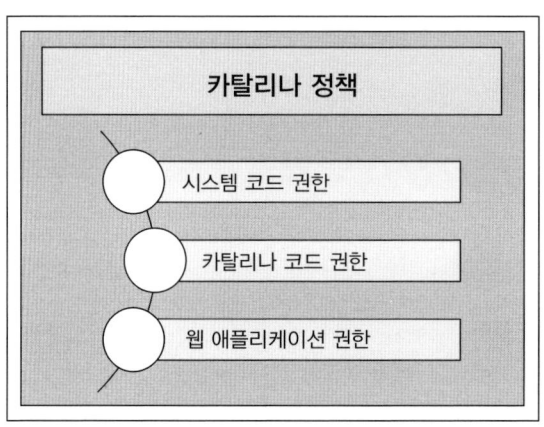

시스템 코드 권한

시스템 코드 권한은 자바 라이브러리(톰캣 인스턴스에서 런타임에 검증해야 할) 접근 권한과 관련된 정책이다. 다음 코드는 자바 라이브러리에 완벽한 접근 권한을 제공하는 예다.

```
grant codeBase "file:${java.home}/lib/-"
  {permission java.security.AllPermission;
```

 카탈리나에는 더 다양한 정책 옵션(시스템 코드, 카탈리나 코드, 웹 애플리케이션 권한 등)이 있다.

다음은 톰캣 7에 추가할 수 있는 다양한 커스텀 정책을 설명한다.

- 웹 애플리케이션의 도큐먼트 루트의 읽기/쓰기(R/W) 권한
- 사용자의 웹 애플리케이션 디렉터리 읽기, 쓰기, 삭제 권한

다음 그림은 다양한 옵션을 보여준다.

```
// ========== SYSTEM CODE PERMISSIONS ==========================================

// These permissions apply to javac
grant codeBase "file:${java.home}/lib/-" {
        permission java.security.AllPermission;
};

// These permissions apply to all shared system extensions
grant codeBase "file:${java.home}/jre/lib/ext/-" {
        permission java.security.AllPermission;
};

// These permissions apply to javac when ${java.home} points at $JAVA_HOME/jre
grant codeBase "file:${java.home}/../lib/-" {
        permission java.security.AllPermission;
};

// These permissions apply to all shared system extensions when
// ${java.home} points at $JAVA_HOME/jre
grant codeBase "file:${java.home}/lib/ext/-" {
        permission java.security.AllPermission;
};
```

카탈리나 코드 권한(톰캣 코어 권한)

카탈리나 코드 권한은 코드에 접근하는 톰캣 내부 파일 권한을 포함하는 섹션이다. 톰캣 내부 기능을 제어할 때 카탈리나 코드 권한을 활용할 수 있다. 다음 정책은 Catalina/lib에 모든 권한을 제공하는 예다.

```
grant codeBase "file:${catalina.home}/lib/-"
  {permission java.security.AllPermission;
```

이전 코드는 lib 폴더의 모든 권한을 톰캣에 제공함을 의미한다.

 이전 코드는 다양한 코드에서 공유하는 서블릿 API와 이들의 클래스 로더에 권한을 제공한다.

다음 그림은 카탈리나 코드 권한을 보여준다.

```
// ========== CATALINA CODE PERMISSIONS ==========================

// These permissions apply to the daemon code
grant codeBase "file:${catalina.home}/bin/commons-daemon.jar" {
        permission java.security.AllPermission;
};

// These permissions apply to the logging API
// Note: If tomcat-juli.jar is in ${catalina.base} and not in ${catalina.home},
// update this section accordingly.
//    grant codeBase "file:${catalina.base}/bin/tomcat-juli.jar" {..}
grant codeBase "file:${catalina.home}/bin/tomcat-juli.jar" {
        permission java.io.FilePermission
         "${java.home}${file.separator}lib${file.separator}logging.properties", "read";

        permission java.io.FilePermission
         "${catalina.base}${file.separator}conf${file.separator}logging.properties", "read";
        permission java.io.FilePermission
         "${catalina.base}${file.separator}logs", "read, write";
        permission java.io.FilePermission
         "${catalina.base}${file.separator}logs${file.separator}*", "read, write";

        permission java.lang.RuntimePermission "shutdownHooks";
        permission java.lang.RuntimePermission "getClassLoader";
        permission java.lang.RuntimePermission "setContextClassLoader";

        permission java.util.logging.LoggingPermission "control";

        permission java.util.PropertyPermission "java.util.logging.config.class", "read";
        permission java.util.PropertyPermission "java.util.logging.config.file", "read";
        permission java.util.PropertyPermission "catalina.base", "read";
```

웹 애플리케이션 권한

웹 애플리케이션 권한은 애플리케이션의 자원(JVM, JNDI 등) 활용과 관련한 정책을 포함하는 섹션이다. 다음 코드를 활성화하면 코드 루트 디렉터리에서 톰캣 클래스에 접근할 수 있다.

```
// grant codeBase "file:${catalina.base}/webapps/examples/
  WEB-INF/classes/-" {// };
```

다음 화면은 웹 애플리케이션 권한을 보여준다.

```
// ========== WEB APPLICATION PERMISSIONS ==========================

// These permissions are granted by default to all web applications
// In addition, a web application will be given a read FilePermission
// and JndiPermission for all files and directories in its document root.
grant {
    // Required for JNDI lookup of named JDBC DataSource's and
    // javamail named MimePart DataSource used to send mail
    permission java.util.PropertyPermission "java.home", "read";
    permission java.util.PropertyPermission "java.naming.*", "read";
    permission java.util.PropertyPermission "javax.sql.*", "read";

    // OS Specific properties to allow read access
    permission java.util.PropertyPermission "os.name", "read";
    permission java.util.PropertyPermission "os.version", "read";
    permission java.util.PropertyPermission "os.arch", "read";
    permission java.util.PropertyPermission "file.separator", "read";
    permission java.util.PropertyPermission "path.separator", "read";
    permission java.util.PropertyPermission "line.separator", "read";

    // JVM properties to allow read access
    permission java.util.PropertyPermission "java.version", "read";
    permission java.util.PropertyPermission "java.vendor", "read";
    permission java.util.PropertyPermission "java.vendor.url", "read";
    permission java.util.PropertyPermission "java.class.version", "read";
    permission java.util.PropertyPermission "java.specification.version", "read";
    permission java.util.PropertyPermission "java.specification.vendor", "read";
    permission java.util.PropertyPermission "java.specification.name", "read";

    permission java.util.PropertyPermission "java.vm.specification.version", "read";
    permission java.util.PropertyPermission "java.vm.specification.vendor", "read";
    permission java.util.PropertyPermission "java.vm.specification.name", "read";
    permission java.util.PropertyPermission "java.vm.version", "read";
    permission java.util.PropertyPermission "java.vm.vendor", "read";
    permission java.util.PropertyPermission "java.vm.name", "read";
```

 이 정책은 웹 애플리케이션의 루트 디렉터리에서만 통용된다. 외부에서 이 정책에 접근하려면 애플리케이션을 커스터마이즈해야 한다.

tomcat-users.xml

톰캣에서 롤role과 보안 암호를 포함하는 파일이다.

다음 그림은 톰캣 7의 다양한 롤, 사용자, 암호를 보여준다.

```
  <role rolename="tomcat"/>
  <role rolename="role1"/>
  <user username="tomcat" password="tomcat" roles="tomcat"/>
  <user username="both" password="tomcat" roles="tomcat,role1"/>
  <user username="role1" password="tomcat" roles="role1"/>
</tomcat-users>
```

server.xml

톰캣의 주요 설정 파일로 커넥터 포트 설정 정보를 포함한다.

다음 그림은 커넥터 설정을 보여준다(톰캣 7이 8080 포트로 실행 중이며 타임아웃timeout값은 20000으로 설정됨).

```
     Define a non SSL HTTP/1.1 Connector on port 8080
-->
<Connector port="8080" protocol="HTTP/1.1"
           connectionTimeout="20000"
           redirectPort="8443" />
<!-- A "Connector" using the shared thread pool-->
<!--
<Connector executor="tomcatThreadPool"
           port="8080" protocol="HTTP/1.1"
           connectionTimeout="20000"
           redirectPort="8443" />
-->
```

톰캣 관리자 활성화

기본적으로 톰캣 7에서는 톰캣 관리자가 비활성화되어 있다. 매우 강력한 도구지만 톰캣 관리자가 엉뚱한 사람의 손아귀에 들어가면 시스템 관리자나 애플리케이션 관리자에게 치명적인 문제를 안길 수 있다. 따라서 반드시 적절한 보안을 갖춘 상태에서 톰캣 관리자를 활성화해야 한다.

톰캣 관리자를 활성화하는 방법

관리자를 활성화하려면 TOMCAT_HOME/conf 디렉터리에 있는 tomcat-users.xml를 편집한다. tomcat-users.xml 파일을 열면 다음 그림처럼 톰캣 사용자가 주석처리 되어 있음을 확인할 수 있다.

```
<---
  <role rolename="tomcat"/>
  <role rolename="role1"/>
  <user username="tomcat" password="tomcat" roles="tomcat"/>
  <user username="both" password="tomcat" roles="tomcat,role1"/>
  <user username="role1" password="tomcat" roles="role1"/>
-->
```

다음 그림처럼 주석을 제거하고 파일을 저장한 다음 아파치 톰캣 7을 다시 로딩한다.

```
<role rolename="tomcat"/>
<role rolename="role1"/>
<user username="tomcat" password="tomcat" roles="tomcat"/>
<user username="both" password="tomcat" roles="tomcat,role1"/>
<user username="role1" password="tomcat" roles="role1"/>
```

 제품 환경에서 톰캣 관리자를 활성화했다면 DMZ가 아닌 오직 내부 환경에서만 톰캣 관리자에 접근할 수 있도록 설정했는지 확인해야 한다.

제품 환경에 맞는 톰캣 7 보안

톰캣 7을 안전하게 유지하는 훌륭한 사례를 살펴보자. 톰캣을 안전하게 유지한다는 말은 톰캣 뿐만 아니라 톰캣 설정과 다른 인프라구조 설정도 안전하게 유지한다는 의미를 포함한다. 우선 톰캣 설정부터 확인하자.

톰캣 설정

톰캣 7의 보안을 유지하는 방법은 다양하며 애플리케이션의 요구사항과 IT 조직의 보안 정책에 따라 달라진다.

모든 조직에는 각자의 보안 정책이 있으며 IT 관리자는 이 정책에 기반해 톰캣 보안을 구현한다.

톰캣 7은 다양한 설정(톰캣을 외부에서 안전하게 보호하려면 이들 설정을 바꾸거나 활성화해야 함)을 제공한다. 실제 업무에서 이들을 어떻게 설정하고 사용하는지 살펴보자.

커넥터 포트

기본적으로 톰캣은 HTTP 프로토콜 8080 포트에서 실행된다. 모든 사람이 기본 포트 번호를 알고 있으므로 해커는 쉽게 포트에 접근해 서버 공격을 시도할 수 있다. 따라서 톰캣의 보안상 가능하면 항상 커넥터 포트와 AJP 포트(기본값 8009)를 바꾸는 것이 좋다.

Conf 디렉터리의 server.xml 파일에서 커넥터를 설정한다.

```
<Connector executor="tomcatThreadPool" port="8080" protocol="HTTP/1.1"
 connectionTimeout="20000" redirectPort="8443" />
<Connector port="8009" protocol="AJP/1.3" redirectPort="8443" />
```

윈도우와 리눅스에서 서비스 파일을 이용해 다양한 서비스에서 사용 중인 포트를 확인할 수 있다. 다음 표는 윈도우와 리눅스의 서비스 파일 위치를 보여준다. 서비스간의 포트 충돌을 피해야 할 때 서비스 파일의 정보가 매우 유용하다.

운영체제	서비스 파일 위치
리눅스	/etc/services
윈도우	C:\Windows\System32\drivers\etc

다음 그림은 다양한 애플리케이션에서 사용하는 포트 예제를 보여준다.

```
# service-name  port/protocol  [aliases ...]   [# comment]

tcpmux          1/tcp                          # TCP port service multiplexer
tcpmux          1/udp                          # TCP port service multiplexer
rje             5/tcp                          # Remote Job Entry
rje             5/udp                          # Remote Job Entry
echo            7/tcp
echo            7/udp
discard         9/tcp          sink null
discard         9/udp          sink null
systat          11/tcp         users
systat          11/udp         users
daytime         13/tcp
daytime         13/udp
qotd            17/tcp         quote
qotd            17/udp         quote
msp             18/tcp                         # message send protocol
msp             18/udp                         # message send protocol
chargen         19/tcp         ttytst source
chargen         19/udp         ttytst source
ftp-data        20/tcp
ftp-data        20/udp
# 21 is registered to ftp, but also used by fsp
ftp             21/tcp
ftp             21/udp         fsp fspd
ssh             22/tcp                         # SSH Remote Login Protocol
ssh             22/udp                         # SSH Remote Login Protocol
```

이전 코드에서 네트워크 관리자가 새로운 포트 할당과 할당된 포트를 갱신(서버를 재시작해야 적용되는) 등을 관리할 책임이 있다.

톰캣 애플리케이션 최적화

톰캣 7 패키지는 많은 애플리케이션과 예제를 포함한다. 사용하지 않는 애플리케이션 패키지는 삭제할 것을 권장한다. 패키지를 삭제했을 때 다음과 같은 장점을 기대할 수 있다.

- JVM 메모리 사용 감소
- 원하지 않는 애플리케이션(라이브러리/JAR)을 사용할 수 없으므로 취약성 감소
- 애플리케이션 유지보수 쉬워짐

```
[root@localhost webapps]# ls -ltrh
total 40K
drwxr-xr-x  3 root root 4.0K May 22 15:08
drwxr-xr-x 13 root root 4.0K May 22 15:08
drwxr-xr-x  5 root root 4.0K May 22 15:08
drwxr-xr-x  5 root root 4.0K May 22 15:08
drwxr-xr-x  5 root root 4.0K May 22 15:08
```

원하는 애플리케이션은 모두 삭제할 수 있다. 심지어 톰캣 관리자를 사용하지 않는다면 톰캣 관리자도 삭제할 수 있다.

핫 배포 비활성화

서비스를 재시작하지 않고도 애플리케이션에 자동으로 코드를 배포하는 과정을 핫 배포hot deployment 또는 자동 배포라 한다. server.xml에서 다음 파라미터를 고쳐서 핫 배포를 비활성화할 수 있다.

```
<Host name="localhost" appBase="webapps" unpackWARs="true"
  autoDeploy="true">
```

autoDeploy를 false로 고친다.

```
<Host name="localhost" appBase="webapps" unpackWARs="true"
  autoDeploy="false">
```

파일을 이처럼 수정하면 서버를 재시작할 때만 웹 서버에 애플리케이션이 배포된다.

톰캣 이외의 설정

지금까지는 톰캣의 설정을 이용해 톰캣 7의 보안 정책을 구현하는 방법을 확인했다. 새로운 최근 기술이 난무하는 실제 환경에서는 톰캣 설정만으로는 보안 위협에 충분히 대응하기 어렵다. 좀 더 안전하게 시스템을 지키려면 우리의 인프라구조를 보호해야 한다. 웹 인프라구조를 보호하는 모범 사례를 살펴보자.

별도의 사용자로 서비스

톰캣을 루트 사용자로 실행하는 것은 치명적인 결과를 초래할 수 있다. 따라서 루트가 아닌 새 사용자를 만들고 만든 사용자가 톰캣 서버를 실행할 수 있도록 권한을 부여하는 방식을 이용한다. 루트와 사용자 그룹에서 설정 파일에 접근할 수 있어야 하며, 이 사용자/그룹에 logs 등의 다른 디렉터리의 읽기/쓰기 권한도 줘야 한다.

방화벽

커넥터 포트(AJP 포트)가 외부 DMZ 서버로부터 열려있고 톰캣이 직접 프론트엔드 애플리케이션 역할을 하지 않는다면 톰캣을 내부 존internal zone으로 설정해야 한다. 톰캣을 프론트엔드 애플리케이션으로 설정했다면 완벽한 방화벽 제한을 갖춘 내부 존으로 DB 서버를 보호해야 한다. 시스템 방화벽을 이용해 OS 수준에서 포트를 활성화하거나 비활성화해서 강력한 방화벽을 만들 수 있다. 또한 방화벽 규칙이 적절한지도 확인하자.

윈도우에서는 다음처럼 netsh 명령어를 이용해 방화벽 설정을 확인할 수 있다.

```
netsh firewall show state
```

이전 명령어는 현재의 방화벽 규칙 상태를 보여준다.

```
netsh firewall show config
```

이전 명령은 방화벽 동작 모드를 보여준다. 다음 그림은 이전 두 명령어를 입력한 출력 결과다.

```
C:\Users\user>netsh firewall show state

Firewall status:
-------------------------------------------------------------------
Profile                               = Standard
Operational mode                      = Disable
Exception mode                        = Enable
Multicast/broadcast response mode     = Enable
Notification mode                     = Enable
Group policy version                  = Windows Firewall
Remote admin mode                     = Disable

Ports currently open on all network interfaces:
Port   Protocol  Version  Program
-------------------------------------------------------------------
No ports are currently open on all network interfaces.

C:\Users\user>netsh firewall show config

Domain profile configuration:
-------------------------------------------------------------------
Operational mode                      = Disable
Exception mode                        = Enable
Multicast/broadcast response mode     = Enable
Notification mode                     = Enable
```

방화벽 정책을 추가하거나 삭제하려면 다음 명령어를 실행한다.

```
netsh firewall set opmode enable
```

이전 명령어를 이용해 설정 규칙을 편집할 수 있다.

다음은 서브넷에 TCP 포트 8085를 추가하는 명령이다. 따라서 시스템 외부에서 8085포트에 접근할 수 있다.

netsh firewall add portopening TCP 8085 HTTP enable subnet

리눅스에서는 다음처럼 iptables 명령어를 이용해 방화벽 설정을 확인할 수 있다.

[root@localhost etc]# iptables -L

다음은 리눅스 환경의 방화벽 규칙을 보여주는 그림이다. 현재는 정의된 방화벽 규칙이 없는 상태다.

```
[root@localhost etc]# iptables -L
Chain INPUT (policy ACCEPT)
target     prot opt source               destination

Chain FORWARD (policy ACCEPT)
target     prot opt source               destination

Chain OUTPUT (policy ACCEPT)
target     prot opt source               destination
```

다음과 같은 명령어를 이용해 방화벽 규칙을 편집할 수 있다.

iptables -A INPUT -s 0/0 -i eth0 -d 192.168.1.2 -p TCP -j ACCEPT

이전 명령은 모든 소스에서 목적지 192.168.1.2로 발생하는 모든 요청을 수락하도록 방화벽 규칙을 정의한다.

 DMZ와 관련된 자세한 정보는 http://en.wikipedia.org/wiki/Demilitarized_zone를 참고하자.

비밀번호

애플리케이션이나 설정에 평문 텍스트 암호plain text password는 사용하지 말아야 하며 모든 비밀번호를 MD5나 해싱 알고리즘을 이용해 암호화해야 한다. 톰캣에서는 다음과 같은 방법으로 비밀번호 암호화를 활성화할 수 있다.

각 단계를 간단히 살펴보고 톰캣 관리자에 비밀번호 암호화 정책을 도입할 수 있다.

1. 다음 코드처럼 server.xml의 Realm 섹션에 비밀번호 암호화 알고리즘을 정의한다.

   ```
   <Realm className=
     "org.apache.catalina.realm.MemoryRealm"digest="MD5" />
   ```

   ```
   <Realm className="org.apache.catalina.realm.UserDatabaseRealm"
           resourceName="UserDatabase"/>
   </Realm>
   <Realm className="org.apache.catalina.realm.MemoryRealm"
               digest="MD5" />

   <Host name="localhost"  appBase="webapps"
         unpackWARs="true" autoDeploy="true">
   ```

    OS 요구사항에 따라 SHA, RSA, MD5 등의 알고리즘을 정의할 수 있다.

2. tomcat_home/bin 디렉터리로 이동해서 다음 명령어를 수행하자. 그러면 다음 그림처럼 암호화된 알고리즘이 생성된다.

   [root@localhost bin]# ./digest.sh -a MD5 secret

   ```
   [root@localhost bin]# ./digest.sh -a MD5 secret
   secret:5ebe2294ecd0e0f08eab7690d2a6ee69
   ```

   이전 명령에서 ./digest.sh는 톰캣 realm 비밀번호를 생성하는 스크립트고, -a에서 정의하는 알고리즘(예제에서는 MD5)을 사용한다.

3. MD5 문자열을 복사해서 다음 코드처럼 tomcat_user.xml의 password 텍스트로 치환한다.

```
<user name="admin" password="5ebe2294ecd0e0f08eab7690d2a6ee69 "
roles="manager-gui" />
```

4. 톰캣 서비스를 다시 로드한 다음 비밀번호를 이용해 톰캣 관리자에 로그인한다.

실제로 비밀번호가 바뀐 것이 아니라 비밀번호를 저장하는 방법만 달라졌을 뿐이다.

톰캣 7의 SSL 설정

데이터 통신을 안전하게 보호하는 다른 방법으로 SSL_{Secure Socket Layer}이 있다. SSL은 안전한 채널을 통해 데이터를 전송하는 암호 프로토콜이다. 서버가 암호키를 클라이언트 브라우저로 전송하면 클라이언트 브라우저가 암호키를 복호화한 다음 서버와 클라이언트간에 핸드셰이크_{handshake}가 이뤄진다(이를 가리켜 안전 계층에서 두 방향 핸드셰이크가 일어났다고 한다).

언제 톰캣에 SSL이 필요한가?

톰캣을 프론트엔드 서버로 사용할 때 SSL을 더 효과적으로 활용할 수 있다. 아파치나 IIS를 사용한다면 아파치나 IIS 서버에 SSL을 설치할 것을 권장한다.

SSL 인증서 종류

SSL을 설치하기 전에 다음처럼 두 종류의 SSL 인증서를 살펴보자.

- **셀프 서명 인증서**   내부 환경(인증서 검증 불필요)에서 호스트하는 애플리케이션에서 데이터를 안전하게 전송할 수 있는지 테스트하는 용도로 사용한다.

- **서명 인증서** 실제 외부 환경에서 사용하는 인증서로 인증 과정이 필요하며 안전한 채널로 데이터를 전송해야 한다. 서명 인증서를 만들어서 우리에게 보내주는 다양한 서드 파티 업체가 있다.

SSL 설치 과정

SSL 설치 과정은 서버마다 다르지만 CSR_{Certificate Signing Request}을 만드는 모든 서버에서 공통적으로 사용하는 파라미터가 있다. CSR을 만드는 방법은 저마다 다르지만 CSR을 만들 때 필요한 정보는 같다. 다음 표는 CSR을 만들 때 필요한 템플릿 정보를 제공한다.

CSR 속성	CSR을 만드는 데 필요한 정보
명칭(Common Name)	도메인명 정의
조직(Organization)	조직명
부서(Department)	조직의 부서명
도시(City)	조직이 위치한 도시
주(State)	조직이 위치한 주
국가(Country)	조직이 위치한 국가
키 크기(Key size)	2048(암호화 비트)

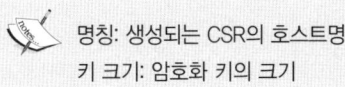

명칭: 생성되는 CSR의 호스트명
키 크기: 암호화 키의 크기

실제로 톰캣 7에 SSL 인증서를 설치하자. 다음과 같은 단계로 호스트 tomcat7packtpub.com에서 실행되는 톰캣 7에 SSL 인증서를 설치할 수 있다.

1. 다음과 같이 tomcat7packtpub.com의 CSR 템플릿을 만든다.

CSR 속성	CSR을 만드는데 필요한 정보
명칭(Common Name)	tomcat7packtpub.com
기관(Organization)	tomcat7packtpub.com
부서(Department)	Tomcat
도시(City)	Hyd
주(State)	AP
국가(Country)	IN
키 크기(Key size)	2048

2. tomcat7packtpub.com의 CSR를 만든다. JAVA_HOME/bin에 있는 keytool을 이용해 CSR을 만들 수 있다. 다음 명령어는 CSR에 제공하는 파라미터를 보여준다.

 기본적으로 keytool은 JAVA_HOME/bin에 있다. 그러나 우리는 자바 경로를 설정했으므로 어디에서나 keytool을 실행할 수 있다.

```
[root@localhost conf] # keytool -genkey -alias tomcat7
    -keyalg RSA -keysize 2048 -keystore tomcat.jks
```

```
[root@localhost conf]# keytool -genkey -alias tomcat7 -keyalg RSA -keysize 2048 -keystore tomcat.jks
Enter keystore password:
Re-enter new password:
What is your first and last name?
  [Unknown]:  tomcat7packtpub.com
What is the name of your organizational unit?
  [Unknown]:  tomcat7packtpub.com
What is the name of your organization?
  [Unknown]:  tomcat7
What is the name of your City or Locality?
  [Unknown]:  hyd
What is the name of your State or Province?
  [Unknown]:  AP
What is the two-letter country code for this unit?
  [Unknown]:  IN
Is CN=tomcat7packtpub.com, OU=tomcat7packtpub.com, O=tomcat7, L=hyd, ST=AP, C=IN correct?
  [no]:  yes

Enter key password for <tomcat7>
        (RETURN if same as keystore password):
Re-enter new password:
```

3. 다음 명령어를 이용해 CSR 형식의 인증서를 생성한다. 명령어를 실행하면 비밀번호를 물으며 서명된 인증서를 생성하도록 입력한 비밀번호를 관련 업체에 보낸다.

   ```
   [root@localhost conf]# keytool -certreq -alias tomcat7 -file csr.
     txt - keystore tomcat.jks

   Enter keystore password:
   ```

4. 톰캣 키 저장소로 인증서를 임포트한다. tomcat7.jks를 TOMCAT_HOME/conf로 복사하자.

   ```
   [root@localhost conf] # keytool -import -trustcacerts -alias
     tomcat7 -file tomcat7packtpub.com.pb7 -tomcat7.jks
   ```

인증서를 생성하고 서명까지 마쳤다면 이제 톰캣 설정을 바꾼다.

1. server.xml 파일을 열어서 다음 코드를 보고 관련 코드를 고친다.

   ```
   <Connector port="443" maxHttpHeaderSize="8192" maxThreads="150"
     minSpareThreads="25" maxSpareThreads="75" enableLookups="false"
     disableUploadTimeout="true" acceptCount="100" scheme="https"
     secure="true" SSLEnabled="true" clientAuth="false"
     sslProtocol="TLS" keyAlias="server" keystoreFile="tomcat7.jks"
     keypass="changeit" />
   ```

2. server.xml을 저장하고 톰캣 서비스를 재시작한다.

3. 설치가 끝났으면 SSL을 검증한다. https://자신의사이트명 또는 https://localhost:8443 URL로 애플리케이션에 접근할 수 있다. 서명된 인증서는 유료기 때문에 실제로 서명된 인증서는 만들지 않았다. 대신 www.gmail.com(SSL을 사용하는 사이트)을 예제로 사용하자. www.gmail.com을 방문해서 페이지가 로드되면 SSL 아이콘(자물쇠 모양)이 보일 것이다. SSL 아이콘을 클릭하고 **인증서 보기**를 선택하면 다음 그림과 같이 인증서 정보 창이 나타난다.[1]

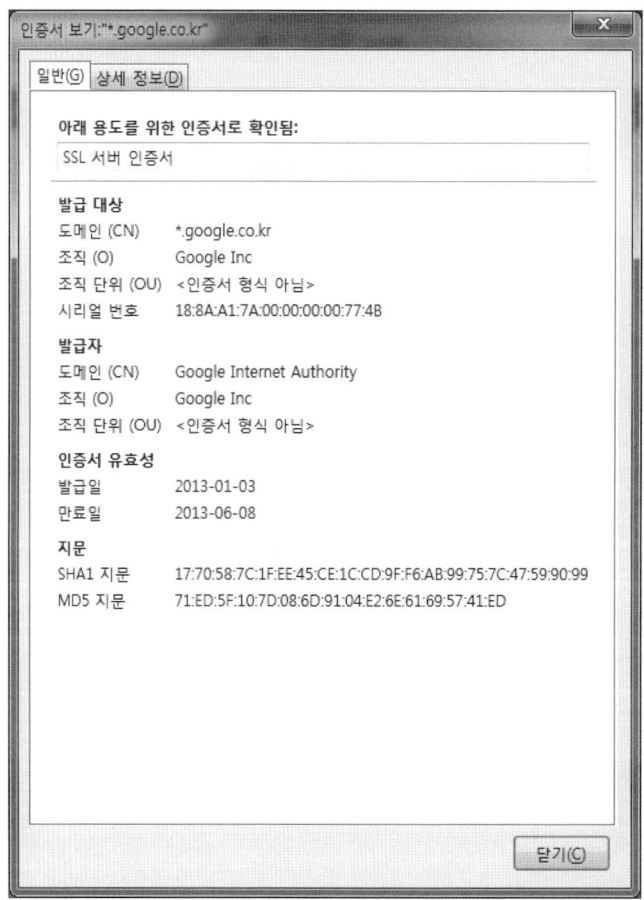

---

[1] 이 책은 파이어폭스 브라우저를 기준으로 설명했다. SSL을 사용하는 사이트에 접속하면 인터넷 익스플로러에도 자물쇠 모양이 나타나며 비슷한 방식으로 인증서 정보를 자세히 확인할 수 있다. – 옮긴이

4. **상세 정보**를 클릭하면 다음 그림처럼 성공적으로 인증서를 설치했음을 보여준다.

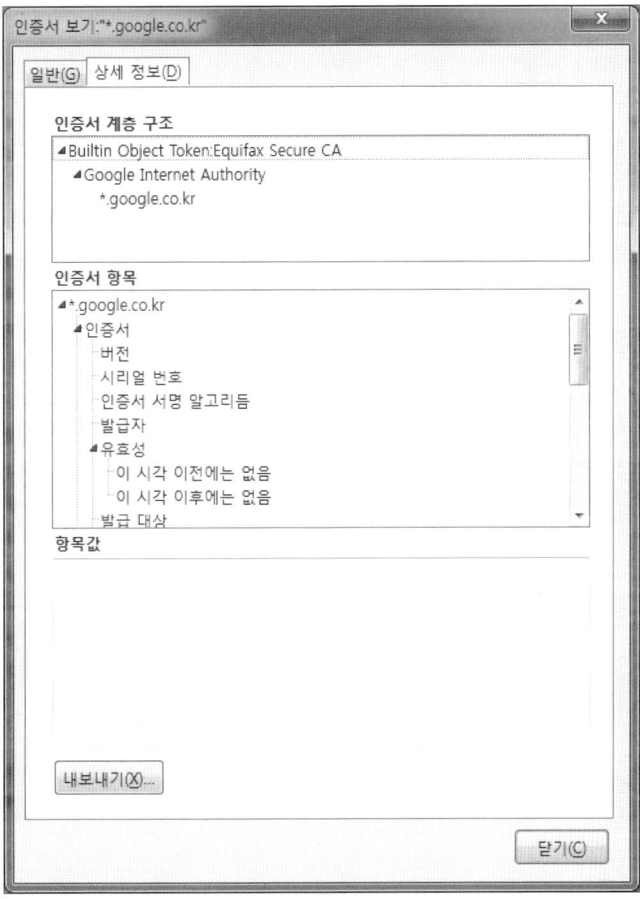

요약

5장에서는 카탈리나 정책, 시스템 수준 정책 등과 같이 톰캣 7의 다양한 정책과 기능을 살펴봤다. 또한 SSL, 실제 업계에서 사용하는 톰캣 7의 보안을 유지하는 데 사용하는 모범 사례(설정을 적절하게 바꾸고, SSL을 설치) 등 다양한 보안 활성화 방법과 장점을 확인했다.

6장에서는 톰캣, 그리고 그들의 컴포넌트와 관련한 다양한 실생활 문제를 살펴보고 해결책이 무엇인지 설명한다.

6
톰캣 7 로깅

로깅은 애플리케이션을 개발 과정을 포함해 제품에서 발생하는 문제를 처리하는 관리자와 개발자에게 매우 중요한 서비스다. 로깅 서비스는 웹 애플리케이션의 문제를 찾을 수 있도록 도와준다. 또한 많은 애플리케이션의 성능을 튜닝 할 때도 로깅 서비스를 빼놓을 수 없다.

6장에서는 다음을 학습한다.

- 톰캣 7의 로깅 서비스
- 줄리JULI
- Log4j
- 로그 수준
- 밸브Valve 컴포넌트
- 로그 분석

줄리

이전 버전의 톰캣(5.x 까지)에서는 아파치 공통 로깅 서비스를 이용해 로그를 출력했다. 아파치 공통 로깅 서비스의 가장 큰 단점은 로깅 서비스로 오직 하나의 JVM 설정만 처리할 수 있었기에 독립적인 각 애플리케이션의 클래스 로드에 별도로 로깅을 설정하기가 어렵다는 것이다. 이런 문제 때문에 톰캣 개발자는 톰캣 6 버전부터 별도의 API(톰캣 로그에 각 클래스 로더 활동을 기록할 수 있는 기능을 탑재한)를 제공했다. 톰캣의 로그 API는 java.util.logging 프레임워크로 구현되었다.

기본적으로 톰캣 7은 고유의 자바 로깅 API를 이용해 로깅 서비스를 구현한다. 톰캣의 로깅 서비스를 줄리JULI라고도 부른다. 톰캣 7 디렉터리 TOMCAT_HOME/bin에서 로깅 API(tomcat-juli.jar)를 찾을 수 있다. 다음 화면은 tomcat-juli.jar를 포함하는 bin 디렉터리의 구조를 보여준다. 줄리는 개별 웹 애플리케이션에 커스텀 로깅 기능을 제공하며 애플리케이션 전용 로깅 설정도 지원한다. 별도의 클래스 로더 로깅 기능 덕분에 실행 중 클래스를 언로딩할 때 발생하는 메모리 문제를 검출하기가 수월해졌다.

```
[root@localhost bin]# ls -ltrh
total 740K
-rwxr-xr-x 1 root root 1.6K Apr  1  2011 version.sh
-rw-r--r-- 1 root root 2.1K Apr  1  2011 version.bat
-rwxr-xr-x 1 root root 4.6K Apr  1  2011 tool-wrapper.sh
-rw-r--r-- 1 root root 3.6K Apr  1  2011 tool-wrapper.bat
-rw-r--r-- 1 root root 236K Apr  1  2011 tomcat-native.tar.gz
-rw-r--r-- 1 root root  34K Apr  1  2011 tomcat-juli.jar
-rw-r--r-- 1 root root 2.1K Apr  1  2011 startup.bat
-rwxr-xr-x 1 root root 1.6K Apr  1  2011 shutdown.sh
-rw-r--r-- 1 root root 2.1K Apr  1  2011 shutdown.bat
-rwxr-xr-x 1 root root 3.9K Apr  1  2011 setclasspath.sh
-rw-r--r-- 1 root root 3.3K Apr  1  2011 setclasspath.bat
-rwxr-xr-x 1 root root 1.6K Apr  1  2011 digest.sh
-rw-r--r-- 1 root root 2.1K Apr  1  2011 digest.bat
-rw-r--r-- 1 root root 1.4K Apr  1  2011 cpappend.bat
-rwxr-xr-x 1 root root 1.9K Apr  1  2011 configtest.sh
-rw-r--r-- 1 root root 195K Apr  1  2011 commons-daemon-native.tar.gz
-rw-r--r-- 1 root root  23K Apr  1  2011 commons-daemon.jar
-rw-r--r-- 1 root root 2.5K Apr  1  2011 catalina-tasks.xml
-rw-r--r-- 1 root root  12K Apr  1  2011 catalina.bat
-rw-r--r-- 1 root root  27K Apr  1  2011 bootstrap.jar
-rwxr-xr-x 1 root root 2.0K Jul 10  2011 startupbackup.sh
-rwxr-xr-x 1 root root 2.3K Jul 10  2011 startup.sh
-rwxr-xr-x 1 root root  19K Sep 25 10:33 catalina.sh
```

줄리(http://tomcat.apache.org/tomcat-7.0-doc/logging.html), 클래스 로딩(http://tomcat.apache.org/tomcat-7.0-doc/classloader-howto.html)과 관련된 문제는 각각의 사이트를 참고하자.

로거, 어펜더, 레이아웃

애플리케이션용 로깅 장치를 구현할 때 사용하는 중요한 로깅 컴포넌트가 있다. 각 컴포넌트는 애플리케이션의 이벤트를 추적하는 데 중요한 역할을 수행한다. 어떤 컴포넌트가 있고 어떻게 활용할 수 있는지 살펴보자.

- **로거**logger   로그 파일의 논리적 이름. 애플리케이션 코드에서 논리적 이름을 결정한다. 각 애플리케이션마다 독립적으로 로거를 설정할 수 있다.

- **어펜더**appender   어펜더는 로그가 만들어지는 과정을 담당한다. Log4j는 FileAppender, ConsoleAppender, SocketAppender 등의 다양한 어펜더를 제공한다. 다음은 log4j의 어펜더 예제다.

```
log4j.appender.CATALINA=org.apache.log4j.DailyRollingFileAppender
log4j.appender.CATALINA.File=${catalina.base}/logs/catalina.out
log4j.appender.CATALINA.Append=true
log4j.appender.CATALINA.Encoding=UTF-8
```

이전 네 줄의 어펜더는 log4j의 DailyRollingFileAppender(파일명은 catalina. out)를 정의하는 코드다. 이 어펜더는 UTF-8 인코딩을 사용해 로그를 기록하도록 설정한다.

 log4j.appender.CATALINA.append=false를 설정하면 로그 파일에 로그가 기록되지 않는다.

```
# 하루에 한번씩 로그 파일 변경(roll-over)
log4j.appender.CATALINA.DatePattern='.'dd-MM-yyyy'.log'
log4j.appender.CATALINA.layout = org.apache.log4j.PatternLayout
log4j.appender.CATALINA.layout.ConversionPattern = %d [%t] %-5p
%c- %m%n
```

이전 세 줄의 코드는 하루에 한 번 로그파일을 변경하도록 설정한다.

- **레이아웃**layout 로그 파일에 추가하는 로그의 표현 형식을 정의한다. 어펜더는 레이아웃을 이용해 로그 파일의 형식(패턴이라고도 함)을 만든다. 아래 굵게 표시한 코드는 액세스 로그의 패턴을 보여준다.

```
<Valve className="org.apache.catalina.valves.AccessLogValve"
  directory="logs" prefix="localhost_access_log." suffix=".txt"
  pattern="%h %l %u %t &quot;%r&quot; %s %b" resolveHosts="false"/>
```

 로거, 어펜더, 레이아웃을 적절하게 활용하면 애플리케이션 이벤트의 로그 메시지를 좀 더 쉽게 확인할 수 있다.

톰캣 7의 로깅 종류

필요에 따라 다양한 톰캣 7의 로깅을 활성화 할 수 있다. 톰캣은 애플리케이션, 서버, 콘솔 등을 포함해 다섯 가지의 로깅을 제공한다. 다음 그림은 톰캣 7의 다양한 로깅을 보여준다. 상황에 따라 여러 로깅을 혼합할 수도 있다. 겉으로는 파악할 수 없는 톰캣 서비스 문제가 발생했을 때는 콘솔 로그(콘솔 로그로 실시간 부트 순서를 확인할 수 있으므로)를 이용해 문제를 쉽게 확인할 수 있다. 각 로깅 방법을 간단히 살펴보자.

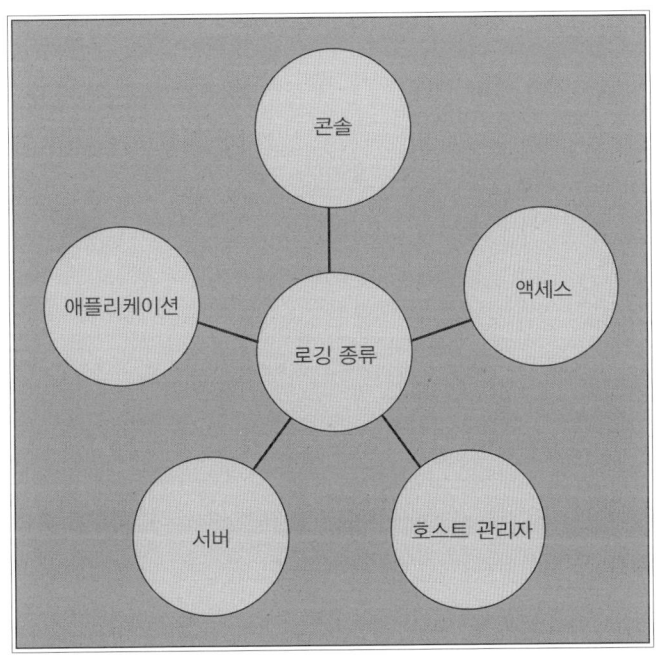

애플리케이션 로그

애플리케이션 트랜잭션을 수행하는 동안 발생하는 이벤트를 확인할 때 애플리케이션 로그를 사용한다. 애플리케이션 수준의 문제를 확인할 때 애플리케이션 로그를 유용하게 활용할 수 있다. 예를 들어 애플리케이션의 특정 전이에서 성능저하가 발생했다면 전이 과정에서 무슨 일이 일어났는지 확인해야 한다. 전이 과정의 세부 정보를 제공하는 것이 바로 애플리케이션 로그다. 관리자가 쉽게 애플리케이션 문제를 해결할 수 있도록 각 애플리케이션마다 별도로 로그 수준과 로그 파일을 설정할 수 있다는 것이 애플리케이션 로그의 가장 큰 장점이다.

 애플리케이션의 90 퍼센트가 log4j를 이용해 로그를 출력한다.

서버 로그

서버 로그는 콘솔 로그와 같다. 콘솔에서 로그아웃 한 다음에는 콘솔 로그를 확인할 수 없지만 서버 로그는 언제든지 로그를 확인할 수 있다는 것이 서버 로그만의 장점이다.

콘솔 로그

콘솔 로그는 톰캣 7 스타트업과 로더 순서 정보를 가장 완벽하게 제공한다. 콘솔 로그의 파일명은 catalina.out으로 TOMCAT_HOME/logs에 저장된다. 임의의 환경에서 애플리케이션 배포와 서버 스타트업을 테스트할 때 콘솔 로그를 매우 유용하게 활용할 수 있다. TOMCAT_HOME/bin에 있는 catalina.sh라는 톰캣 설정 파일에서 콘솔 로그를 설정할 수 있다.

```
CLASSPATH="$CLASSPATH""$CATALINA_HOME"/bin/bootstrap.jar

if [ -z "$CATALINA_BASE" ] ; then
  CATALINA_BASE="$CATALINA_HOME"
fi

if [ -z "$CATALINA_OUT" ] ; then
  CATALINA_OUT="$CATALINA_BASE"/logs/catalina.out
fi

if [ -z "$CATALINA_TMPDIR" ] ; then
  # Define the java.io.tmpdir to use for Catalina
  CATALINA_TMPDIR="$CATALINA_BASE"/temp
fi
```

이전 그림은 톰캣 로깅 정의를 보여준다. 기본적으로 콘솔 로그는 INFO 모드로 설정된다.

 톰캣은 WARN, INFO, CONFIG, FINE 등의 다양한 로깅 수준을 제공한다. 7장의 '톰캣 7 의 다양한 로그 수준'에서 각 로그 수준을 자세히 살펴볼 것이다.

```
[root@localhost logs]# ls -ltrh
total 172K
-rw-r--r-- 1 root root    0 May 16 21:03 manager.2011-05-16.log
-rw-r--r-- 1 root root    0 May 16 21:03 host-manager.2011-05-16.log
-rw-r--r-- 1 root root  714 May 16 21:19 localhost_access_log.2011-05-16.txt
-rw-r--r-- 1 root root  920 May 16 21:20 localhost.2011-05-16.log
-rw-r--r-- 1 root root 5.3K May 16 21:20 catalina.2011-05-16.log
-rw-r--r-- 1 root root    0 May 22 16:15 manager.2011-05-22.log
-rw-r--r-- 1 root root    0 May 22 16:15 host-manager.2011-05-22.log
-rw-r--r-- 1 root root    0 May 22 16:15 localhost_access_log.2011-05-22.txt
-rw-r--r-- 1 root root  460 May 22 16:19 localhost.2011-05-22.log
-rw-r--r-- 1 root root 2.9K May 22 16:19 catalina.2011-05-22.log
-rw-r--r-- 1 root root    0 Jun 23 02:25 manager.2011-06-23.log
-rw-r--r-- 1 root root    0 Jun 23 02:26 host-manager.2011-06-23.log
-rw-r--r-- 1 root root    0 Jun 23 02:26 localhost_access_log.2011-06-23.txt
-rw-r--r-- 1 root root  232 Jun 23 02:26 localhost.2011-06-23.log
-rw-r--r-- 1 root root 2.0K Jun 23 02:26 catalina.2011-06-23.log
-rw-r--r-- 1 root root    0 Jul 10 11:01 manager.2011-07-10.log
-rw-r--r-- 1 root root    0 Jul 10 11:01 host-manager.2011-07-10.log
-rw-r--r-- 1 root root    0 Jul 10 11:01 localhost_access_log.2011-07-10.txt
-rw-r--r-- 1 root root 1.6K Jul 10 15:22 localhost.2011-07-10.log
-rw-r--r-- 1 root root  30K Jul 10 15:22 catalina.out
-rw-r--r-- 1 root root  20K Jul 10 15:22 catalina.2011-07-10.log
[root@localhost logs]# pwd
/opt/apache-tomcat-7.0.12/logs
```

이전 그림은 톰캣 서비스를 시작한 다음 톰캣 로그 파일 위치를 확인한 모습이다.

```
May 22, 2011 4:15:47 PM org.apache.catalina.core.StandardEngine startInternal
INFO: Starting Servlet Engine: Apache Tomcat/7.0.12
May 22, 2011 4:15:47 PM org.apache.catalina.startup.HostConfig deployDirectory
INFO: Deploying web application directory examples
May 22, 2011 4:15:48 PM org.apache.catalina.util.SessionIdGenerator createSecureRandom
INFO: Creation of SecureRandom instance for session ID generation using [SHA1PRNG] took [136] milliseconds.
May 22, 2011 4:15:48 PM org.apache.catalina.startup.HostConfig deployDirectory
INFO: Deploying web application directory host-manager
May 22, 2011 4:15:49 PM org.apache.catalina.startup.HostConfig deployDirectory
INFO: Deploying web application directory docs
May 22, 2011 4:15:49 PM org.apache.catalina.startup.HostConfig deployDirectory
INFO: Deploying web application directory ROOT
May 22, 2011 4:15:49 PM org.apache.catalina.startup.HostConfig deployDirectory
INFO: Deploying web application directory manager
May 22, 2011 4:15:49 PM org.apache.coyote.AbstractProtocolHandler start
INFO: Starting ProtocolHandler ["http-bio-8080"]
May 22, 2011 4:15:49 PM org.apache.coyote.AbstractProtocolHandler start
INFO: Starting ProtocolHandler ["ajp-bio-8009"]
May 22, 2011 4:15:49 PM org.apache.catalina.startup.Catalina start
INFO: Server startup in 1903 ms
```

이전 그림은 catalina.out 파일의 내용으로 톰캣 서비스가 시작되는데 1903 밀리초가 걸렸음을 확인할 수 있다.

액세스 로그

액세스 로그는 다음과 같은 정보를 제공하도록 커스터마이즈된 로그다.

- 누가 애플리케이션에 접속했는지
- 애플리케이션의 어떤 컴포넌트에 접속했는지
- 소스 IP 등

애플리케이션의 대역폭 요구사항을 파악하려고 트래픽을 분석할 때, 애플리케이션에 걸리는 큰 부하 문제를 해결할 때 액세스 로그를 매우 유용하게 활용할 수 있다. TOMCAT_HOME/conf에 있는 server.xml을 이용해 액세스 로그를 설정할 수 있다. 다음 그림은 액세스 로그 정의 모습이다. 자신의 환경과 요구사항에 따라 적절하게 액세스 로그를 커스터마이즈할 수 있다.

```
<!-- SingleSignOn valve, share authentication between web applications
     Documentation at: /docs/config/valve.html -->
<!--
<Valve className="org.apache.catalina.authenticator.SingleSignOn" />
-->

<!-- Access log processes all example.
     Documentation at: /docs/config/valve.html
     Note: The pattern used is equivalent to using pattern="common" -->
<Valve className="org.apache.catalina.valves.AccessLogValve" directory="logs"
       prefix="localhost_access_log." suffix=".txt"
       pattern="%h %l %u %t &quot;%r&quot; %s %b" resolveHosts="false"/>
```

액세스 로그의 패턴 형식을 살펴보면 어떻게 로깅 형식을 커스터마이즈할 수 있는지 이해할 수 있다.

```
<Valve className="org.apache.catalina.valves.AccessLogValve"
directory="logs" prefix="localhost_access_log." suffix=".txt"
pattern="%h %l %u %t &quot;%r&quot; %s %b" resolveHosts="false"/>
```

- `className` 로그를 만들 때 사용하는 클래스명을 정의하는 파라미터. 기본적으로 톰캣 7의 액세스 로그는 org.apache.catalina.valves.AccessLogValve라는 클래스명을 사용한다.

- `directory` 로그 파일의 디렉터리 위치를 정의하는 파라미터. 모든 로그 파일은 로그 디렉터리(TOMCAT_HOME/logs)에 만들어진다. 그러나 환경에 따라

로그 위치를 커스터마이즈할 수 있으며 액세스 로그 정의에서 디렉터리 경로를 바꿀 수 있다.

- `prefix` 액세스 로그 파일명의 접두어를 정의하는 파라미터. 기본적으로 액세스 로그 파일은 localhost_access_log.yy-mm-dd.txt라는 이름으로 생성된다.

- `suffix` 로그 파일 확장자를 정의하는 파라미터. 현재는 .txt 형식으로 저장한다.

- `pattern` 로그 파일의 형식을 정의하는 파라미터. 관리자는 여러 값(예를 들어 %h = 원격 호스트 주소)을 정의해 패턴을 만든다. 다음 그림은 톰캣 7의 기본 로그 형식을 보여준다. 액세스 로그는 원격 호스트 주소, 요청 날짜/시간, 응답 방식, URI 매핑, HTTP 상태 정보 등을 보여준다.

```
[root@localhost logs]# cat localhost_access_log.2012-01-24.txt
127.0.0.1 - - [24/Jan/2012:09:53:21 -0800] "GET / HTTP/1.1" 200 12079
127.0.0.1 - - [24/Jan/2012:09:53:22 -0800] "GET /tomcat.css HTTP/1.1" 304 -
127.0.0.1 - - [24/Jan/2012:09:53:22 -0800] "GET /favicon.ico HTTP/1.1" 304 -
127.0.0.1 - - [24/Jan/2012:09:53:23 -0800] "GET /asf-logo.png HTTP/1.1" 304 -
127.0.0.1 - - [24/Jan/2012:09:53:23 -0800] "GET /tomcat.png HTTP/1.1" 304 -
127.0.0.1 - - [24/Jan/2012:09:53:23 -0800] "GET /bg-nav.png HTTP/1.1" 304 -
127.0.0.1 - - [24/Jan/2012:09:53:23 -0800] "GET /bg-upper.png HTTP/1.1" 304 -
```

 애플리케이션을 분석하는 웹 트래픽을 설치했다면 액세스 로그를 다른 형식으로 바꿔야 한다.

호스트 관리자

호스트 관리자 로그는 톰캣 관리자의 활동(실행한 다양한 태스크, 애플리케이션 상태, 애플리케이션 배포, 톰캣 생명주기 등)을 기록한다. TOMCAT_HOME/conf에 있는 logging.properties를 이용해 호스트 관리자 로그를 설정할 수 있다.

```
2localhost.org.apache.juli.FileHandler.level = FINE
2localhost.org.apache.juli.FileHandler.directory = ${catalina.base}/logs
2localhost.org.apache.juli.FileHandler.prefix = localhost.

3manager.org.apache.juli.FileHandler.level = FINE
3manager.org.apache.juli.FileHandler.directory = ${catalina.base}/logs
3manager.org.apache.juli.FileHandler.prefix = manager.

4host-manager.org.apache.juli.FileHandler.level = FINE
4host-manager.org.apache.juli.FileHandler.directory = ${catalina.base}/logs
4host-manager.org.apache.juli.FileHandler.prefix = host-manager.

java.util.logging.ConsoleHandler.level = FINE
java.util.logging.ConsoleHandler.formatter = java.util.logging.SimpleFormatter
```

이전 그림은 host, manager, host-manager의 정의를 보여준다. 그림을 통해 로그 위치, 로그 수준, 접두어, 파일명 등을 정의한다는 사실을 알 수 있다.

 logging.properties에서는 줄리를 이용해 파일 핸들러와 어펜더를 정의한다.

다음은 manager 로그 파일 예다.

```
28 Jun, 2011 3:36:23 AM org.apache.catalina.core.ApplicationContext log
INFO: HTMLManager: list: Listing contexts for virtual host 'localhost'
28 Jun, 2011 3:37:13 AM org.apache.catalina.core.ApplicationContext log
INFO: HTMLManager: list: Listing contexts for virtual host 'localhost'
28 Jun, 2011 3:37:42 AM org.apache.catalina.core.ApplicationContext log
INFO: HTMLManager: undeploy: Undeploying web application at '/sample'
28 Jun, 2011 3:37:43 AM org.apache.catalina.core.ApplicationContext log
INFO: HTMLManager: list: Listing contexts for virtual host 'localhost'
28 Jun, 2011 3:42:59 AM org.apache.catalina.core.ApplicationContext log
INFO: HTMLManager: list: Listing contexts for virtual host 'localhost'
28 Jun, 2011 3:43:01 AM org.apache.catalina.core.ApplicationContext log
INFO: HTMLManager: list: Listing contexts for virtual host 'localhost'
28 Jun, 2011 3:53:44 AM org.apache.catalina.core.ApplicationContext log
INFO: HTMLManager: list: Listing contexts for virtual host 'localhost'
```

톰캣 7의 다양한 로그 수준

톰캣 로깅 서비스(JULI)는 일곱 가지 로그 수준을 정의한다. 애플리케이션의 요구 사항에 맞는 로그 수준을 정의할 수 있다. 다음 그림은 줄리의 로그 수준 순서를 보여준다.

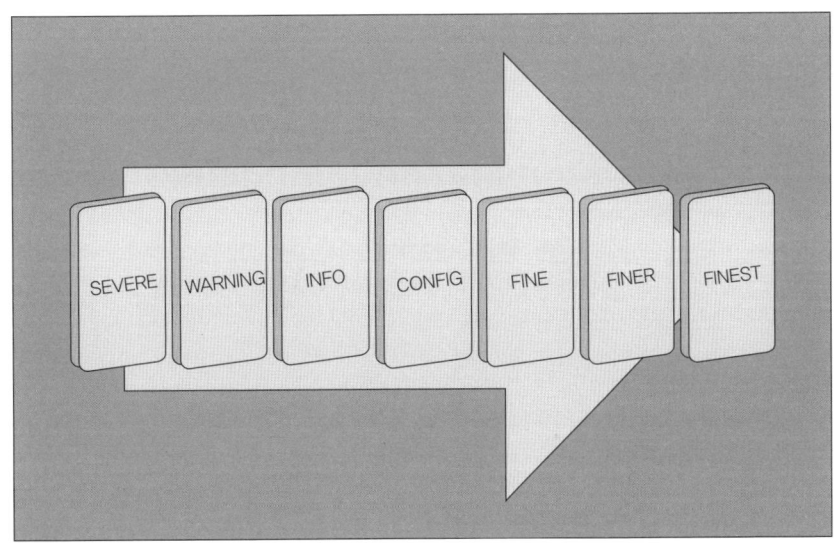

줄리의 모든 로그 수준에는 각자의 역할이 주어진다. 다음 표는 줄리의 각 로그 수준의 기능을 보여준다.

로그 수준	설명
SEVERE(가장 높은)	예외와 에러를 검출
WARNING	경고 메시지
INFO	서버 활동과 관련한 정보 메시지
CONFIG	설정 메시지
FINE	서버 트랜잭션 세부 활동(Log4j의 DEBUG와 비슷함)
FINER	FINE보다는 더 자세한 정보
FINEST(가장 낮은)	이벤트 전체 흐름(Log4j의 TRACE와 비슷함)

logging.properties의 어펜더에서 어떤 로그 수준을 사용했는지 확인하자. 다음 코드 예제에서 확인할 수 있듯이 localhost의 첫 로그 어펜더로 FINE 로그 수준을 사용했다.

```
localhost.org.apache.juli.FileHandler.level = FINE
localhost.org.apache.juli.FileHandler.directory = ${catalina.base}/logs
localhost.org.apache.juli.FileHandler.prefix = localhost.
```

다음 코드는 톰캣 7의 로깅에 줄리를 사용한 기본 파일 핸들러를 설정하는 코드다. 각 항목의 속성과 로그 수준을 확인할 수 있다.

```
############################################################
# Facility specific properties.
# Provides extra control for each logger.
############################################################
org.apache.catalina.core.ContainerBase.[Catalina].[localhost].level =
 INFO

org.apache.catalina.core.ContainerBase.[Catalina].[localhost].handlers =
 2localhost.org.apache.juli.FileHandler

org.apache.catalina.core.ContainerBase.[Catalina].[localhost].[/manager]
 .level = INFO

org.apache.catalina.core.ContainerBase.[Catalina].[localhost].[/manager]
 .handlers = 3manager.org.apache.juli.FileHandler

org.apache.catalina.core.ContainerBase.[Catalina].[localhost].
 [/hostmanager].level = INFO

org.apache.catalina.core.ContainerBase.[Catalina].[localhost].
 [/hostmanager].handlers = 4host-manager.org.apache.juli.FileHandler
```

Log4j

Log4j는 아파치 소프트웨어 재단에서 운영하는 프로젝트다. 서버와 애플리케이션은 log4j를 이용해 다양한 수준의 로그를 확인할 수 있다.

로그를 쉽게 관리할 수 있다는 것이 Log4j의 가장 큰 장점이다. 즉 개발자는 설정 파일로 로그 수준을 자유롭게 바꿀 수 있다. 또한 코드를 바꾸지 않아도 설정만으로도 로그를 활성화/비활성화할 수 있다. 각 애플리케이션 별로 로그 패턴을 커스터마이즈할 수 있다. Log4j는 여섯 가지 로그 수준을 제공한다. 다음 그림은 log4j에서 제공하는 다양한 로그 수준을 보여준다.

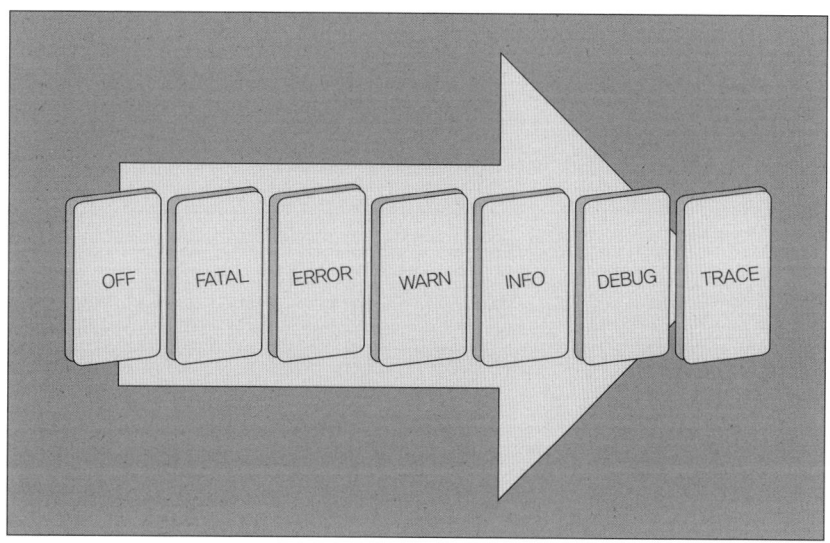

Log4j의 다양한 로그 수준

Log4j의 모든 로그 수준은 고유의 기능을 갖고 있다. 다음 표는 log4j의 각 로그 수준의 기능을 설명한다.

로그 수준	설명
OFF	로깅을 false로 설정하고 싶을 때 사용하는 로그 수준(로깅 정지)이다.
FATAL	조기 종료를 야기하는 심각한 에러를 출력하는 로그 수준이다.
ERROR	런타임 에러나 예상치 못한 조건 정보를 출력하는 로그 수준이다. 보통 ERROR 수준의 로그는 상태 콘솔에 바로 나타난다.
WARN	이전 버전에서 사용한 로그 수준이다. WARN 수준의 로그는 대부분의 에러, 바람직하지 않거나 예상치 못한 런타임 상황(꼭 뭔가가 잘못되지 않더라도) 의 정보를 제공한다. 보통 WARN 수준의 로그는 상태 콘솔에 바로 나타난다.
INFO	관심 있는 런타임 이벤트(스타트업/셧다운) 정보를 제공한다. 일반적으로 로그는 INFO 수준으로 정의하는 것이 바람직하다.
DEBUG	시스템 흐름 세부 정보를 제공한다.
TRACE	시스템과 애플리케이션의 모든 이벤트 정보를 제공한다.

Log4j 설정 방법

log4j를 사용하려면 다음과 같이 설정한다.

1. 공식 사이트 URL(http://logging.apache.org/log4j/1.2/download.html)에서 apache-log4j-1.2.X.tar.gz를 다운로드한다(X는 마이너 버전을 가리킴).

2. 압축을 해제한 다음 log4j.jar를 TOMCAT_HOME/lib으로 이동한다. 그리고 lib 폴더에 있는 juli*.jar 파일을 모두 삭제한다.

3. TOMCAT_HOME/CONF에 있는 logging.properties를 삭제한다.

4. TOMCAT_HOME/CONF에 log4j.properties라는 파일을 만든 다음 톰캣 인스턴스의 로그 어펜더를 정의한다. 다음 그림은 catalina.out 파일의 어펜더를 정의를 보여준다. 다른 색으로 표시한 코드는 하루에 한 번 로그 파일을 바꾸도록 설정한다.

```
log4j.rootLogger=INFO, CATALINA

# Define all the appenders
log4j.appender.CATALINA=org.apache.log4j.DailyRollingFileAppender
log4j.appender.CATALINA.File=${catalina.base}/logs/catalina.
log4j.appender.CATALINA.Append=true
log4j.appender.CATALINA.Encoding=UTF-8
# Roll-over the log once per day
log4j.appender.CATALINA.DatePattern='.'dd-MM-yyyy'.log'
log4j.appender.CATALINA.layout = org.apache.log4j.PatternLayout
log4j.appender.CATALINA.layout.ConversionPattern = %d [%t] %-5p %c- %m%n

log4j.appender.LOCALHOST =org.apache.log4j.DailyRollingFileAppender
log4j.appender.LOCALHOST.File=${catalina.base}/logs/localhost.
log4j.appender.LOCALHOST.Append=true
log4j.appender.LOCALHOST.Encoding=UTF-8
log4j.appender.LOCALHOST.DatePattern='.'yyyy-MM-dd'.log'
log4j.appender.LOCALHOST.layout = org.apache.log4j.PatternLayout
log4j.appender.LOCALHOST.layout.ConversionPattern = %d [%t] %-5p %c- %m%
```

크기, 일, 시간 등을 기준으로 로그 파일 정보를 바꾸도록 설정할 수 있다(다른 색으로 표시한 코드 참고).

5. 톰캣 서비스를 재시작한다.

제품 환경과 관련한 중요한 팁

문제를 해결할 때는 DEBUG, TRACE 모드가 유용하지만 분석이 끝나면 DEBUG, TRACE 모드를 비활성화해야 한다. 제품 환경의 가장 적합한 로그 수준은 INFO(DEBUG, TRACE 모드는 너무 많은 로그 메시지를 출력하므로 서버 성능에 영향을 줄 수 있다)다.

제품 환경에서는 항상 어펜더를 활성화해야 한다. 그래야 관리자가 쉽게 로그를 분석할 수 있다(파일 크기에도 별 영향을 미치지 않음).

로그 수준 매핑

지금까지 줄리와 log4j의 다양한 로그 수준을 확인했다. 줄리와 log4j의 로그 수준을 다음 표에서 보여주는 것처럼 1:1로 매핑할 수 있다.

줄리의 로그 수준	Log4j의 로그 수준
SEVERE	FATAL, ERROR
WARNING	WARN
INFO	INFO
CONFIG	NA
FINE	DEBUG
FINER	DEBUG
FINEST	TRACE

톰캣 7의 밸브

밸브는 톰캣 로그 문자열 패턴을 바꾸는 식별자다. 웹 사이트에 접근한 원격 호스트 IP 주소를 알고 있다고 가정하자. 이때 로그 어펜더에 다음과 같은 밸브를 추가할 수 있다. 예를 들어 톰캣 7의 액세스 로그를 커스터마이즈할 수 있다. 다음은 기본적인 톰캣 액세스 로그 정의다.

```
<Valve className="org.apache.catalina.valves.AccessLogValve"
  directory="logs" prefix="localhost_access_log." suffix=".txt"
  pattern="%h %l %u %t &quot;%r&quot; %s %b" resolveHosts="false"/>
```

이전 정의에 요청을 처리하는 데 걸린 시간을 보여주는 보여주도록 로그 패턴을 바꾸려 한다. 패턴에 %T를 추가할 수 있다. 다음처럼 코드를 바꿀 수 있다.

```
<Valve className="org.apache.catalina.valves.AccessLogValve"
  directory="logs"
  prefix="localhost_access_log." suffix=".txt"
  pattern="%h %l %u %t %T &quot;%r&quot; %s %b" resolveHosts="false"/>
```

다음 표는 톰캣 7에서 로그 패턴을 커스터마이즈하는 데 사용하는 값을 보여준다.

값	설명
%a	원격 IP 주소
%A	로컬 IP 주소
%b	전송한 바이트 수(HTTP 헤더 제외). 보낸 바이트 수가 0이면 ' '
%B	전송한 바이트 수(HTTP 헤더 제외).
%h	원격 호스트명(또는 커넥터의 enableLookups이 false면 IP 주소)
%H	요청 프로토콜
%l	identd의 원격 논리 사용자명
%m	요청 방법(GET, POST 등)
%p	요청을 수신한 로컬 포트
%q	질의 문자열(질의 문자열이 있으면 '?'가 앞에 추가됨)
%r	요청의 첫 줄(방법과 요청 URI)
%s	HTTP 응답 상태 코드
%S	사용자 세션 ID
%t	날짜와 시간(공통 로그 형식으로)
%u	인증된 원격 사용자(존재한다면)
%U	요청 URL 경로
%v	지역 서버명
%D	요청을 처리하는 데 걸린 시간(밀리초)
%T	요청을 처리하는 데 걸린 시간(초)
%I	현재 요청 스레드명(나중에 스택 트레이스와 비교할 수 있도록)

로그 분석

로그를 분석은 신중함을 요하는 중요하고 어려운 문제다. 단지 몇 줄의 로그만으로는 문제의 원인을 찾기가 어렵다. 로그를 분석할 때는 다음과 같은 방법으로 접근하는 것이 바람직하다.

- 최소한 문제가 발생하기 한 시간 이전의 로그부터 검토
- 에러가 발생했다면 예외가 처음으로 발생한 지점부터 확인
- 항상 톰캣에서 문제가 발생하는 것은 아님을 염두에 두고 다른 인프라구조 자원도 확인

DOS 이외의 운영체제(리눅스, 유닉스 등)에서는 grep과 awk라는 유틸리티를 이용하면 좀 더 편리하게 로그를 분석할 수 있다.

- **grep** 찾으려는 문자열과 일치하는 행을 출력하는 유틸리티이다.

    grep Error catalina.out

    이전 명령을 실행하면 catalina.out 파일에서 Error라는 문자열을 포함하는 모든 행을 출력한다.

- **awk** 패턴을 검색할 때 사용하는 명령어다. 전체 데이터 파일에서 10개 열을 출력하려고 할 때 awk를 유용하게 사용할 수 있다. 다음 그림은 /opt 디렉터리에서 다음 명령어를 수행한 결과를 보여준다.

    find "location of directory " -type f -size +10000k -exec ls -lh {} \; | awk '{ print $9 ": " $5 }'
    find "/opt" -type f -size +10000k -exec ls -lh {} \; | awk '{ print $9 ": " $5 }'

```
[root@localhost conf]# find /opt -type f -size +10000k -exec ls -lh {} \; | awk '{ print $9 ": " $5 }'
/opt/httpd-2.2.19.tar: 36M
/opt/jdk1.6.0_24/src.zip: 19M
/opt/jdk1.6.0_24/lib/tools.jar: 13M
/opt/jdk1.6.0_24/lib/ct.sym: 15M
/opt/jdk1.6.0_24/jre/lib/rt.jar: 50M
/opt/jdk1.6.0_24/jre/lib/i386/client/classes.jsa: 15M
/opt/jdk-6u24-linux-i586.bin: 81M
```

로그 분석에 유용한 명령어

관리자가 효율적으로 작업하려면 단축 명령어가 필요하다. 다음은 필자가 로그 분석에 사용했던 유용한 명령어 모음이다.

다음 명령어는 큰 로그 파일을 검색할 때 사용한다. 때로 제품 환경에서는 디스크 공간이 부족하다는 경고를 받는다. 다음 명령어를 이용할 수 있다.

- 리눅스에서 큰 파일과 디렉터리 검색

    ```
    find "location of directory " type f -size +10000k -exec ls -lh {} \; | awk '{ print $9 ": " $5 }'
    ```

- 100MB가 넘는 디렉터리 검색

    ```
    find / -type d -size +100000k
    ```

- du를 이용해 디렉터리 크기를 기준으로 정렬

    ```
    du --max-depth=1 -m | sort -n -r
    ```

- 디렉터리 크기 검색

    ```
    du -sh folder_name
    du -ch folder_name
    du -csh folder_name
    ```

- 다음 명령은 실제 운용 중인 시스템에서 큰 로그 파일을 합칠 때 사용한다 (서비스를 재시작 하지 않고도 로그를 교체할 수 있다).

    ```
    cat /dev/null > file_name
    ```

다음은 다양한 파일에서 문자열을 찾을 때 사용하는 명령어다.

- ERROR 예외 검색

    ```
    grep ERROR log_file
    ```

- 로그 파일의 마지막 200행

    ```
    tail -200 log_file
    ```

- 현재 갱신될 로그

```
tail -f log_file
```

요약

6장에서는 톰캣 7에서 log4j와 줄리를 활용해 로그를 활성화하는 다양한 방법을 살펴봤다. 그리고 로그 분석, 팁, 기법과 관련한 모범 사례도 확인했다.

7장에서는 웹 관리자가 제품 환경의 애플리케이션을 관리하고 유지보수 하면서 겪는 실제 문제를 살펴본다. 실전의 묘미를 느낄 수 있다!

7
톰캣 문제 해결

IT 관리자는 제품 환경의 서버에서 매일 새로운 문제에 직면한다. 애플리케이션이 서버에서 발생하는 문제를 해결해야 애플리케이션이 완벽하게 동작할 수 있다.

환경에서 발생한 주요 문제를 해결하는 것도 하나의 기술이다. 문제를 해결하려면 경력을 통해 비슷한 문제를 겪어보는 등의 경험이 필요하다. 문제를 해결하는 데 어느 정도 정해진 규칙이 있다. 7장에서는 제품 환경에서 발생할 수 있는 실제 문제를 살펴본다. 또한 문제를 해결하는 데 도움되는 팁과 기법도 확인한다.

7장에서는 다음을 학습한다.

- 공통 문제
- 스레드 덤프를 분석하는 서드 파티 도구
- OS, JVM, 데이터베이스와 관련한 톰캣만의 문제
- 문제 해결 방법
- 제품 환경의 모범 사례

웹 관리자가 공통적으로 겪는 문제 영역

웹 관리자는 톰캣 서버 문제가 아닌 다른 컴포넌트 때문에 애플리케이션이 오작동 하는 상황도 종종 겪는다. 다음 그림은 일반적인 미들웨어 환경의 다양한 컴포넌트를 보여준다.

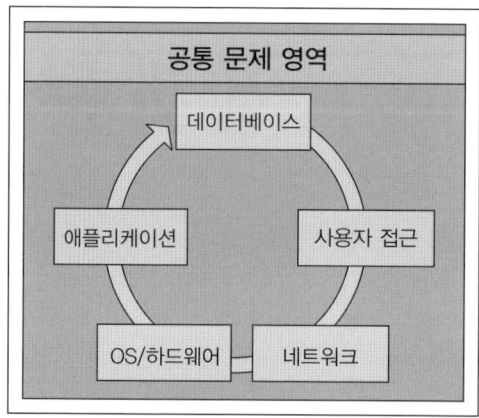

실제 제품을 지원할 때 웹 관리자는 일반적으로 다음과 같은 문제를 겪는다.

- **애플리케이션**   클래스 로더 충돌, 애플리케이션 배포 충돌, 설정 파라미터 부족 등의 이유로 애플리케이션이 정상적으로 작동하지 않는 상황

- **데이터베이스**   웹 관리자의 입장에서 데이터베이스 문제는 매우 중요하다. DB와 관련한 문제는 찾기 어렵다. JNDI 찾을 수 없음, 망가진 파이프 에러 등의 문제가 데이터베이스와 관련해서 발생할 수 있다.

- **사용자 접근**   데이터베이스나 애플리케이션 설정 때문에 접근 문제가 발생할 수 있다. 사용자가 애플리케이션에 접근할 수 없거나, 로그인 페이지가 나타나지 않거나, 접속 거부 등의 문제는 사용자 접근 문제에 해당한다.

- **네트워크**   IT 인프라구조에서 네트워크는 핵심 역할을 한다. 서버간의 연결이 끊어지면 통신을 할 수 없으므로 서비스가 중단된다.

- **OS/하드웨어**   OS/하드웨어는 애플리케이션 계층의 아래쪽 계층을 구성한다. OS/하드웨어 계층에 문제가 생기면 톰캣 서버의 서비스도 영향을 받는다.

문제 해결 방법

사용자의 말이나 현상을 설명하는 글로는 문제를 해결할 수 없다. 문제를 해결하려면 문제의 원인을 좁혀가면서 해결해야 한다.

많은 웹 관리자는 이런 질문을 한다. '시스템에 어떤 문제가 있다는 것을 어떻게 알 수 있는가?'

올바른 방향으로 문제를 추적해 나간다면 언젠가 문제를 해결할 수 있을 것이다. 지금까지 다양한 문제를 겪었다면 기존의 문제 해결 경험을 바탕으로 문제를 해결할 수 있다. 문제를 해결하려면 경험과 문제를 해결하려는 열정이 필요하므로 문제 해결 방법을 누군가에게 전수한다는 것은 불가능한 일이다. 7장에서는 공통적으로 발생하는 문제 중 하나인 애플리케이션이 느려지는 문제를 살펴보려 한다. 애플리케이션이 느려지는 현상은 웹 관리자라면 모든 환경에서 적어도 한번쯤은 겪는 문제다.

애플리케이션이 느려지는 문제

애플리케이션 성능을 불평하는 사용자가 있다고 가정하자. 애플리케이션은 아파치 HTTP 서버를 프론트엔드로, 톰캣 7을 서블릿 컨테이너로, 백엔드 데이터베이스 서버로 오라클 데이터베이스를 사용하는 기업용 환경으로 구성되어 있다.

문제

관리자가 해결하기 어려운 문제 중 하나인 미들웨어 애플리케이션에서 흔히 발생하는 문제 중 하나를 살펴보자. 애플리케이션 실행이 너무 느리다는 사용자의 불평을 흔히 들을 수 있을 것이다. 관리자의 입장에서 웹 애플리케이션의 다양한 컴포넌트(OS, DB, 웹 서버, 네트워크 등)가 속도 문제를 야기할 수 있으므로 속도는 매우 중요한 문제다.

어떤 컴포넌트가 문제를 일으키고 있는지 찾아내지 못하면 느린 실행 문제를 해결할 수 없게 되고, 사용자의 입장에서는 애플리케이션이 제대로 실행되고 있지 않다고 느낄 것이다. 다음 그림은 웹 애플리케이션의 일반적인 웹 인프라구조 요청 흐름을 보여준다.

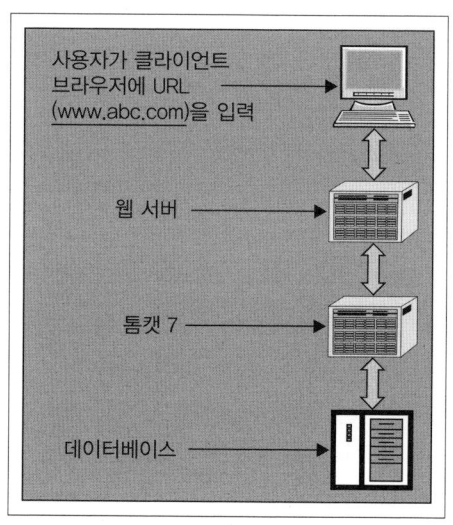

톰캣 7에서 느림 문제를 해결하는 방법

애플리케이션 실행 속도를 느리게 만드는 요인은 아주 광범위하므로 사용자의 입장에서 문제에 접근하는 것이 최적의 접근 방법이다.

사용자 입장에서 문제 해결

다음과 같은 순서로 문제에 접근한다.

1. 사용자의 브라우저에서 애플리케이션에 접근을 시도해서 애플리케이션 페이지를 로드하는 데 얼마의 시간이 걸리는지 확인한다.

2. 사용자측에서 ping 명령어를 이용해 서버(예를 들어 abc.com) 핑 반응을 확인한다. ping 명령어를 입력했을 때 반응이 있다는 것은 애플리케이션 서버와 사용자 기기 사이의 연결이 정상임을 의미한다.

`ping abc.com`

```
C:\Users\user>ping abc.com
Pinging abc.com [199.181.132.250] with 32 bytes of data:
Reply from 199.181.132.250: bytes=32 time=349ms TTL=232
Reply from 199.181.132.250: bytes=32 time=289ms TTL=230
Reply from 199.181.132.250: bytes=32 time=296ms TTL=232
Reply from 199.181.132.250: bytes=32 time=294ms TTL=230
Ping statistics for 199.181.132.250:
    Packets: Sent = 4, Received = 4, Lost = 0 (0% loss),
Approximate round trip times in milli-seconds:
    Minimum = 289ms, Maximum = 349ms, Average = 307ms
```

- 이전 화면은 abc.com의 핑 반응을 보여준다. 핑 상태를 확인할 때 다음과 같은 점을 주의 깊이 확인해야 한다.
    - 전송 패킷 수와 수신 패킷 수가 같아야 한다. 이전 그림에서 패킷 수가 4로 같음을 확인할 수 있다. 패킷 수가 다르다는 것은 네트워크에 어떤 문제가 있음을 가리킨다.
    - 패킷 손실이 없어야 한다(0% loss). 또한 평균 반응 시간도 너무 높지 않아야 한다.

 많은 외부 사이트는 핑 응답을 비활성화한다. 따라서 핑 반응이 없다고 해서 시스템이 다운된 것은 아니다. 이럴 때는 'telnet URL 포트' 명령으로 텔넷 포트 접속을 시도할 수 있다.

 기본적으로 윈도우7은 텔넷을 제공하지 않으므로 텔넷 클라이언트를 따로 설치해야 한다.

이전 그림은 올바로 동작하는 서버의 핑 반응을 보여준다. 핑 반응을 통해 사용자 쪽에는 시스템과 네트워크와 관련한 문제가 없다는 것을 확인할 수 있다.

웹 서버 문제 해결

사용자 측에 문제가 없다면 다음으로 애플리케이션 즉 웹 서버 수준에서 문제를 확인한다. 서버에 문제가 없는지 좀 더 자세히 확인하자.

웹 서버 문제는 서버의 부하, 사용자 스레드, 마운트 문제 등과 관련될 때가 많다. 웹 서버 문제는 다음과 같은 방법으로 해결할 수 있다.

1. 웹 서버 프로세서가 정상적으로 실행 중인지 확인한다. 웹 서버 프로세스가 실행 중이라면 다음 명령어를 이용해 얼마나 많은 프로세스가 실행 중인지 확인하자. 다음 명령어를 입력해서 프로세스 수와 상태를 확인할 수 있다.

    `ps -aef |grep httpd`

    이전 명령은 아파치 httpd 서버를 실행하는 프로세서 수를 보여준다. 프로세스가 50개 이상이면 높은 CPU 점유율, 높은 사용자 트래픽, 과다한 디스크 I/O 등의 문제가 발생할 가능성이 크다.

2. 다음 명령어를 이용해 아파치 프로세스 중 누군가가 CPU를 많이 사용하는지 확인하면서 시스템의 CPU 활동상태와 메모리 상태를 확인한다.

    `top|head`

    이전 명령어는 가장 높은 CPU 점유율과 기기의 평균 부하를 보여준다. 다음 그림은 이전 명령어를 입력한 결과 화면이다. 부하 평균이 너무 높거나 아파치 프로세서가 너무 많은 CPU를 점유한다면 이 것이 애플리케이션 성능을 저하시킨 원인일 수 있으므로 확인하자. 애플리케이션 성능을 저하시킨 원인을 찾지 못했다면 다음 단계로 진행한다.

 이전에 설명한 것과 같은 의심스러운 상황이라면 아파치 프로세서를 죽인 다음 아파치 인스턴스를 재시작 하는 것이 바람직하다.

```
[root@localhost ~]# top|head
top - 09:01:39 up  1:42,  3 users,  load average: 1.99, 2.09, 1.74
Tasks: 117 total,   3 running, 113 sleeping,   0 stopped,   1 zombie
Cpu(s):  1.1%us, 19.9%sy,  2.5%ni, 73.5%id,  2.5%wa,  0.1%hi,  0.5%si,  0.0%st
Mem:   1571836k total,    604168k used,    967668k free,     85108k buffers
Swap:  2040212k total,         0k used,   2040212k free,    388400k cached

  PID USER      PR  NI  VIRT  RES  SHR S %CPU %MEM    TIME+  COMMAND
 6765 root      39  19  4664 1400 1016 S  3.5  0.1   1:03.79 makewhatis
27389 root      15   0  2156 1004  740 R  1.8  0.1   0:00.04 top
    1 root      15   0  2032  676  576 S  0.0  0.0   0:01.90 init
[root@localhost ~]#
```

3. 다음 단계는 아파치 에러 로그와 액세스 로그를 확인해서 에러가 발생했는지 확인하는 것이다. 다음 그림은 시스템이 성공적으로 시작되었음을 보여주는 화면이다.

```
[Tue Jul 26 02:48:01 2011] [notice] Apache/2.2.19 (Win32) configured -- resuming normal operations
[Tue Jul 26 02:48:01 2011] [notice] Server built: May 20 2011 17:39:35
[Tue Jul 26 02:48:01 2011] [notice] Parent: Created child process 2860
httpd.exe: Could not reliably determine the server's fully qualified domain name, using 10.0.0.3 for ServerName
httpd.exe: Could not reliably determine the server's fully qualified domain name, using 10.0.0.3 for ServerName
[Tue Jul 26 02:48:01 2011] [notice] Child 2860: Child process is running
[Tue Jul 26 02:48:01 2011] [notice] Child 2860: Acquired the start mutex.
[Tue Jul 26 02:48:01 2011] [notice] Child 2860: Starting 64 worker threads.
[Tue Jul 26 02:48:01 2011] [notice] Child 2860: Starting thread to listen on port 80.
```

httpd.exe: Could not reliably determine the server's fully qualified domain name, using 10.0.0.3 for ServerName.

이전 메시지는 아파치 에러 로그의 알림 메시지(INFO)다. 이전 그림에서 the Apache HTTP server could not find a fully qualified domain라는 문구를 확인할 수 있다. 이는 설정파일 httpd.conf에서 서버명을 전체 주소 도메인fully-qualified domain으로 표시해야 하는데 localhost라고 정의했기 때문에 발생하는 메시지다. 따라서 서버명을 localhost 대신 localhost@localdomain.com으로 정의할 수 있다.

로그에서 쉽게 에러를 찾을 수 있는 두 가지 명령어가 있다. 다음을 참고하자.

tail -f log file |grep ERROR

로그에서 ERROR라는 문자열을 찾을 때 이전 명령어를 사용한다.

grep " 500 " access_log

로그에서 에러 코드(500)를 찾을 때 이전 명령어를 이용할 수 있다.

 아파치에서 로그를 만들지 않았다면 하드 드라이브 공간이 가득 찾기 때문일 수 있다.

4. 주로 로그 파일 교체를 제대로 처리하지 못하면 서버 마운트(애플리케이션 로그가 마운트되는)의 하드 드라이브 공간이 가득 차는 문제가 발생한다. df 명령어(df = disk free를 의미, 옵션 -h = human readable을 의미)를 이용해 마운트 공간을 확인할 수 있다. df 명령어 문법은 다음과 같으면 df 명령어를 입력한 결과는 다음 그림을 참고하자.

```
df -h
```

```
[root@localhost opt]# df -h
Filesystem      Size  Used Avail Use% Mounted on
/dev/sda2       3.8G  2.4G  1.3G  66% /
/dev/sda1        46M  9.2M   35M  22% /boot
tmpfs           768M     0  768M   0% /dev/shm
/dev/sda3        14G  778M   13G   6% /home
[root@localhost opt]#
```

 95퍼센트 이상의 공간을 이미 사용한 마운트가 있다면 디스크 사용량을 줄여야 한다. 그렇지 않으면 서비스를 제대로 처리하지 못할 수 있다.

지금까지 살펴본 방법으로도 아직 에러를 찾지 못했으면 웹 서버에는 문제가 없다고 결론 내릴 수 있다.

톰캣 7 문제 해결

자바 기반 애플리케이션에서는 다양한 원인으로 성능저하가 발생할 수 있다. JVM 메모리, 부적절한 애플리케이션 배포, 부정확한 DB 설정 등으로 인해 애플리케이션 성능이 저하될 수 있다.

1. 톰캣의 자바 프로세스와 인스턴스의 평균 로드를 확인한다.

   ```
   ps -ef |grep java
   ```

   ```
   [root@localhost bin]# ps -ef |grep java
   root     10638    1 15 10:45 pts/2    00:00:04 /opt/jdk1.6.0_24/bin/java -Djava.util.logging.config.file=/opt/apache-tomcat-7.0.12/conf/logging.properties -
   Xms128m -Xmx512m -XX:MaxPermSize=256m -Dorg.jboss.resolver.warning=true -Dsun.rmi.dgc.client.gcInterval=3600000 -Dsun.rmi.dgc.server.gcInterval=3600000 -Djav
   a.util.logging.manager=org.apache.juli.ClassLoaderLogManager -Djava.endorsed.dirs=/opt/apache-tomcat-7.0.12/endorsed -classpath /opt/apache-tomcat-7.0.12/bin
   /bootstrap.jar:/opt/apache-tomcat-7.0.12/bin/tomcat-juli.jar -Dcatalina.base=/opt/apache-tomcat-7.0.12 -Dcatalina.home=/opt/apache-tomcat-7.0.12 -Djava.io.tm
   pdir=/opt/apache-tomcat-7.0.12/temp org.apache.catalina.startup.Bootstrap start
   root     10707 24708  0 10:46 pts/2    00:00:00 grep java
   [root@localhost bin]#
   ```

   이전 명령은 기기에서 실행하는 자바 프로세스를 보여준다. 이전 명령어를 이용해 시스템에서 실행 중인 모든 자바 프로세스와 톰캣 인스턴스의 평균 부하를 확인할 수 있다. 평균 부하는 중요한 단서가 될 수 있다. 평균 부하가 매우 높다면 어떤 프로세스가 CPU를 많이 점유하는지 찾아서 그 원인을 알아내야 한다. 이전 명령어로 램과 스왑Swap 사용량도 확인할 수 있다.

   다음 그림은 톰캣 서버에 head 명령어를 사용한 출력 결과다.

   ```
   top|head
   ```

   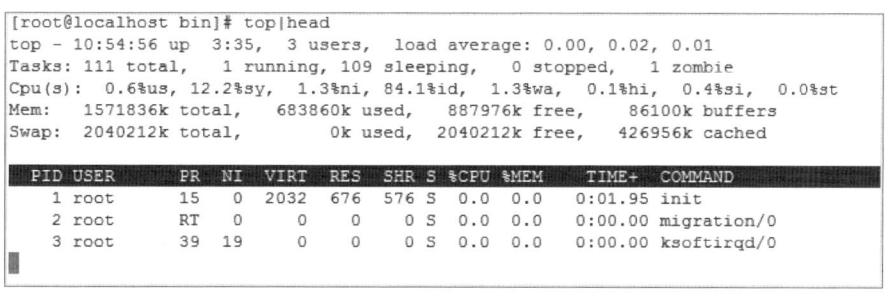

   head 명령어로 파일이나 출력의 첫 줄 내용을 확인할 수 있다. 보통 head 명령어에 -n 옵션(n = 표시할 행 수)를 함께 사용한다. -n을 사용하지 않으면 기본적으로 10줄을 표시한다.

2. 다음으로 TOMCAT_HOME/logs에 저장된 톰캣 로그(특히 catalina.out)에서 예외가 발생했는지 확인한다.

   ```
   grep INFO catalina.out
   ```

```
Sep 12, 2011 10:45:47 AM org.apache.catalina.startup.HostConfig deployDirectory
INFO: Deploying web application directory examples
Sep 12, 2011 10:45:49 AM org.apache.catalina.startup.HostConfig deployDirectory
INFO: Deploying web application directory host-manager
Sep 12, 2011 10:45:49 AM org.apache.catalina.startup.HostConfig deployDirectory
INFO: Deploying web application directory docs
Sep 12, 2011 10:45:49 AM org.apache.catalina.startup.HostConfig deployDirectory
INFO: Deploying web application directory ROOT
Sep 12, 2011 10:45:49 AM org.apache.catalina.startup.HostConfig deployDirectory
INFO: Deploying web application directory manager
Sep 12, 2011 10:45:49 AM org.apache.coyote.AbstractProtocolHandler start
INFO: Starting ProtocolHandler ["http-bio-8080"]
Sep 12, 2011 10:45:49 AM org.apache.coyote.AbstractProtocolHandler start
INFO: Starting ProtocolHandler ["ajp-bio-8009"]
Sep 12, 2011 10:45:49 AM org.apache.catalina.startup.Catalina start
INFO: Server startup in 3133 ms
```

이전 그림은 톰캣 스타트업 로그를 보여준다. 다음 명령어를 이용해 로그에 에러가 있는지 확인할 수 있다.

grep ERROR catalina.out

데이터베이스 수준에서 문제 해결

웹 관리자가 데이터베이스에 접근할 수 없는 상황도 있을 수 있다. 그러나 웹 관리자는 꼭 물리적으로 DB 기기에 연결할 필요 없이 외부에서 원격으로(데이터베이스 접근에 필요한 인증 정보를 포함하는 연결 문자열을 이용해) DB 서버에 연결할 수 있다. 예를 들어 DB 서버가 실행 중인 포트에 텔넷으로 접속해서 서비스가 실행 중인지를 확인할 수 있다.

텔넷 DB 서버 IP 포트

텔넷으로 연결에 문제가 없다는 사실을 파악했으면 다음을 확인할 수 있다.

- **데이터베이스 연결 수** 언제든 DBA(**데이터베이스 관리자**)에게 데이터베이스의 연결 수를 확인할 수 있다. 연결 수가 많다면 DBA와 협력해 서버 연결 수를 줄인다.

- **SQA 질의 최적화** DBA와 함께 데이터베이스에서 어떤 질의를 실행할 때 시간이 많이 소요되는지 확인한 다음 개발자에게 해당 질의를 최적화해

달라고 요청할 수 있다. 질의 최적화는 애플리케이션 성능을 향상하는 데
큰 효과가 있다.

- **다중 서버를 이용한 데이터베이스 부하 균형 유지**   다중 서버를 이용하는 데이터베이스에서 부하 균형이 깨졌다면 애플리케이션 성능이 저하될 수 있다. 균형 유지 설정이 올바르지 않다면 애플리케이션의 실행 속도가 느려질 수 있다. 두 데이터베이스 서버간에 지연이 있다면 동기화가 적절히 이뤄지지 않을 수 있다.

톰캣 인스턴스와 JVM 분석

애플리케이션에서 JVM을 과도하게 이용하는 상황도 있다. jmap이라는 명령행 유틸리티를 이용해 JVM 인스턴스의 메모리 할당 정보를 확인할 수 있다. 이 명령어는 JDK 1.6에서 제공한다. jmap은 자바 유틸리티로 톰캣 인스턴스의 전체 메모리 할당을 조절할 수 있다.

`[root@localhost logs]# jmap -heap "TOMCAT INSTANCE PID "`

이전 명령어를 자세히 검토하자. jmap 명령어는 내부적으로 JVM 메모리 세부 정보를 수집한다. -heap은 힙 메모리 차지 공간(footprint)를 수집하고 표시하도록 하는 옵션이며, TOMCAT INSTANCE PID는 jmap으로 메모리 세부 정보를 처리하려는 톰캣 인스턴스의 프로세스 ID다.

`[root@localhost logs]# jmap -heap 10638`

다음 화면은 이전의 jmap 명령어를 실행한 결과다.

프로세스 ID 찾는 법

다음 명령어를 이용해 프로세스 ID를 확인할 수 있다.

```
ps -ef |grep "tomcat instance name " |awk -F" "
'{print $2}'|head -1
```

이 명령어에서 ps -ef |grep "tomcat instance name "는 실행 중인 모든 톰캣 인스턴스 프로세서를 찾는다. awk -F" " '{print $2}'는 특정 프로세스의 프로세스 ID를 출력하는 명령이며, head -1은 첫 번째 프로세스 ID를 출력하는 명령이다.

jmap 명령어는 JAVA_HOME/bin에 있으므로 JAVA_HOME/bin을 환경 변수 path에 설정했다면 어디서든 jmap을 실행할 수 있다.

```
Mark Sweep Compact GC

Heap Configuration:
   MinHeapFreeRatio = 40
   MaxHeapFreeRatio = 70
   MaxHeapSize      = 134217728 (128.0MB)
   NewSize          = 1048576 (1.0MB)
   MaxNewSize       = 4294901760 (4095.9375MB)
   OldSize          = 4194304 (4.0MB)
   NewRatio         = 2
   SurvivorRatio    = 8
   PermSize         = 16777216 (16.0MB)
   MaxPermSize      = 268435456 (256.0MB)

Heap Usage:
New Generation (Eden + 1 Survivor Space):
   capacity = 40239104 (38.375MB)
   used     = 22928384 (21.8662109375MB)
   free     = 17310720 (16.5087890625MB)
   56.98035423452769% used
Eden Space:
   capacity = 35782656 (34.125MB)
   used     = 22928384 (21.8662109375MB)
   free     = 12854272 (12.2587890625MB)
   64.07680860805861% used
From Space:
   capacity = 4456448 (4.25MB)
   used     = 0 (0.0MB)
   free     = 4456448 (4.25MB)
   0.0% used
To Space:
   capacity = 4456448 (4.25MB)
   used     = 0 (0.0MB)
   free     = 4456448 (4.25MB)
   0.0% used
tenured generation:
   capacity = 89522176 (85.375MB)
   used     = 1666064 (1.5888824462890625MB)
   free     = 87856112 (83.78611755371094MB)
   1.8610628946284773% used
Perm Generation:
   capacity = 16777216 (16.0MB)
   used     = 11317504 (10.793212890625MB)
   free     = 5459712 (5.206787109375MB)
   67.45758955640625% used
```

jmap 명령어는 JVM 메모리 전체 할당 정보와 톰캣 인스턴스에 할당한 메모리 정보를 제공한다. JVM 메모리는 다음과 같은 컴포넌트로 구성된다.

- 힙 사용Heap usage
- From 공간From space
- To 공간To space
- 종신 세대Tenured generation
- 영구 세대Perm generation
- 에덴 공간Eden space

맥스 힙max heap이나 영구 세대에서 발생하는 메모리 부족 문제를 제품 환경에서 자주 볼 수 있다. jmap 명령어를 이용해 95퍼센트 이상의 메모리를 사용한 컴포넌트가 있는지 확인하자. 95퍼센트 이상의 메모리를 사용한 모듈이 있다면 관련 파라미터를 증가시켜야 한다.

톰캣 인스턴스에서 어떤 JVM 컴포넌트가 문제를 일으키는지 하나씩 확인하자. 메모리와 관련한 문제가 없다면 스레드 덤프를 이용해 애플리케이션 수준에 문제가 없는지 확인해야 한다.

톰캣 7에서 스레드 덤프 만드는 방법

스레드 덤프를 이용하면 자바 프로세스에서 실행 중인 애플리케이션 수준의 스레드 상태를 확인할 수 있다. 톰캣에서는 다양한 방법으로 스레드 덤프를 얻을 수 있지만 그 중에서도 IT 환경에서 가장 널리 사용하는 두 가지 방법을 살펴보자.

Kill 명령어를 이용한 스레드 덤프

Kill 명령어를 이용해 catalina.out 로그로 스레드 덤프를 생성하고 출력할 수 있다. 리눅스, 유닉스 등의 비-DOS 환경에서만 Kill 명령어가 동작한다는 것이 단점이다.

```
Kill -3 java process id
```

예를 들어보자.

```
Kill -3 10638
```

```
Full thread dump Java HotSpot(TM) Client VM (19.1-b02 mixed mode, sharing):

"'ajp-bio-8009'-AsyncTimeout" daemon prio=10 tid=0x0919b800 nid=0x29cf waiting on condition [0xb4816000]
   java.lang.Thread.State: TIMED_WAITING (sleeping)
        at java.lang.Thread.sleep(Native Method)
        at org.apache.tomcat.util.net.JIoEndpoint$AsyncTimeout.run(JIoEndpoint.java:143)
        at java.lang.Thread.run(Thread.java:662)

"'ajp-bio-8009'-Acceptor-0" daemon prio=10 tid=0x0919a400 nid=0x29ce runnable [0xb4867000]
   java.lang.Thread.State: RUNNABLE
        at java.net.PlainSocketImpl.socketAccept(Native Method)
        at java.net.PlainSocketImpl.accept(PlainSocketImpl.java:408)
        - locked <0x6e16cc80> (a java.net.SocksSocketImpl)
        at java.net.ServerSocket.implAccept(ServerSocket.java:462)
        at java.net.ServerSocket.accept(ServerSocket.java:430)
        at org.apache.tomcat.util.net.DefaultServerSocketFactory.acceptSocket(DefaultServerSocketFactory.java:59)
        at org.apache.tomcat.util.net.JIoEndpoint$Acceptor.run(JIoEndpoint.java:211)
        at java.lang.Thread.run(Thread.java:662)

"'http-bio-8080'-AsyncTimeout" daemon prio=10 tid=0x09196000 nid=0x29cd waiting on condition [0xb495a000]
   java.lang.Thread.State: TIMED_WAITING (sleeping)
        at java.lang.Thread.sleep(Native Method)
        at org.apache.tomcat.util.net.JIoEndpoint$AsyncTimeout.run(JIoEndpoint.java:143)
        at java.lang.Thread.run(Thread.java:662)

"'http-bio-8080'-Acceptor-0" daemon prio=10 tid=0x09197c00 nid=0x29cc runnable [0xb48b8000]
   java.lang.Thread.State: RUNNABLE
        at java.net.PlainSocketImpl.socketAccept(Native Method)
        at java.net.PlainSocketImpl.accept(PlainSocketImpl.java:408)
        - locked <0x6e16cec0> (a java.net.SocksSocketImpl)
        at java.net.ServerSocket.implAccept(ServerSocket.java:462)
        at java.net.ServerSocket.accept(ServerSocket.java:430)
        at org.apache.tomcat.util.net.DefaultServerSocketFactory.acceptSocket(DefaultServerSocketFactory.java:59)
        at org.apache.tomcat.util.net.JIoEndpoint$Acceptor.run(JIoEndpoint.java:211)
        at java.lang.Thread.run(Thread.java:662)

"ContainerBackgroundProcessor[StandardEngine[Catalina]]" daemon prio=10 tid=0x09196400 nid=0x29cb waiting on condition [0xb4909000]
   java.lang.Thread.State: TIMED_WAITING (sleeping)
        at java.lang.Thread.sleep(Native Method)
        at org.apache.catalina.core.ContainerBase$ContainerBackgroundProcessor.run(ContainerBase.java:1369)
        at java.lang.Thread.run(Thread.java:662)
```

이전 그림은 catalina.out으로 출력된 스레드 덤프 명령 결과를 보여준다. 다른 색으로 표시된 부분에서 httpbio-8080- Acceptor 스레드 상태가 현재 실행할 수 있는 runnable 상태, 즉 스레드가 살아있고 애플리케이션에서 제 기능을 수행하고 있는 상태임을 확인할 수 있다.

```
Heap
 def new generation   total 39424K, used 11208K [0x63550000, 0x66010000, 0x6dff0000)
  eden space 35072K,   31% used [0x63550000, 0x640423f0, 0x65790000)
  from space 4352K,   0% used [0x65bd0000, 0x65bd0000, 0x66010000)
  to   space 4352K,   0% used [0x65790000, 0x65790000, 0x65bd0000)
 tenured generation   total 87424K, used 3212K [0x6dff0000, 0x73550000, 0x83550000)
   the space 87424K,   3% used [0x6dff0000, 0x6e3133f0, 0x6e313400, 0x73550000)
 compacting perm gen  total 12288K, used 6484K [0x83550000, 0x84150000, 0x93550000)
   the space 12288K,  52% used [0x83550000, 0x83ba5298, 0x83ba5400, 0x84150000)
    ro space 10240K,  61% used [0x93550000, 0x93b78a38, 0x93b78c00, 0x93f50000)
    rw space 12288K,  60% used [0x93f50000, 0x94688ec0, 0x94689000, 0x94b50000)
```

스레드를 생성한 다음에는 자바 프로세서의 메모리 덤프를 수집한다. 이전 화면은 스레드 덤프가 발생한 순간의 메모리 상태를 보여준다. 메모리 덤프는 사용된 메모리의 상세 내역을 보여준다.

Jstack을 이용한 스레드 덤프

자바 명령행 유틸리티인 jstack(JDK 1.5, 또는 그 이후 버전에서 제공)을 이용해 스레드 덤프를 만드는 방법도 있다. jstack은 스레드 출력을 서버 로그 이외의 장소로 재전송해야 하는 제품 환경에서 특히 유용한 유틸리티다. 모든 J2EE 서버에서 jstack을 이용할 수 있다는 것이 가장 큰 장점이다. 다음 표는 jstack에서 흔히 사용하는 몇몇 옵션을 설명한다.

옵션	설명
-f	자바 스택을 생성을 강제함. 프로세스가 멈춰버린(hang) 상태일 때 주로 사용함
-l	상세한 출력(잠금과 관련한 상세 정보 표시)
-m	혼합 모드 자바 스택 생성

다음과 같은 방법으로 자바 프로세스의 자바스택을 생성한 다음 텍스트 파일로 출력을 재전송할 수 있다.

jstack -f Pid > threaddump.txt

예를 들어보자.

jstack -f 10638 > threaddump.txt

 64비트 OS에서 jstack 사용하기 64비트 운영체제에서는 'jstack -J-d64 -m pid'를 이용해 스레드 덤프를 만들어야 한다.

윈도우에서 jstack 사용하기 윈도우 시스템에서는 'jstack [-l] pid'와 같은 옵션만 동작한다.

톰캣 인스턴스의 스레드 덤프 분석 방법

스레드 덤프를 이해하고 분석하는 일은 쉽지 않다. 스레드 덤프는 IT 관리자에게 애플리케이션 관련 문제의 깊은 통찰력을 제공한다. 다음과 같은 방법으로 스레드 덤프를 분석할 수 있다.

1. Kill-3나 jstack 명령어를 이용해 10초 간격으로 특정 자바 프로세서 ID에서 여섯 차례 스레드 덤프를 얻는다.
2. 여섯 개의 덤프를 비교해서 오래 실행되는 스레드를 찾는다.
3. 실행을 멈춘 모든 스레드(애플리케이션 스레드와 서버 수준 스레드를 포함한)를 찾아서 원인을 파악한다.

 애플리케이션 수준의 스레드가 정지해 있다면 애플리케이션 코드와 관련한 문제가 있는 것이고, 서버 수준의 스레드가 정지해 있다면 서버나 애플리케이션 수준의 문제일 것이다.

스레드 덤프를 분석할 때 자바 스레드 덤프 분석기TDA, Java Thread Dump Analyzer와 사무라이Samurai 두 가지 오픈소스 도구를 많이 사용한다.

 다음 사이트를 참고하자.
스레드 덤프 분석기 – http://java.net/projects/tda.
사무라이 – http://yusuke.homeip.net/samurai/en/index.html.

사무라이로 스레드 덤프 분석하기

'톰캣 인스턴스의 스레드 덤프 분석 방법'절을 통해 스레드 덤프를 분석하는 방법을 살펴봤다. 이번에는 사무라이 도구를 이용해 실제로 덤프를 분석하자.

사무라이는 GUI 기반 도구로 로그 파일에서 스레드 덤프와 상세 GC 내역을 별도로 분리해서 사용자가 쉽게 볼 수 있게 표현한다. 다음과 같은 방법으로 덤프를 분석한다.

1. http://yusuke.homeip.net/samurai/en/index.html에서 온라인 사무라이 스레드 덤프 분석기를 실행한다.
2. 사무라이 콘솔이 열리면 로그 파일을 사무라이 도구로 업로드한다.
3. 사무라이 도구가 내부적으로 로그를 분석해서 스레드 덤프와 메모리 현황을 시각적으로 표시한다. 다음은 사무라이에서 상세 GC 활용 내역을 시각적으로 표현한 화면이다.

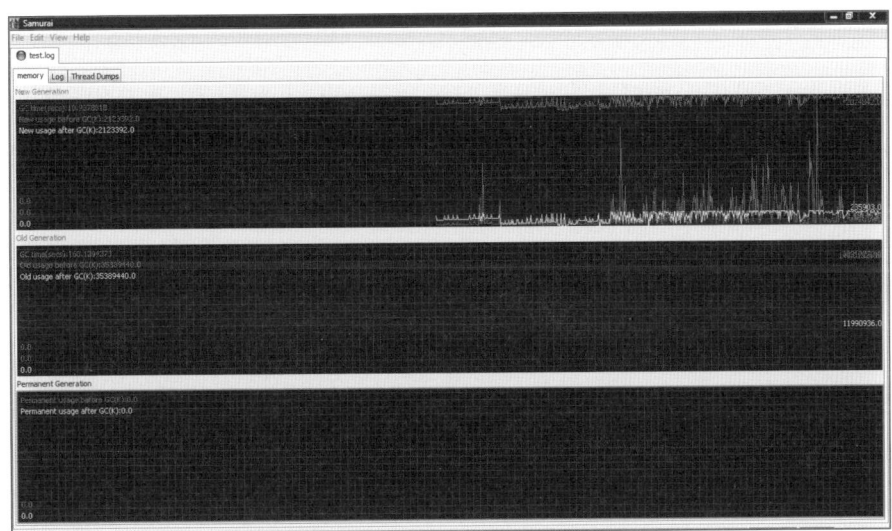

4. Thread dumps 탭을 클릭하면 스레드 덤프 상태가 시각적으로 표시된다. 다음 화면은 스레드 상태를 보여준다. 또한 왼쪽에는 스레드 덤프에서 사용한 심볼 설명이 나온다.

5. 사무라이 도구로 필요한 정보를 모두 얻었으면 긴 스레드와 직접 비교하면서 문제를 찾는다.

스레드 덤프 분석기를 이용해 스레드 덤프 분석하기

웹 관리자가 흔히 사용하는 또 다른 강력한 도구로 스레드 덤프 분석기가 있다. 스레드 덤프 분석기는 스레드 덤프 요약 정보를 생성하는 기능을 제공한다. 다음은 스레드 덤프 분석기가 제공하는 장점이다.

- 여러 스레드 덤프를 이용해 오래 실행되는 스레드를 비교할 수 있다.
- 각각의 스레드를 시각화한다.
- 각 스레드 덤프의 요약 정보를 생성한다.

다음과 같은 방법으로 스레드 덤프 분석기를 이용할 수 있다.

1. http://java.net/projects/tda에 방문해서 **TDA Webstart**를 선택하면 온라인으로 TDA가 실행된다.

2. 콘솔 창이 열리면 TDA 콘솔로 로그를 업로드한다. TDA는 업로드된 로그 파일을 분류해서 스레드 덤프 생성 오름차순으로 정렬하여 표시하며, 이때 첫 스레드 덤프의 요약 정보도 표시한다.

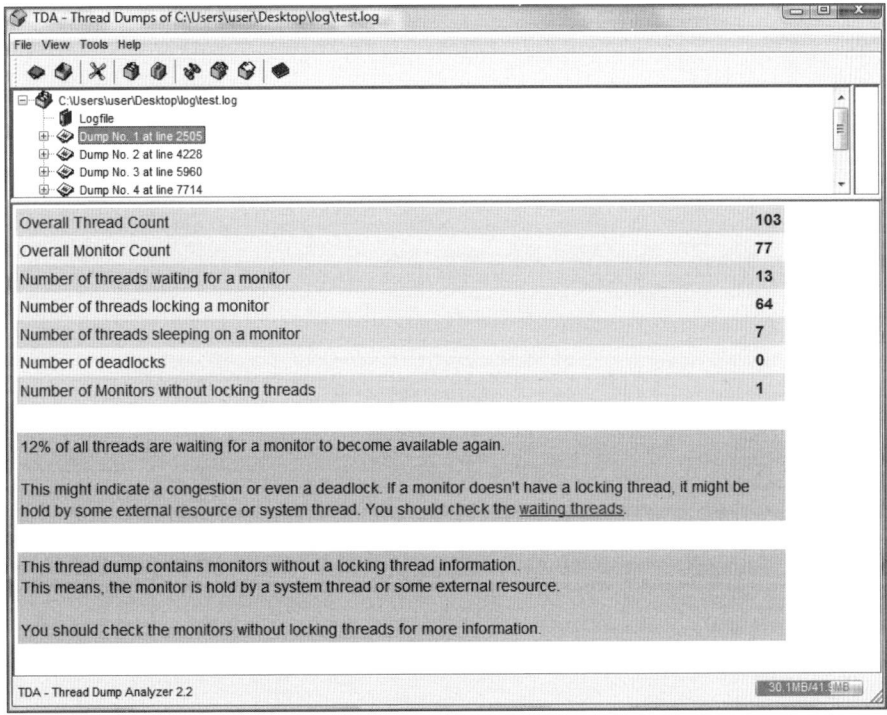

3. TDA 콘솔에서 여러 스레드 덤프를 선택해서 길게 실행되는 스레드를 비교한다. 콘솔에서 오래 실행되는 스레드 검출 아이콘을 클릭하면 팝업창이 나타난다. Start Detection을 클릭한다. 다음 화면은 TDA 콘솔에서 여러 스레드를 선택한 상태, 그리고 스레드 검출 아이콘을 클릭했을 때 나타나는 팝업창과 Start Detection 버튼을 보여준다.

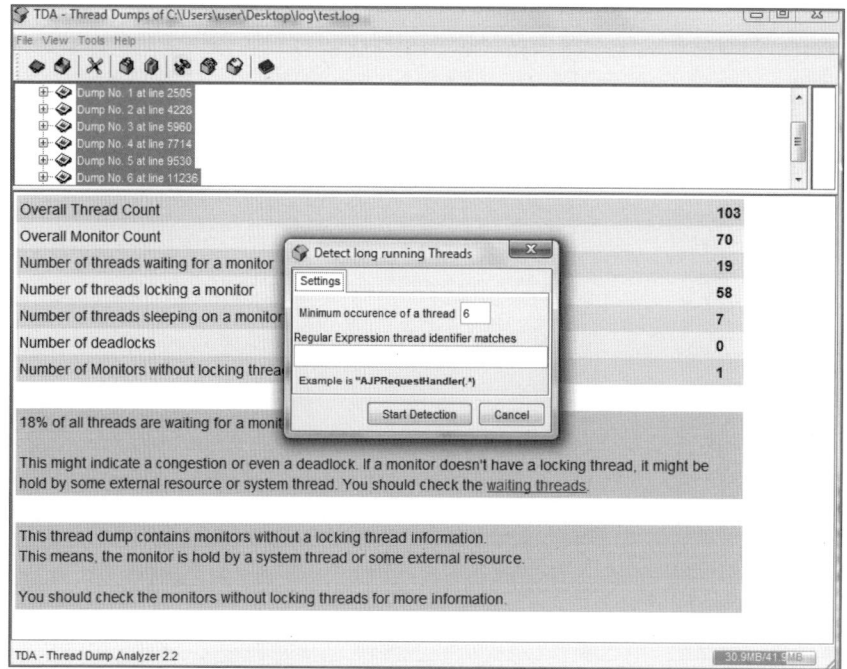

4. Start Detection을 클릭하면 오래 실행되는 스레드 요약 정보를 생성한다. 요약 정보를 이용해 문제를 파악할 수 있다. 요약 정보 표는 스레드의 이름, 종류, 프로세스 ID, 스레드 ID, 네이티브 ID, 스레드 상태, 주소 범위 등을 제공한다.

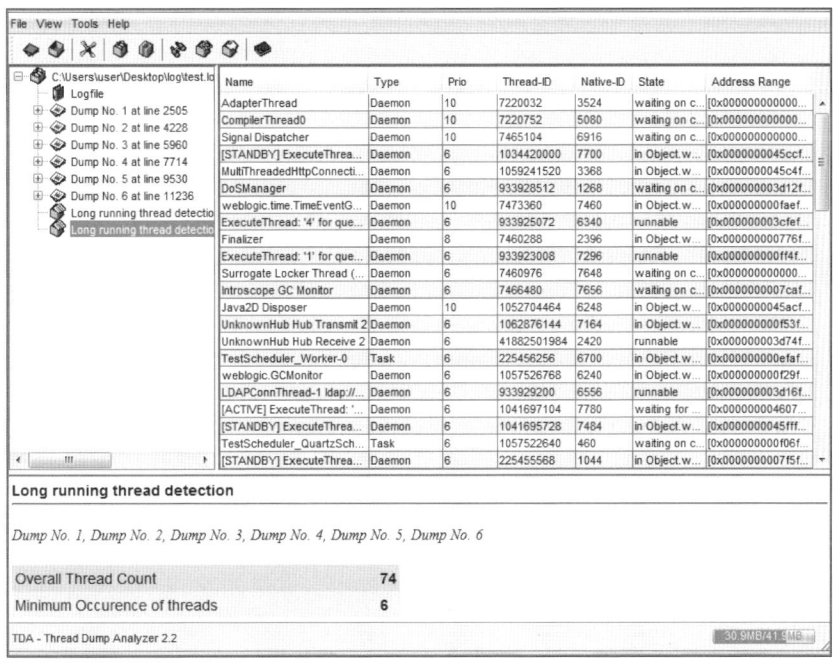

스레드 상태를 다섯 가지로 구분할 수 있다. 다음 그림은 다섯 가지 스레드 상태를 보여준다.

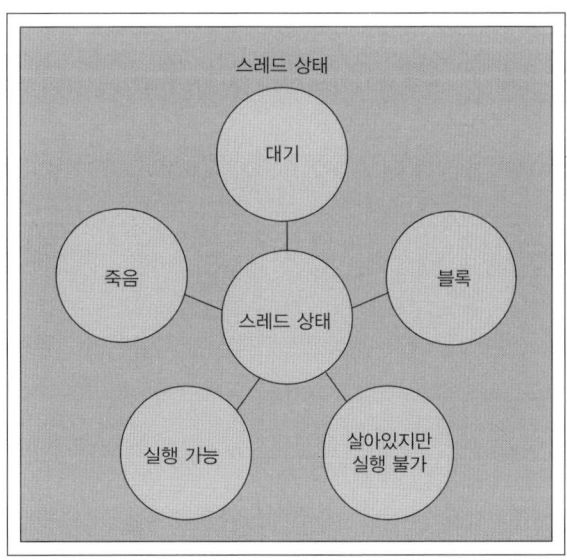

- **실행 가능** start() 메소드를 호출하면 스레드는 실행 가능 상태가 된다.
- **대기** 리소스 할당을 기다리거나 다른 스레드가 필요한 작업을 실행하는 동안 기다린다.
- **블록** 모니터 락을 기다리느라 블록된 상태이다.
- **살아있지만 실행 불가** 스레드는 살아있지만 실행은 할 수 없는 상태. 해당 메소드를 다시 호출하면 스레드가 실행 가능 상태로 돌아올 수 있다.
- **죽음** 자신의 임무를 완료했거나 비정상적으로 종료되었을 때 스레드는 죽음 상태가 된다. 죽음 상태가 된 스레드는 다시 실행될 수 없다.

죽은 스레드가 애플리케이션의 실행 속도 저하를 야기할 수 있으므로 인스턴스에서 죽은 스레드를 잘 관리해야 한다. 가비지 콜렉션 과정에서 실행할 수 없는 스레드를 회수할 수 없는 상황(예를 들어 교착 상태)이 발생할 수 있다. 이때 시스템이 무작정 새 스레드를 만든다면 가용 메모리만 줄어든다.

지금까지 문제를 해결하는 방법을 살펴봤다. 이와 같은 접근 방법을 이용한다면 99퍼센트의 문제를 해결할 수 있을 것이다.

에러와 해결책

제품 환경에서 발생하는 대부분의 문제를 해결하려면 웹 관리자가 로그를 분석해야 한다. 로그에서 발생한 모든 예외가 무슨 의미인지, 왜 애플리케이션에서 그런 예외가 발생했는지를 관리자가 모두 파악한다는 것은 어려운 일이다. 로그에서 발생한 예외를 처리하는 가장 좋은 접근 방법은 여러 예외가 발생한 곳 중 가장 처음 예외가 발생한 곳을 살펴보는 것이다. 그렇게 해서 문제의 실마리를 찾을 수 있다.

엔터프라이즈 애플리케이션의 컴포넌트에 따라 에러를 크게 세 가지로 구분할 수 있다.

- 애플리케이션
- JVM(메모리)
- 데이터베이스

시스템을 안정적으로 유지하는데 도움을 주는 몇 가지 예외 해결 방법을 살펴보자.

JVM(메모리) 문제

요즘 애플리케이션은 자원을 상당히 많이 소비한다. 자원을 많이 소비하는 애플리케이션 때문에 톰캣 인스턴스의 메모리가 고갈되는 상황이 발생할 수 있다. 관리자는 인터넷의 중요한 웹 애플리케이션을 매우 안정적으로 돌릴 수 있는 환경이 되도록 톰캣 7 튜닝에 많은 노력을 기울여야 한다.

메모리 고갈 예외

기업 환경에서는 애플리케이션에서 많은 메모리를 요구하므로 정기적으로 메모리 고갈OOM, Out of Memory 문제가 발생한다. 따라서 관리자는 JVM을 적절하게 튜닝해야 한다. JVM을 적절하게 튜닝하지 못하면 톰캣 인스턴스에서 메모리 고갈 예외가 발생할 수 있다.

예외

```
SEVERE: Servlet.service() for servlet jsp threw exception
java.lang.OutOfMemoryError: Java heap space
```

원인

메모리 자원을 많이 사용하는 애플리케이션 실행 중에 OOM 에러가 종종 발생한다. 서버에서 OOM 예외가 발생하면 서비스가 중단된다.

해결 방법

톰캣 시스템의 최대 힙 크기를 증가시켜야 한다. JVM 메모리에는 물리 메모리의 70 퍼센트(30 퍼센트는 OS에 귀속)만 할당할 수 있음을 기억하자. Jmap 명령어를 이용해 JVM 설정을 확인한 다음 메모리를 적절하게 증가시킨다.

필요한 만큼 JVM 메모리 할당량을 증가시키려면 TOMCAT_HOME/bin에 있는 톰캣 스타트업 스크립트에 다음과 같은 자바 파라미터를 추가한 다음 톰캣 인스턴스를 재시작한다.

```
JAVA_OPTS="-Xms512m -Xmx1048m
```

OutOfMemoryError: PermGen space

톰캣 관리자는 종종 애플리케이션의 영구 오브젝트 생성(모든 애플리케이션마다 오브젝트 생성 요구사항이 다르다)과 관련한 문제를 겪는다. 따라서 catalina.out에 발생한 OutOfMemoryError: PermGen space 때문에 애플리케이션 실행 속도가 느려질 수 있다.

예외

MemoryError: PermGen space
java.lang.OutOfMemoryError: PermGen space

원인

영구 세대는 사용자 클래스 정보를 포함하는 메타데이터를 저장하는 독특한 영역이다. 코드가 큰 애플리케이션에서는 영구 세대를 순식간에 모두 소비하면서 java.lang.OutOfMemoryError: PermGen 에러가 발생할 수 있다(기기에 얼마나 많은 메모리가 있는지, 그리고 -Xmx를 얼마나 크게 잡았는지와 관계없이).

 자바 코드 메소드와 클래스 코드는 영구 세대에 저장된다.

해결 방법

톰캣 7의 스타트업 스크립트에 다음과 같은 파라미터를 추가한다. 다음 파라미터를 추가하면 톰캣 7을 시작할 때 영구 세대 크기가 늘어난다.

```
-XX:MaxPermSize=(MemoryValue)m
```

예를 들어보자.

```
-XX:MaxPermSize=128m
```

스택 오버플로 예외

다양한 애플리케이션에서 스택 오버플로 예외가 발생할 수 있다. 스택 오버플로 예외는 주로 재귀 클래스 로딩(부적절한 코딩) 때문에 발생한다. 스택 오버플로 예외가 발생하면 애플리케이션의 속도가 느려진다. 예를 들어 한 시간 전에는 잘 작동하던 애플리케이션이 지금은 아무 반응도 하지 않는다. 스택 오버플로 예외가 발생했다는 증거다. 다음 그림은 로그에 에러가 발생한 모습을 보여준다.

예외

```
        at java.lang.Thread.run(Thread.java:534)
----- Root Cause -----
java.lang.StackOverflowError
```

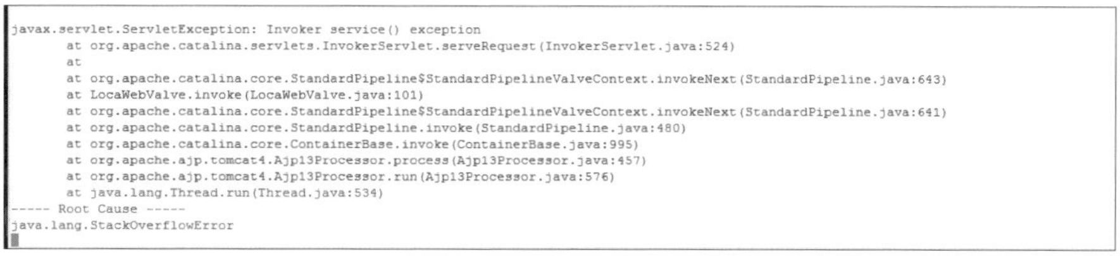

```
javax.servlet.ServletException: Invoker service() exception
        at org.apache.catalina.servlets.InvokerServlet.serveRequest(InvokerServlet.java:524)
        at
        at org.apache.catalina.core.StandardPipeline$StandardPipelineValveContext.invokeNext(StandardPipeline.java:643)
        at LocaWebValve.invoke(LocaWebValve.java:101)
        at org.apache.catalina.core.StandardPipeline$StandardPipelineValveContext.invokeNext(StandardPipeline.java:641)
        at org.apache.catalina.core.StandardPipeline.invoke(StandardPipeline.java:480)
        at org.apache.catalina.core.ContainerBase.invoke(ContainerBase.java:995)
        at org.apache.ajp.tomcat4.Ajp13Processor.process(Ajp13Processor.java:457)
        at org.apache.ajp.tomcat4.Ajp13Processor.run(Ajp13Processor.java:576)
        at java.lang.Thread.run(Thread.java:534)
----- Root Cause -----
java.lang.StackOverflowError
```

원인

중첩된 메소드 호출이 너무 많아서 스택이 오버플로되면서 예외가 발생했다.

해결 방법

톰캣 스타트업 스크립트에서 파라미터 -xss의 값을 늘린다.

-Xss= (킬로바이트 단위의 메모리 값)

예를 들어보자.

-Xss=128k

스택 오버플로 예외는 기본값(예를 들어 64k)을 모두 사용했을 때 발생하며 예외가 발생하면 톰캣이 재시작된다.

데이터베이스 관련 문제

지금까지 다양한 JVM 수준의 문제를 확인했다. 이제 데이터베이스와 관련한 문제를 살펴본다.

망가진 파이프 예외

제품 환경에서 가장 흔히 발생하는 문제 중 하나가 망가진 파이프 예외다. 망가진 파이프 예외가 무슨 의미일까? 망가진 파이프 예외는 J2EE 컨테이너와 데이터베이스 연결이 종료되었음을 의미한다. 네트워크 연결 해제가 자주 발생하거나, 데이터베이스의 이더넷 장애, J2EE 서블릿 수준 컨테이너 장애 때문에 망가진 파이프 예외가 발생할 수 있다.

다음 그림은 로그에서 에러가 발생한 모습을 보여준다.

예외

```
at java.lang.Thread.run(Thread.java:619)
Caused by: ClientAbortException: java.net.SocketException: Broken pipe
```

원인

톰캣 7과 데이터베이스 연결이 끊어지면서 발생하는 문제다.

```
        at
org.apache.catalina.core.StandardContextValve.invoke(StandardContextValv
e.java:175)
        at
org.apache.catalina.core.StandardHostValve.invoke(StandardHostValve.java
:128)
        at
org.apache.catalina.valves.ErrorReportValve.invoke(ErrorReportValve.java
:102)
        at
org.apache.catalina.core.StandardEngineValve.invoke(StandardEngineValve.
java:109)
        at
org.apache.catalina.connector.CoyoteAdapter.service(CoyoteAdapter.java:2
86)
        at
org.apache.coyote.http11.Http11Processor.process(Http11Processor.java:84
4)
        at
org.apache.coyote.http11.Http11Protocol$Http11ConnectionHandler.process(
Http11Protocol.java:583)
        at
org.apache.tomcat.util.net.JIoEndpoint$Worker.run(JIoEndpoint.java:447)
        at java.lang.Thread.run(Thread.java:619)
Caused by: ClientAbortException:   java.net.SocketException: Broken pipe
```

해결 방법

데이터베이스와 다시 연결할 수 있도록 톰캣 인스턴스를 재시작한다.

아이들 오브젝트와 타임아웃 대기

애플리케이션에서 어떤 트랜잭션을 실행하던 도중 한참 동안 빈 페이지만 나오곤 한다. 애플리케이션 서버의 응답이 없기 때문에 이런 상황이 발생하는 것 같아 보이지만 실제로는 뭔가 다른 이유가 있을 수 있다. 이런 문제는 대부분 데이터베이스 때문에 발생한다. 애플리케이션 서버가 데이터베이스로 요청을 보낸 다음 응답을 기다리는데 연결이 비정상적으로 종료(결국 연결 타임아웃 예외 발생)되었다면 이와 같은 상황이 발생한다. 다음 그림은 로그에서 타임아웃 에러가 발생한 모습을 보여준다.

예외

```
at org.apache.commons.dbcp.PoolingDataSource.getConnection
 (PoolingDataSource.java:104)
Caused by: java.util.NoSuchElementException: Timeout waiting for idle
 object
```

```
. [ERROR 2010-05-05 23:57:58,839] Sernks in avlet.service() for servlet action threw exception
. org.springframework.transaction.CannotCreateTransactionException: Could not open JDBC Connection for transaction;
  nested exception is org.apache.commons.dbcp.SQLNestedException: Cannot get a connection, pool error Timeout waiting for idle object
. Caused by: org.apache.commons.dbcp.SQLNestedException: Cannot get a connection, pool error Timeout waiting for idle object
.           at org.apache.commons.dbcp.PoolingDataSource.getConnection(PoolingDataSource.java:104)
Caused by: java.util.NoSuchElementException: Timeout waiting for idle object
```

원인

톰캣의 연결 풀 때문에 발생한 문제다.

해결 방법

Server.xml 파일에서 톰캣의 연결 아이들 값을 바꾼 다음 톰캣을 재시작한다.

데이터베이스 연결 예외

기업 환경(새로운 애플리케이션을 처리 중이거나 애플리케이션 마이그레이션 중간에)에서 데이터베이스 연결 예외 문제가 종종 발생한다. 톰캣 7의 JNDI 관련 설정이 올바르지 않으면 데이터베이스 연결 예외 문제가 발생할 수 있다.

예외

```
java.lang.RuntimeException: Error initializing application.
 Error Unable to load any specified brand or the default brand:
 net.project.persistence.PersistenceException: Unable to load brand
 from database.
```

데이터베이스에 접근할 수 없을 때 이와 같은 에러가 발생할 수 있다.

```
Please check your database configuration or contact your system
administrator: java.sql.SQLException: Error looking up data source
for name: jdbc/abc
```

원인

JNDI 이름 설정이 잘못되었거나 JNDI 이름이 존재하지 않기 때문에 톰캣7이 데이터베이스에 연결할 수 없다.

해결 방법

데이터베이스 관리자와 상의해서 올바른 JNDI 이름을 설정하고 톰캣을 재시작한다.

웹 서버 벤치마킹

지금까지 시스템에서 발생하는 다양한 문제를 해결하는 방법과 잠재적인 해결책을 살펴봤다. 이번엔 웹 서버 벤치마킹을 확인하자. 웹 서버 벤치마킹을 빼놓고는 톰캣 7 문제 해결 방법을 모두 살펴봤다고 할 수 없다. 웹 서버 벤치마킹은 소위 부하 테스팅이라는 과정을 통해 웹 서버의 성능을 측정하는 작업이다. 서버에 가상으로 과부하를 준 상태에서 실시간 성능을 평가한다. 웹 서버의 용량 계획을 수립할 때 웹 서버 벤치마킹을 유용하게 활용할 수 있다. 아파치벤치ApacheBench, 제이미터JMeter, 로드러너LoadRunner, OpenSTA 등과 같은 다양한 부하 테스트 도구가 있다. 아파치벤치, 제이미터같은 가장 흔히 사용하는 오픈소스 도구를 사용하는 방법을 살펴보자. 서버를 실제로 운용하기 전에 벤치마킹을 수행한다면 제품 지원 단계에서 발생하는 문제가 훨씬 줄어들 것이다. 또한 벤치마킹을 통해 성능을 개선하고 확장할 수 있는 환경 구조를 설계하는 데도 도움된다.

아파치벤치

아파치벤치ApacheBench는 웹 서버를 벤치마킹하는 명령행 도구다. 아파치 HTTP 서버와 함께 제공되는 도구로 HTTP 스레드만 만드는 상황에서 매우 유용하다. 아파치벤치는 단일 프로세스 스레드다.

제이미터

제이미터JMeter는 부하 테스팅에서 가장 널리 사용하는 오픈소스 도구 중 하나다. 제이미터는 아파치 자카르타 프로젝트의 일부로 개발되었다. 제이미터는 JDBC, 웹 서비스, HTTP, HTTPS, JMS 서비스 등을 생성하는 기능을 제공한다. 제이미터는 데스크톱 소프트웨어로 브라우저의 모든 기능을 지원하진 않는다. 제이미터는 다음과 같은 장점을 제공한다.

- 이식성(어떤 플랫폼에서나 실행 할 수 있다)
- 멀티태스킹을 지원하므로 관리자는 여러 프로세스를 테스트할 수 있다.

 제이미터(http://jmeter.apache.org/), 아파치벤치(http://httpd.apache.org/docs/2.0/programs/ab.html)와 관련한 자세한 정보는 각 도구의 홈페이지를 참고하자.

요약

7장에서는 애플리케이션, 웹 관리자가 실생활에서 어떤 다양한 문제에 직면할 수 있으며 어떤 방법(스레드 덤프 분석, 분석 도구, 메모리 문제, 실생활 문제 해결 방법, 웹 서버 벤치마킹)으로 이들을 회피하고 해결할 수 있는지 살펴봤다.

7장을 통해 여러분은 실생활에서 발생하는 문제를 해결할 수 있다는 자신감을 얻었을 것이며, 일부 독자는 이미 자신이 겪고 있는 몇몇 주요 문제를 해결했을 것이라 확신한다. 당장은 문제를 해결하지 못했더라도 곧 문제를 해결할 수 있는 계획을 만들 수 있을 것이다. 8장에서는 톰캣 7을 관리하고 모니터하는 다양한 방법을 살펴본다.

8
톰캣 7 모니터와 관리

IT 관리자에게 모니터링은 매우 중요한 업무다. 웹/인프라구조 엔지니어의 삶을 좀 더 예측 가능하게 만들어주는 것도 모니터링이다. 필자가 웹 인프라구조 지원 관련 일을 시작했을 무렵 '내 상사는 특정 시스템에서 90 퍼센트 이상의 프로세스를 사용한다는 사실을 어떻게 알았을까?', '애플리케이션에 접속하지 않고도 약 90분 후에 특정 프로세스가 죽을 것이라는 사실을 어떻게 알았을까?'와 같은 의문이 항상 떠올랐다. 나중에야 다양한 서드 파티 도구를 이용해 서버와 애플리케이션을 모니터하는 시스템을 이용했다는 사실을 알았다.

8장에서는 다음을 학습한다.

- 톰캣 7 모니터 방법
- 톰캣 관리자를 이용한 애플리케이션 관리
- 톰캣 7을 모니터하는 서드 파티 유틸리티

톰캣 7을 모니터하는 방법을 살펴보기 전에 왜 모니터링이 필요한지(사용자에 맞게 설정된 시스템에서조차) 확인하자.

왜 모니터링이 필요한가라는 질문은 쉽게 답변할 수 없는 어려운 질문이다. 실생활에서는 네트워크 결함, 갑작스런 CPU 망가짐, JVM 크래시 등의 다양한 이유로 시스템에 장애가 발생할 수 있다. 은행과 같이 수익성을 창출하는 애플리케이션에서 장애가 발생하면 막대한 손실을 초래하는데 사용자가 문제에 대해 불평하기 전까지 관리자는 이를 인지하지 못할 것이다. 이런 문제는 사업 전반에 악영향을 미친다. 서버에 모니터링 시스템을 갖추었다면 웹 관리자는 장애가 발생할 시스템에 대한 알림을 받을 수 있으므로 주어진 시간 안에 문제가 해결되도록 적절한 조치를 취할 수 있다. 즉 모니터링 시스템 덕분에 애플리케이션 장애 시간을 최소화할 수 있다.

 IT 관리자는 수천 개의 서버를 지원해야 하므로 매일 모든 시스템을 검증할 수 없다. 따라서 모니터링 시스템을 갖추는 것이 바람직하다.

다양한 모니터링 방법

인프라구조가 점증하면서 관리자의 서버 관리도 어려워졌다. 사전에 문제를 파악해서 장애시간을 최소화하려면 시스템에 모니터링을 설정해야 한다. 인프라구조의 요구사항(예를 들어 OS, 웹, 애플리케이션, 데이터베이스 수준 서버와 개발 애플리케이션 수준)에 따라 시스템에 여러 수준의 모니터링을 설정할 수 있다. 여러 수준의 모니터링을 설정하는 방법은 다양하다. 다음 그림은 인프라구조에 모니터링을 설정하는 다양한 방법을 보여준다.

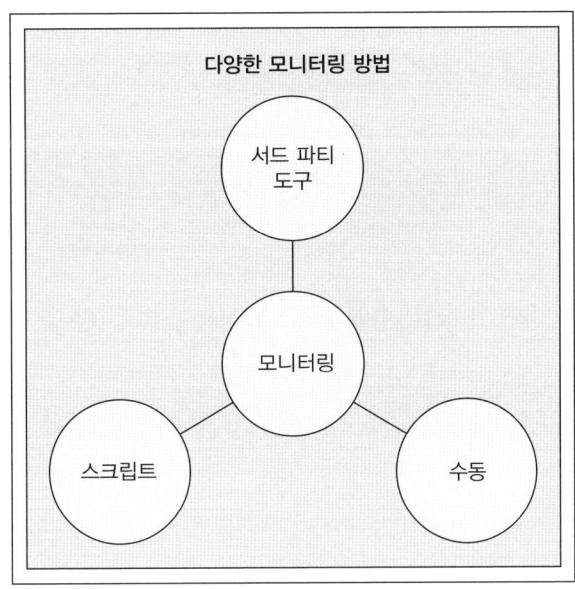

시스템에서는 크게 다음과 같은 세 가지 방법의 모니터링을 설정할 수 있다.

- **서드 파티 도구**
  - Wily, SiteScope, Nagios 등 시중에서 구할 수 있는 서드 파티 도구를 이용해 모니터링을 설정한다.
  - 다양한 인프라구조 컴포넌트(웹, 애플리케이션, 데이터베이스, 파일 서버 등), 도메인을 포함하는 100개 이상의 서버를 가진 기업 인프라구조 설정에 이런 종류의 모니터링 도구를 사용한다.

- **스크립트**
  - 특정 시간 동안 얼마나 많은 사용자가 로그인했는지 파악하거나 애플리케이션 전용 사용자 역할을 알려고 하는 경우처럼 특별한 상황 정보를 얻으려 한다면 스크립트를 이용해 모니터링을 설정할 수 있다.
  - 크고 작은 IT 기관 모두에서 사용한다.

- **수동**
  - 특정 모듈의 애플리케이션 성능이 느릴 때 사용한다.
  - 보통 시스템 개수가 셋 이하인 상황의 문제해결 과정에서 사용한다.

웹 애플리케이션, 데이터베이스 서버에 모니터링 설정

지금까지 다양한 방식의 모니터링 방법을 살펴봤다. 그러나 이들 시스템에 어떤 모니터링 방식을 사용해야 할지는 아직 알 수가 없다. 다양한 인프라구조 시스템 모니터를 보여주는 표를 이용해 왜 이들 모니터를 설정했는지 확인하자. 다음 표는 보통 웹 애플리케이션과 데이터베이스 서버에 설정하는 기본 모니터를 보여준다.

모니터 대상 컴포넌트	장점	웹 서버	애플리케이션 서버	데이터베이스 서버
CPU	시스템 장애를 확인할 수 있는 능동적 측정방법	네	네	네
물리 메모리(램)	시스템 장애를 확인할 수 있는 능동적 측정방법	네	네	네
JVM	시스템 장애를 확인할 수 있는 능동적 측정방법	아니오	네	네
HTTP 연결	웹 서버의 성능을 확인하는 데 유용	네	네(HTTP 서비스가 실행 중일 때)	아니오
AJP 연결	웹/애플리케이션 서버간의 연결을 확인하는 데 유용	네	네	아니오
데이터베이스 연결 수	데이터베이스의 성능을 확인하는 데 유용	아니오	아니오	네
연결 아이들	데이터베이스 서버의 문제를 확인하는 데 유용	아니오	아니오	네

이어짐

모니터 대상 컴포넌트	장점	웹 서버	애플리케이션 서버	데이터베이스 서버
디스크 공간	시스템 장애(디스크 공간 부족)를 확인할 수 있는 능동적 측정방법	네	네	네
로그의 에러 코드	시스템의 잠재적인 문제를 확인하는데 유용	아니오	네	네

톰캣 7의 톰캣 관리자

톰캣 관리자는 아파치 톰캣 7의 동작을 관리하는 기본 도구다. 톰캣 관리자는 IT 관리자에게 애플리케이션을 원격으로 관리할 수 있는 기능과 시스템 모니터 기능을 제공한다. 톰캣 관리자는 다음과 같은 장점이 있다.

- 관리자에게 원격 배포, 롤백, 시작, 정지 기능을 제공한다.
- 애플리케이션과 서버의 자세한 모니터링 상태를 제공한다.
- 관리자가 일년 365일을 사무실에 있어야 할 필요가 없다. 문제가 있을 때 관리자가 톰캣 관리자에 로그인해서 문제를 해결할 수 있다. 요약하자면 원격으로 톰캣을 관리하는 것이 톰캣 관리자의 가장 큰 장점이다.

 인터넷상에 톰캣 관리자를 노출하는 것은 권장하지 않는다. 관리상 인터넷에 톰캣 관리자를 노출해야 한다면 톰캣 7에 강력한 보안 정책을 적용하거나 아니면 가상 사설 네트워크(VPN)를 설정해야 한다.

다음과 같은 방법으로 톰캣 관리자에 접근할 수 있다.

1. http://localhost:8080/를 통해 톰캣 관리자에 접속할 수 있다. 다음 그림은 톰캣 7의 메인 페이지다(Manager App이 선택된 상태).

2. Manager App를 클릭하면 사용자명과 비밀번호를 묻는다. Tomcat_user.xml(tomcat_user.xml 파일은 TOMCAT_HOME/CONF에서 확인할 수 있다)에 저장된 사용자 비밀번호 정보를 입력하자.

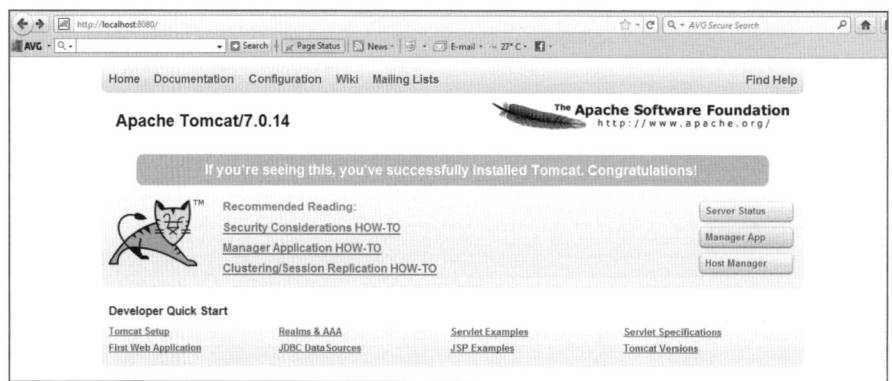

3. 톰캣 관리자 창이 나타난다. 콘솔 창은 애플리케이션 배포, 서버 상태, 진단, 서버 정보 등을 포함한 모든 정보를 보여준다. 다음 그림은 애플리케이션의 상태와 애플리케이션 지원 과정에서 수행되는 다양한 배포 관련 태스크를 보여준다.

다음 그림은 톰캣 7 관리자의 다양한 기능을 보여준다.

- 새 애플리케이션 배포
- 진단(메모리나 연결 누수)
- 서버 정보

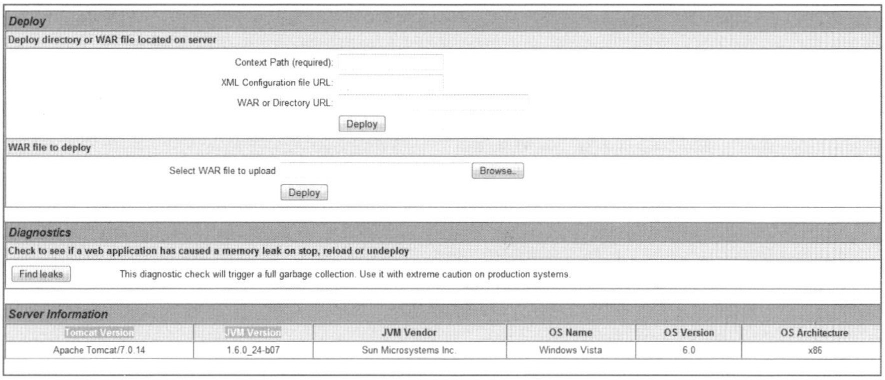

톰캣 7 모니터링

톰캣 관리자를 이용해 톰캣 7을 모니터링할 수 있다. 기본적으로 톰캣 관리자는 서버 상태 그리고 요청과 자세한 요청 상태 정보를 제공한다. 관리자가 문제를 해결할 때 이러한 정보를 유용하게 활용할 수 있다. 이 정보를 얻을 때 관리자는 기기에 로그인할 필요가 없다. 서버 상태를 수동으로 확인하는 상태에서 애플리케이션 전체 정보를 얻으려면 최소 30분이 걸리지만 톰캣 관리자를 이용하면 온라인으로 즉시 정보를 확인할 수 있다. 이는 IT 관리자의 삶의 질을 높여주는 정말로 놀라운 기능이다.

톰캣 관리자에서 사용할 수 있는 다양한 모니터링 컴포넌트를 확인하자.

톰캣 7 서버 상태 요약

http://localhost:8080/manager/status에 접속해서 JVM, HTTP, HTTPS 연결 등의 톰캣 7 관련 정보 개요를 확인할 수 있다. 다음 그림 톰캣 7 상태 개요를 확인한 모습이다.

JVM							
Free memory: 8.36 MB Total memory: 15.56 MB Max memory: 247.50 MB							

"ajp-bio-8009"

Max threads: 200 Current thread count: 0 Current thread busy: 0
Max processing time: 0 ms Processing time: 0.0 s Request count: 0 Error count: 0 Bytes received: 0.00 MB Bytes sent: 0.00 MB

Stage	Time	B Sent	B Recv	Client	VHost	Request

P: Parse and prepare request S: Service F: Finishing R: Ready K: Keepalive

"http-bio-8080"

Max threads: 200 Current thread count: 10 Current thread busy: 1
Max processing time: 1008 ms Processing time: 3.635 s Request count: 31 Error count: 3 Bytes received: 0.00 MB Bytes sent: 0.30 MB

Stage	Time	B Sent	B Recv	Client	VHost	Request
R	?	?	?	?	?	?
R	?	?	?	?	?	?
R	?	?	?	?	?	?
S	2056 ms	0 KB	0 KB	0:0:0:0:0:0:0:1	localhost	GET /manager/status HTTP/1.1

P: Parse and prepare request S: Service F: Finishing R: Ready K: Keepalive

톰캣 7 개요는 JVM, HTTP 연결, AJP 연결 정보를 자세히 보여준다. 각 컴포넌트별로 다음과 같은 정보를 제공한다.

- JVM
    - 여유 메모리Free memory
    - 사용한 메모리Used memory
    - 전체 메모리Total memory
- HTTP 포트 연결
    - 최대 스레드Max threads
    - 현재 스레드 개수Current thread count
    - 현재 바쁜 스레드Current thread busy
    - 최대 처리 시간Max processing time(MS)
    - 처리 시간Processing time(S)
    - 요청 횟수Request count
    - 에러 횟수Error count
    - 수신한 바이트Bytes received(MB)
    - 전송한 바이트Bytes sent(MB)

- AJP 연결
  - 최대 스레드 Max threads
  - 현재 스레드 개수 Current thread count
  - 현재 바쁜 스레드 Current thread busy
  - 최대 처리 시간 Max processing time(MS)
  - 처리 시간 Processing time(S)
  - 요청 횟수 Request count
  - 에러 횟수 Error count
  - 수신한 바이트 Bytes received(MB)
  - 전송한 바이트 Bytes sent(MB)

톰캣 7 서버의 모든 상태

이 페이지는 톰캣 7 모든 상태를 포함하는 정보를 보여준다. 서버 상태와 관련한 모든 파라미터 정보도 포함한다. 파라미터 정보뿐 아니라 애플리케이션 목록, 애플리케이션 반응 시간, 서블릿 응답 시간 등의 세부 정보도 제공한다. http://localhost:8080/manager/status/all에서 서버의 모든 상태를 확인할 수 있다. 서버의 모든 상태 페이지에서 제공하는 각 컴포넌트를 간단히 살펴보자.

애플리케이션 목록

톰캣 7에서 호스트하는 모든 애플리케이션 목록과 애플리케이션에 접속할 수 있는 URL 매핑 정보를 보여준다. 다음 그림은 톰캣 7 인스턴스에서 배포한 애플리케이션 목록이다.

Application list
localhost/sample
localhost/
localhost/manager
localhost/docs
localhost/host-manager
localhost/examples

톰캣에서 호스트하는 애플리케이션과 관련해 다음과 같은 세부 정보도 제공한다.

- **애플리케이션 세부 정보** 애플리케이션 목록을 클릭하면 내부적인 배포 컴포넌트를 포함한 애플리케이션 요약 정보를 보여준다. 다음 그림은 내부 컴포넌트와 애플리케이션 응답, 서블릿 응답, JSP 응답 상태 등의 상태 정보를 보여준다.

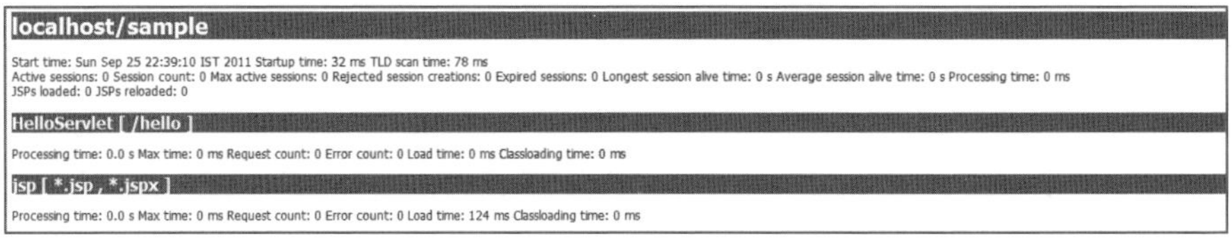

```
localhost/sample
Start time: Sun Sep 25 22:39:10 IST 2011 Startup time: 32 ms TLD scan time: 78 ms
Active sessions: 0 Session count: 0 Max active sessions: 0 Rejected session creations: 0 Expired sessions: 0 Longest session alive time: 0 s Average session alive time: 0 s Processing time: 0 ms
JSPs loaded: 0 JSPs reloaded: 0
HelloServlet [ /hello ]
Processing time: 0.0 s Max time: 0 ms Request count: 0 Error count: 0 Load time: 0 ms Classloading time: 0 ms
jsp [ *.jsp , *.jspx ]
Processing time: 0.0 s Max time: 0 ms Request count: 0 Error count: 0 Load time: 124 ms Classloading time: 0 ms
```

- **애플리케이션 응답** 배포된 애플리케이션의 현재 응답 상태 정보를 제공한다. 예를 들어 이전 그림은 sample 애플리케이션의 현재 동작과 관련한 다음과 같은 파라미터 정보를 제공한다.

    - 시작 시간Start time
    - 시작에 걸린 시간Startup time(MS)
    - TLD 스캔 시간TLD scan time(MS)
    - 활성 세션Active sessions
    - 세션 수Session count
    - 최대 활성 세션Max active sessions
    - 거절된 세션 생성Rejected session creations
    - 만료된 세션Expired sessions
    - 가장 오래 생존한 세션의 시간Longest session alive time(S)
    - 평균 세션 생존 시간Average session alive time(S)
    - 처리 시간Processing time(MS)
    - 로드된 JSPJSPs loaded
    - 다시 로드된 JSPJSPs reloaded

- **서블릿 세부 정보** 다음으로 sample 애플리케이션에 배포된 서블릿의 응답 시간과 다음 파라미터 정보를 제공한다.
  - 처리 시간 Processing time(S)
  - 최대 시간 Max time(MS)
  - 요청 횟수 Request count
  - 에러 횟수 Error count
  - 로드 시간 Load time(MS)
  - 클래스로딩 시간 Classloading time(MS)

- **JSP** 다음으로 sample 애플리케이션에 배포된 JSP의 응답 시간과 다음 파라미터 정보를 제공한다.
  - 처리 시간 Processing time(S)
  - 최대 시간 Max time(MS)
  - 요청 횟수 Request count
  - 에러 횟수 Error count
  - 로드 시간 Load time(MS)
  - 클래스로딩 시간 Classloading time(MS)

JVM

JVM 절에서는 톰캣 인스턴스의 JVM 메모리 활용 세부 정보를 보여준다. 다음 그림의 첫 번째 섹션에서는 다음 파라미터 정보와 함께 JVM 메모리 활용 세부 정보를 보여준다.

- 여유 메모리 Free memory
- 사용한 메모리 Used memory
- 전체 메모리 Total memory

AJP 연결 정보

다음 섹션에서는 톰캣 인스턴스의 AJP 연결 상태 정보를 보여준다. 다음 그림의 세 번째 섹션에서는 sample 애플리케이션의 AJP 상태와 다음 파라미터 정보를 보여준다.

- 최대 스레드Max threads
- 현재 스레드 개수Current thread count
- 현재 바쁜 스레드Current thread busy
- 최대 처리 시간Max processing time(MS)
- 처리 시간Processing time(S)
- 요청 횟수Request count
- 에러 횟수Error count
- 수신한 바이트Bytes received(MB)
- 전송한 바이트Bytes sent(MB)

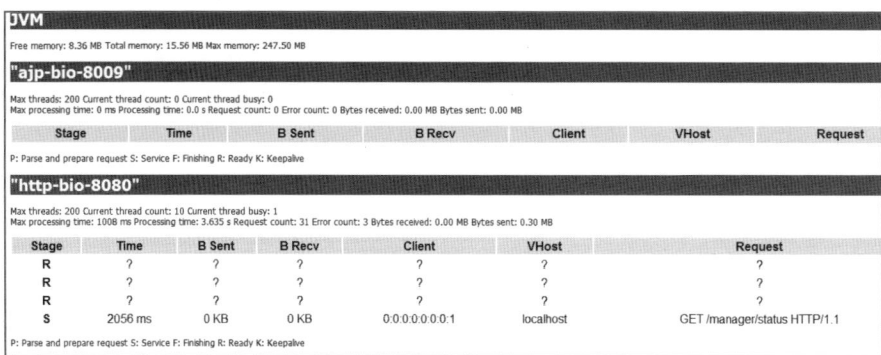

HTTP 포트(8080) 연결 정보

다음 절에서는 톰캣 인스턴스의 HTTP 연결 상태 정보를 표시한다. 다음 그림의 세 번째 섹션에서는 sample 애플리케이션의 HTTP 연결 상태와 다음 파라미터 정보를 보여준다.

- 최대 스레드Max threads
- 현재 스레드 개수Current thread count
- 현재 바쁜 스레드Current thread busy
- 최대 처리 시간Max processing time(MS)
- 처리 시간Processing time(S)
- 요청 횟수Request count
- 에러 횟수Error count
- 수신한 바이트Bytes received(MB)
- 전송한 바이트Bytes sent(MB)

톰캣 7의 JConsole 설정

JConsole은 JDK 1.5 또는 이후 버전의 JDK에서 제공하는 최고의 모니터링 유틸리티 중 하나다. 좀 더 정확히 표현하면 자바 모니터링과 관리 콘솔Java Monitoring and Management Console이다. JConsole은 그래픽적 도구로 애플리케이션과 서버 성능 세부 정보를 완벽하게 제공한다. JConsole은 톰캣 7에서 호스트하는 애플리케이션에서 다음과 같은 정보를 제공한다.

- 로우 메모리(메모리 부족이 발생할 수 있는 상황) 검출
- GC, 클래스 로딩 상세 정보 출력을 활성화하거나 비활성화
- 데드락 검출
- 애플리케이션의 모든 로거의 로그 수준 제어
- OS 자원 접근 - 썬의 플랫폼 확장
- 애플리케이션의 **메니지드 빈**(MBeans) 관리

원격 JMX 활성화

JConsole을 이용해 톰캣 7을 모니터링하려면 톰캣의 **JMX**(Java Management Extension)를 활성화해야 한다. JMX를 활성화함으로써 우리의 데스크톱에서 톰캣 7 서버 세부 정보를 모니터할 수 있다. 즉 서버 기기에 로그인하지 않고도 원격으로 서버 상태를 모니터할 수 있다. 따라서 관리자는 어느 장소에서나 필요한 작업을 수행하고 문제를 해결할 수 있다. catalina.sh에 CATALINA_OPTS 파라미터를 추가해서 톰캣 7의 JMX를 활성화할 수 있다. 보통 다음과 같은 값을 추가해 JMX를 활성화한다.

```
CATALINA_OPTS=-Dcom.sun.management.jmxremote \
 -Dcom.sun.management.jmxremote.port=%my.jmx.port% \
 -Dcom.sun.management.jmxremote.ssl=false \
 -Dcom.sun.management.jmxremote.authenticate=false
```

실제로 톰캣 7을 설정해보면서 각 파라미터의 의미를 이해하자.

```
CATALINA_OPTS="-Djava.awt.headless=true -Xmx128M -server
 -Dcom.sun.management.jmxremote -Dcom.sun.management.jmxremote.
 port=8086 -Dcom.sun.management.jmxremote.authenticate=false
 -Dcom.sun.management.jmxremote.ssl=false"
```

- **-Djava.awt.headless** 그래픽을 이용하는 프로그램에서 콘솔을 이용한 명령행 모드로 동작하도록 설정. 원격 서버에 접속했을 때 유용하게 활용할 수 있다.

- **-Dcom.sun.management.jmxremote** 호스트가 로컬 시스템에 접근할 수 있도록 허용한다.

- **-Dcom.sun.management.jmxremote.port** RMI(Remote Method Invocation)가 연결될 포트를 정의한다.

- **-Dcom.sun.management.jmxremote.authenticate** 연결 인증 방식을 정의한다.

- `-Dcom.sun.management.jmxremote.ssl` 통신에 사용하는 프로토콜을 정의한다. 기본값은 false이며 HTTP 프로토콜을 사용한다.

JConsole 연결 방법

톰캣 7 설정을 마쳤으면 jconsole 명령어를 이용해 원격으로 JConsole을 거쳐 톰캣 7에 연결할 수 있다. JConsole은 GUI 인터페이스로 구성되어 있다. 접속하려는 서브의 IP 주소와 포트를 jconsole에 제공해야 한다(예제에서는 localhost와 8086을 사용). 다음 그림은 기본적인 JConsole 모습이다.

```
[root@localhost bin] # jconsole
```

 jconsole은 JAVA_HOME/bin에 있다. JAVA_HOME/bin을 실행 경로에 포함했다면 시스템의 어느 곳에서나 jconsole을 실행할 수 있다.

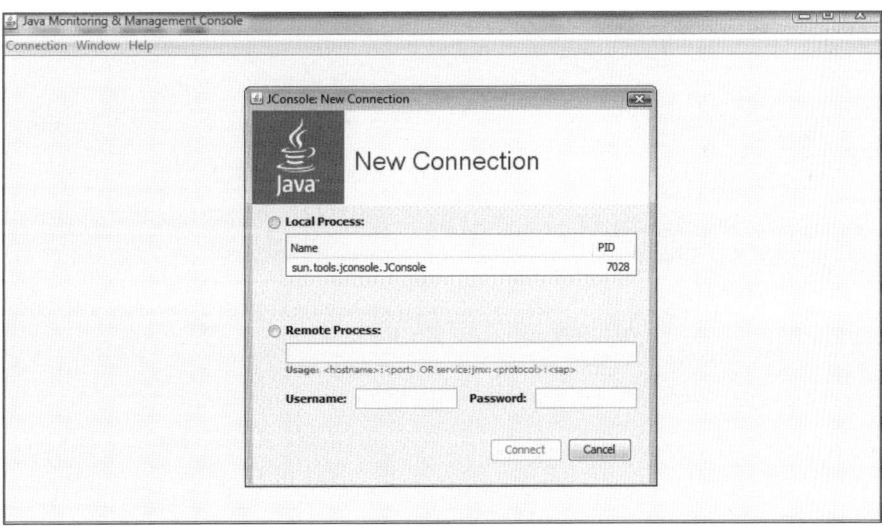

다음 그림은 포트 8086을 이용해 톰캣에 연결된 JConsole 모습이다.

 원격 서버에 연결하려면 서버의 JConsole 포트를 방화벽에서 풀어줘야 한다.

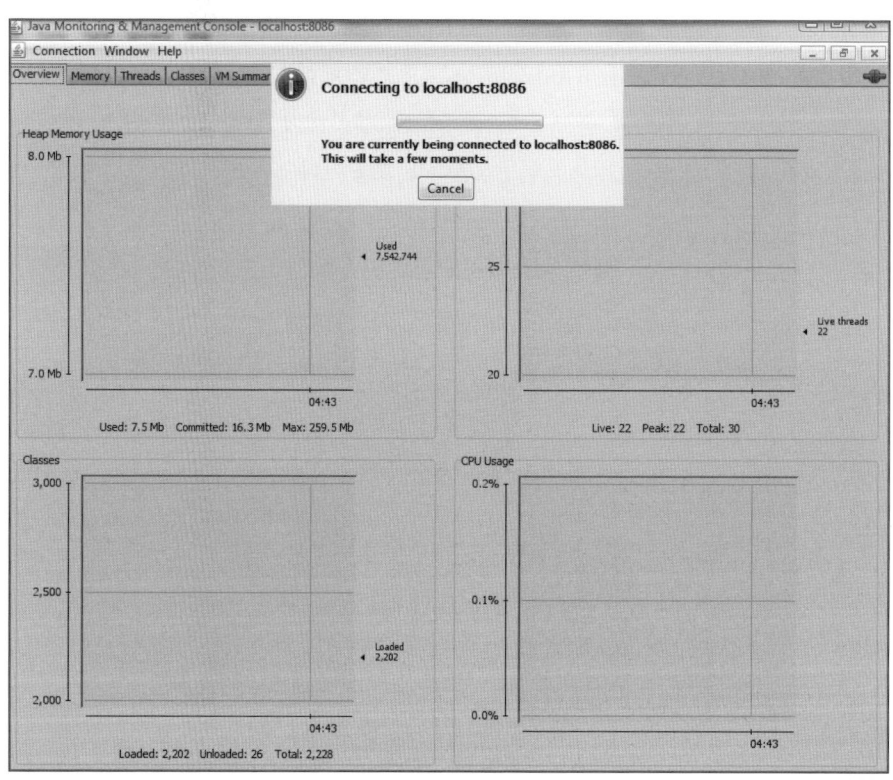

시스템에 연결했으면 CPU, 메모리, 스레드, 클래스 등의 시스템의 모든 정보를 제공한다. 다음 그림은 시스템 세부 정보를 보여준다. 물론 자바 기반 애플리케이션에서 다음과 같은 컴포넌트를 더 자세히 분석할 수도 있다.

- 메모리
- 스레드
- 클래스
- MBeans

JConsole은 다음과 같은 장점을 제공한다.

- 애플리케이션 온라인 분석
- 커스터마이즈된 분석 리포트
- 시스템의 데드락 검출

JConsole의 다양한 탭과 기능

JConsole에서 제공하는 다양한 모니터링 컴포넌트를 살펴보자.

메모리 개요

웹 관리자는 톰캣 7의 메모리를 분석해서 나중에 톰캣 7에서 문제가 발생하는 것을 방지할 수 있다. 다음 그림은 톰캣 7의 실제 힙 메모리 사용 현황을 보여준다. Memory 탭에서는 다음 기능을 제공한다.

- JVM이 차지하는 메모리 공간을 포함한 메모리 사용 현황을 그래픽적으로 표현
- 분석 요구사항에 맞게 커스터마이즈된 메모리 차트 제공
- GC 수행 기능 제공

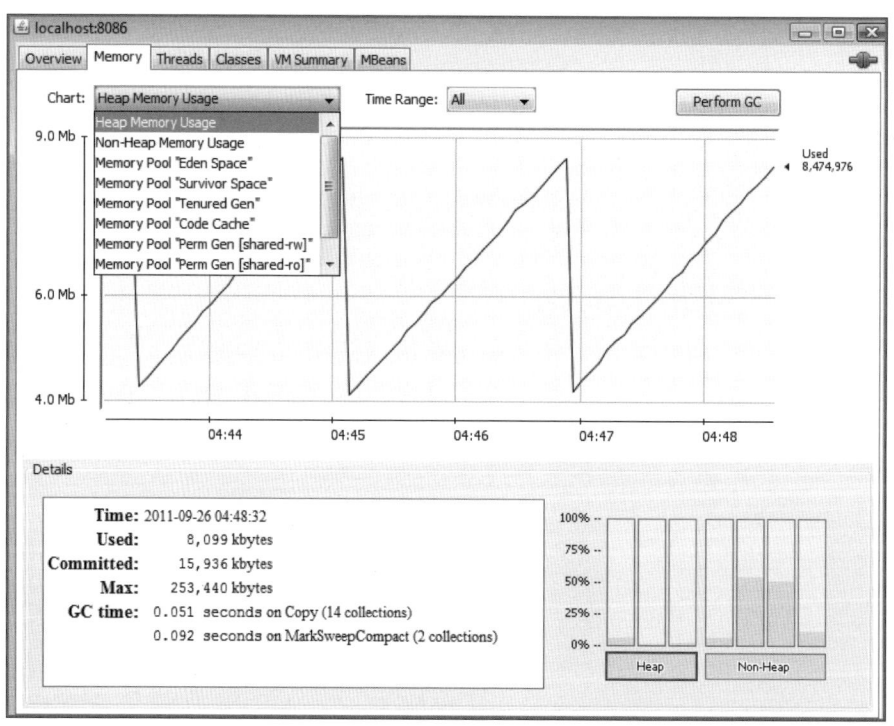

스레드 개요

Threads 탭은 특정 인스턴스의 서버 스레드와 톰캣 7에서 호스트하는 웹 애플리케이션의 모든 정보를 제공한다. 다음 그림은 스레드 활용 상태이며 Deadlock Detection 버튼을 다른 색으로 표시했다. 실생활에서 관리자는 이 스레드 분석 도구를 유용하게 활용한다. Threads 탭은 다음의 기능을 제공한다.

- 스레드와 관련 정보를 그래픽으로 표현
- 개발 스레드의 상태와 분석 제공
- 데드락 검출

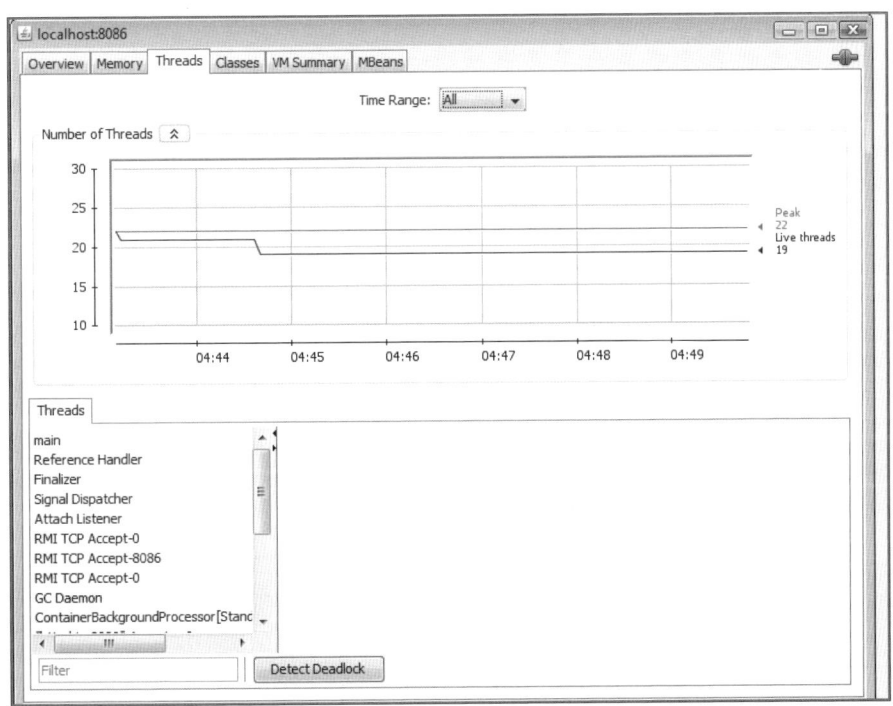

개요와 VM 요약

Overview와 VM Summary 탭은 관리자에 중요한 정보와 기능을 제공한다. 관리자가 항상 애플리케이션의 모든 컴포넌트를 관찰하는 것은 불가능하다. 관리자가 할 수 있는 일은 시스템의 전체 성능을 확인하는 정도다. 뭔가 이상이 발견되면 관리자는 관련 컴포넌트가 누군지 확인할 것이다. 다음은 두 탭에서 제공하는 기능이다.

- 인스턴스와 관련한 요약 정보(힙 메모리 사용현황, 스레드, CPU 사용현황, 클래스)
- VM 인자 요약

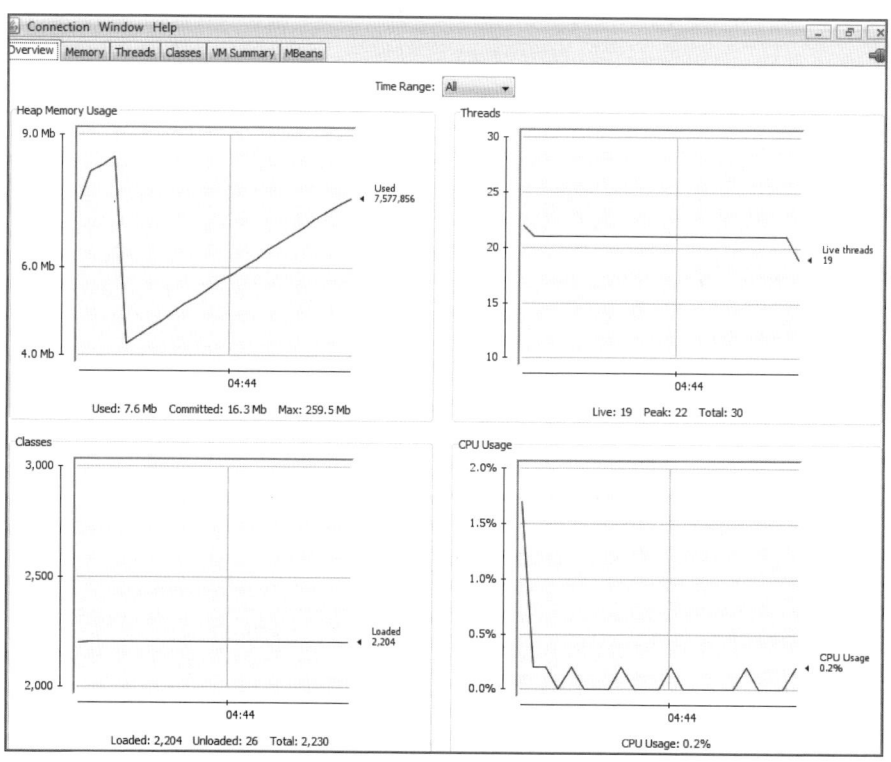

이전 그림은 톰캣 7의 실제 상태를 보여준다. 그림에서는 톰캣 7 인스턴스의 힙, 스레드, 클래스, CPU 사용 현황 정보를 그래프로 보여준다. 다음 그림은 톰캣 인스턴스 요약 정보를 보여준다.

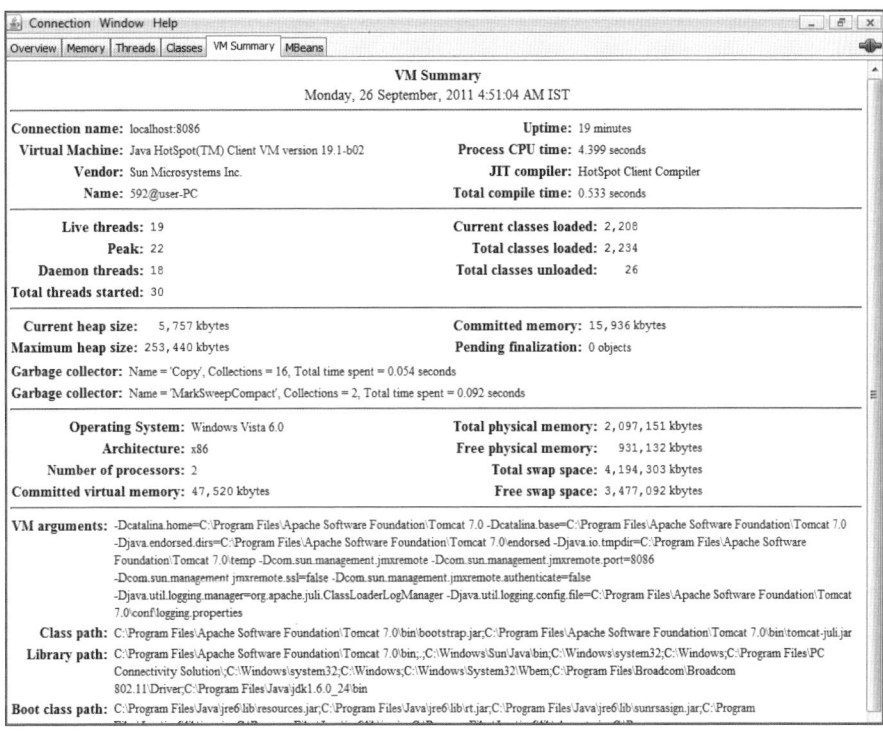

MBeans

MBeans 탭은 톰캣 인스턴스에 배포된 매니지드 빈즈MBeans 관련 정보를 빠짐없이 제공한다. MBeans 탭은 톰캣과 애플리케이션 수준의 MBeans를 모두 포함한다. 다음 그림은 MBeans의 속성을 보여준다. 어떤 MBeans가 문제를 일으키고 있을 때 'MBeans'탭이 유용한 정보를 제공할 것이다. 다음은 MBeans 탭의 제공하는 장점이다.

- 한 탭에 모든 파라미터를 사용한다.
- 쉽게 배포, 롤백, 실행할 수 있다.
- MBeans를 이용해 데이터베이스 수준의 사용자를 만들 수 있다.
- MBeans를 이용해 이벤트 알림을 만들 수 있다.
- 동적으로 자원을 설정할 수 있다.

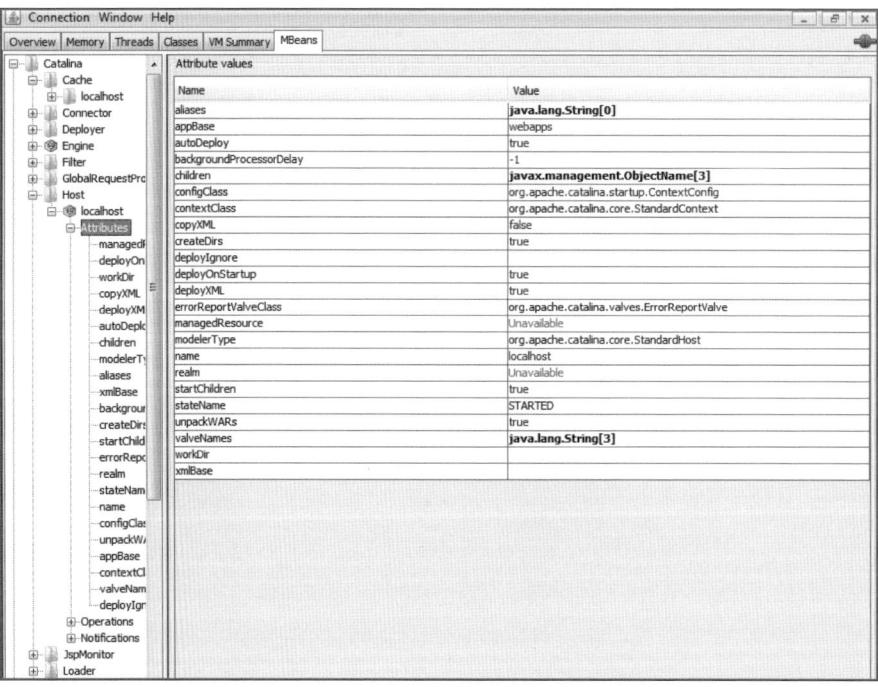

MBeans의 종류

네 가지의 MBeans가 있다. 다음 그림은 다양한 종류의 MBeans를 보여준다. 각각의 MBeans를 간단히 살펴보자.

- **표준 MBeans** MBeans 인터페이스와 클래스를 조합한 형태를 표준 MBeans라 한다. 인터페이스는 속성과 동작 전체 목록을 정의하며 클래스는 원격 인터페이스의 통신 기능을 제공한다. 가장 간단한 MBeans 중 하나다.

- **동적 MBeans** 동적 MBeans는 별도의 인터페이스(특정 메소드)를 구현하며 실행 중에 호출될 수 있다.

- **오픈 MBeans** 동적 MBeans와 쉬운 관리에 사용하는 보편적 데이터 집합을 혼합한 형태다.

- **모델 MBeans** 동적 MBeans와 실행 중의 완벽한 파라미터(설정할 수 있는) 접근, 자체적으로 설명하는 메소드를 조합한 형태다. MBeans에는 클래스가 필요하다.

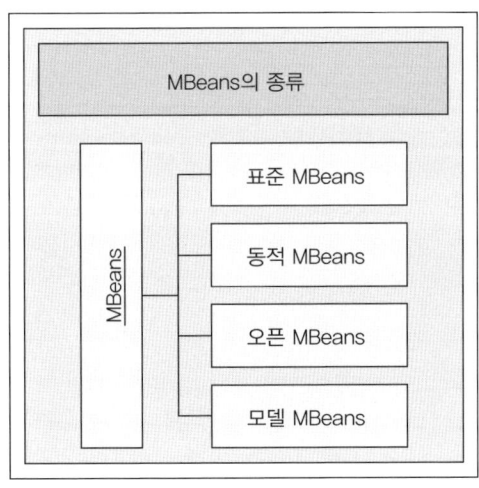

톰캣 7에서 지원하는 커넥터(MBeans를 이용해 원격으로 커넥터를 설정하고 동작을 수행할 수 있는)를 예로 살펴보자. 기본적으로 HTTP 커넥터와 AJP 커넥터가 설정되어 있다. 우리 예제에서는 HTTPS 커넥터도 설정되어 있다. 다음 그림은 세 커넥터(HTTP, AJP, HTTPS) 모습을 보여준다.

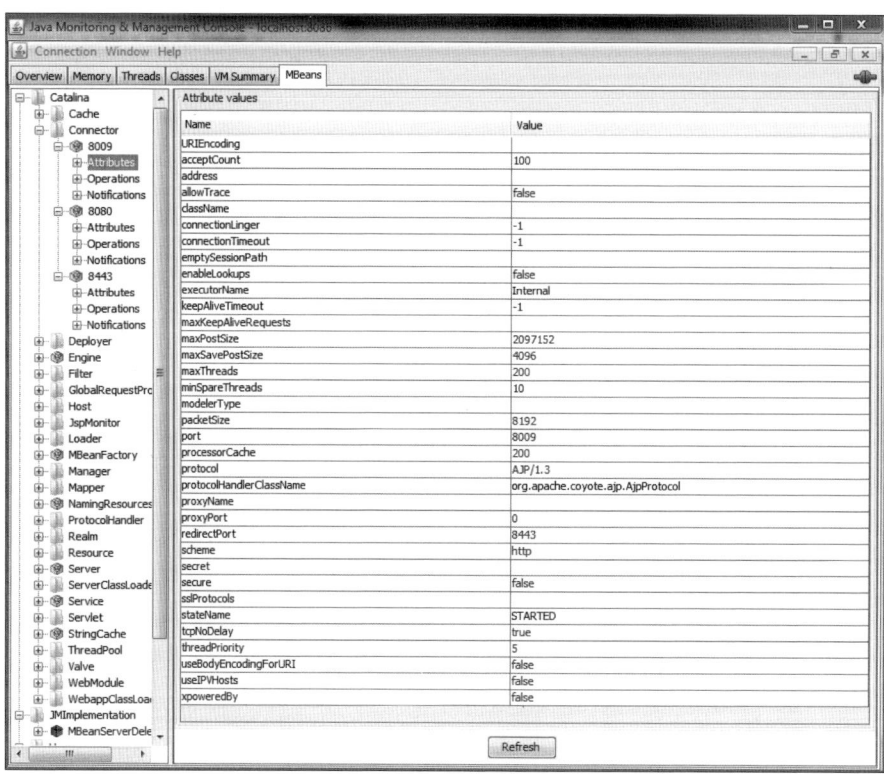

이전 그림에서 Connector 폴더를 보면 각 커넥터에 세 개의 하위 항목이 있음을 알 수 있다.

- **속성**Attributes 톰캣 인스턴스를 시작하면서 메모리로 로딩한 다양한 파라미터 정보를 포함한다. 줄여서 '실행 중에 로딩한 설정된 파라미터 정보'라고 할 수 있다.

- **동작**Operations MBeans가 실행 중 수행할 수 있는 동작이다. 다음과 같은 다양한 동작을 수행할 수 있다.
    - 파괴Destroy
    - 시작Start
    - 정지Stop
    - 초기화Init
    - 재개Resume
    - 일시 중지Pause

- **알림** 데드락 등과 같은 MBeans 상태의 이벤트 알림을 설정할 때 사용한다. 알림을 활성화하려면 원하는 이벤트를 구독subscribe해야 한다.

 모니터링과 관련한 더 자세한 정보는 http://java.sun.com/developer/technicalArticles/J2SE/monitoring/를 참고하자.

다음 그림은 톰캣 7의 HTTP 커넥터에 pause 동작을 성공적으로 수행한 모습이다.

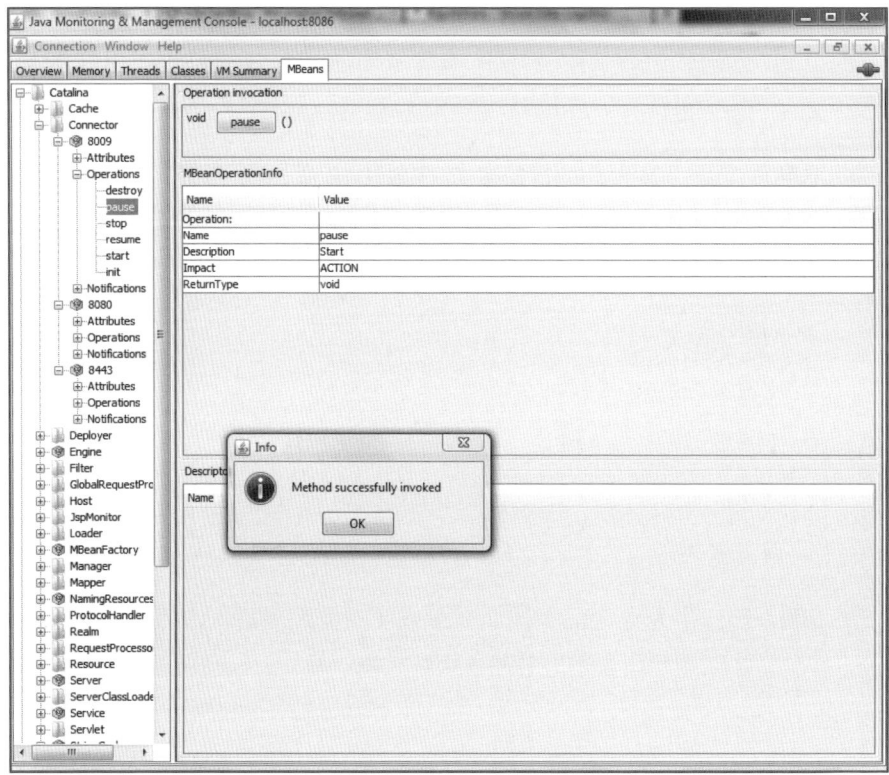

요약

8장에서는 톰캣 관리자와 JConsole을 어떻게 모니터링에 활용하고 사용하는지, 그리고 어떤 다양한 모니터링 방법이 있는지 살펴봤다. 9장에서는 클러스터링, 부하 분산, 높은 가용성 개념, 아키텍처 설계, 확장성 등을 활용해 톰캣의 가용성을 높이는 방법을 살펴본다.

9 톰캣 7 클러스터링

클러스터링이 왜 필요한지를 단적으로 보여주는 일화가 있다. 다양한 시스템을 관리하는 IT 조직에 A, B 두 팀이 있었다. 양팀은 검증된 미들웨어 전문가들로 구성되었다. 어느 날 조직의 CEO가 회의에 양팀을 소집해서 A, B팀에 각각의 미들웨어 환경을 관리하도록 할당했다. A, B 두 팀은 각자만의 프로세스를 적용해 환경과 관련해 발생하는 문제를 해결했다. 3개월이 지나서 각 고객이 프로세스를 검토했는데 상위 관리자를 놀라게 하는 결과가 나왔다. A팀은 애플리케이션 운용률이 50퍼센트였던 반면 B팀은 애플리케이션 운용률이 90퍼센트에 달했다. 각 팀이 어떤 방법을 사용했는지 비교하는 과정에서 B팀은 클러스터링을 이용한 높은 가용성 아키텍처를, A팀은 단일 서버 아키텍처를 적용했음이 밝혀졌다.

얼마 후 경영진에서 금융 평가를 발표했다. A팀은 아무 업적도 없었던 반면 B팀 멤버는 많은 보너스와 승진 기회를 얻었다. A팀, B팀중 어느 팀에 합류할지는 우리의 결정에 달렸다. B팀에 합류해서 높은 가용성을 제공하는 아키텍처를 만들고 싶다면 9장을 자세히 읽어야 한다.

9장에서는 다음을 학습한다.

- 높은 가용성 아키텍처 그리고 높은 가용성 아키텍처가 제공하는 장점
- 부하 배분, 클러스터링을 포함한 다양한 종류의 높은 가용성 아키텍처
- 때 IT 업계에서 기업 환경의 높은 가용성 아키텍처를 만들 사용하는 기법
- 아파치 톰캣 클러스터링 방법
- 다양한 클러스터링 아키텍처
- 클러스터링에서 흔히 발생하는 문제를 해결하는 방법

클러스터란 무엇인가

시스템에서 비슷한 기능을 수행하는 서버나 컴퓨터를 그룹으로 묶어 연결하는 것을 클러스터라 한다. 보통 고속 이더넷으로 이들 시스템을 연결한다. 고속 처리나 시스템 가용성을 요구하는 환경에서 클러스터 시스템을 사용한다. 금융 관련, 뱅킹, 보안 영역 등에서는 대부분이 클러스터를 사용한다. 다음 그림은 어떤 환경에서 클러스터된 J2EE 컨테이너 모습을 보여준다.

 애플리케이션 요구사항이 다르므로 환경마다 클러스터 구성 방법이 다르다.

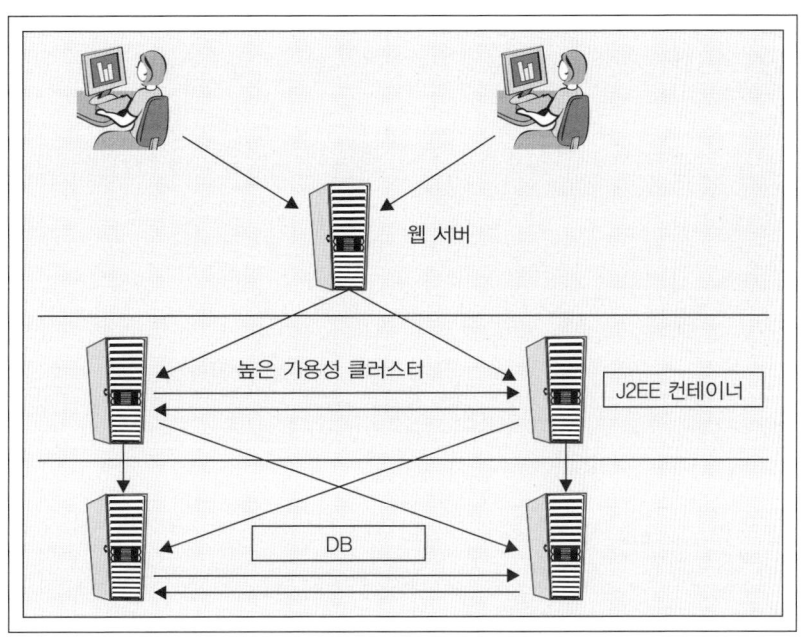

클러스터링의 장점

클러스터링은 미들웨어 환경에 많은 장점을 제공한다. 어떤 클러스터 기법을 사용하느냐에 따라 제공되는 장점도 다양하다. 클러스터링이 제공하는 다양한 장점을 살펴보자.

- **확장성** 클러스터링을 이용하면 나중에 구조상 애플리케이션과 서버를 쉽게 개선할 수 있다. 현재 100명의 동시 사용자가 이용하는 웹 애플리케이션이 있는데 언젠가 500명의 동시 사용자가 몰려온다고 가정하자. 시스템이 문제없이 동작하려면 어떻게 해야 할까? 클러스터링이 가장 좋은 해결 방법 중 하나다.

- **높은 가용성** 뱅킹, 금융 관련 영역 등 모든 트랜잭션을 시스템에 저장해야 하는 환경의 99.99퍼센트는 높은 가용성을 요구한다. 이런 웹 사이트에서는 잠깐의 장애도 용납되지 않는다. 따라서 뱅킹, 금융 관련 영역에서는 항상 장애가 없도록 높은 가용성을 가진 시스템을 구현하려고 최선을 다한다.

- **고성능** 클러스터링의 주요 장점 중 하나는 n배(n은 시스템 수)로 시스템 성능을 높일 수 있다는 것이다. 예를 들어 100명의 동시 사용자를 지원하는 한 서버 시스템을 운영중인 상황이라면 시스템을 추가해서 200명의 동시 사용자를 지원할 수 있다. 또한 애플리케이션의 응답 시간을 줄이고 싶다면 JVM 성능을 튜닝할 수 있다.

- **클라우드 컴퓨팅** 클러스터링은 클라우드 컴퓨팅 환경에서도 매우 유용하다. 클라우드 컴퓨팅의 성능을 개선하는 그리드 컴퓨팅 아키텍처를 설정할 때 클러스터링을 사용한다.

클러스터링의 단점

지금까지는 클러스터링이 웹 환경에 제공하는 장점을 확인했다. 그러나 클러스터링에는 다음과 같은 단점도 있다.

- **비용** 새 환경을 구현할 때 클러스터링이 큰 비중을 차지한다. 웹 클러스터링을 설정하려면 더 많은 서버가 필요하다. 결국 프로젝트의 비용이 증가한다.

- **모니터링** 서버 수가 증가하면 웹 관리자가 서버를 관리하기가 어려워지며, 서버 모니터링 비용도 증가한다.

클러스터링 아키텍처

IT 업계에서 사용하는 다양한 클러스터링 아키텍처를 살펴보자. 애플리케이션과 비즈니스 요구사항에 따라 각 구현마다 다양한 아키텍처를 사용한다. 실제 IT 인프라구조에서 사용하는 클러스터링 구현을 두 가지로 분류할 수 있다.

- 수직 클러스터링vertical clustering
- 수평 클러스터링horizontal clustering

기본적으로 아파치 톰캣 7은 수평 클러스터링과 수직 클러스터링 모두를 지원한다. 아파치 톰캣 7에서 지원하는 두 가지 종류의 클러스터링 구현을 살펴볼 것이다. 그 전에 클러스터링을 어디에서 구현하며 장점은 무엇인지 등의 클러스터링 아키텍처를 살펴보자.

수직 클러스터링

수직 클러스터링에서는 한 개의 하드웨어에 시스템 공유 자원을 이용하는 다중 인스턴스가 실행된다. 개발자가 애플리케이션의 기능을 테스트하는 개발 과정과 검증 시스템에서 수직 클러스터링을 주로 사용한다. 때로는 제품(예를 들어 하드웨어 자원이 부족한 상황)에서도 수직 클러스터링을 사용한다. 수직 클러스터링은 CPU, 램 등의 자원을 공유하는 개념을 채용한다. 다음은 수직 클러스터링을 그림으로 보여준다.

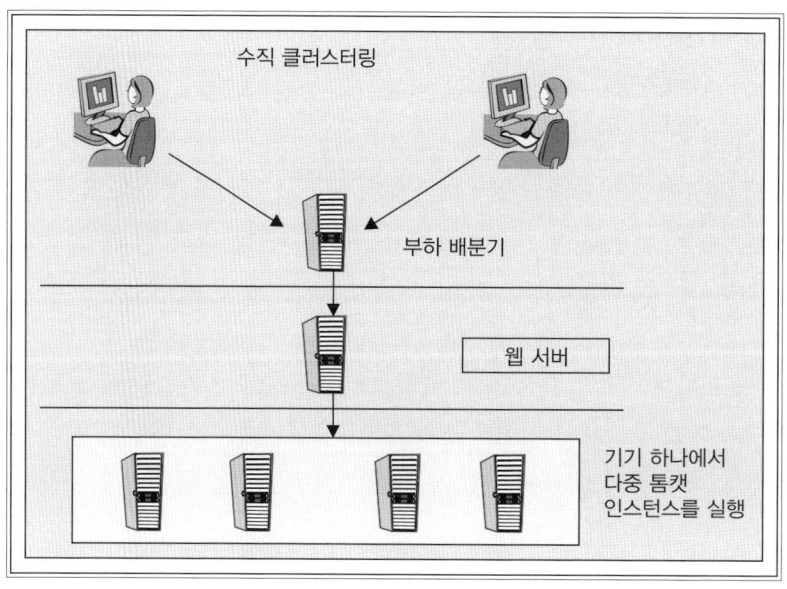

각 아키텍처마다 장단점이 있다. 수직 클러스터링의 장단점을 살펴보자.

수직 클러스터링의 장점

다음은 수직 클러스터링의 장점이다.

- 하나의 기기에서 모든 인스턴스를 호스트하므로 네트워크 대역폭 문제가 없다.
- 여러 톰캣 인스턴스에서 하드웨어를 공유한다.
- 물리적 하드웨어를 추가할 필요가 없다.
- 여러 인스턴스가 하나의 JVM을 공유할 수 있다.

수직 클러스터링의 단점

다음은 수직 클러스터링의 단점이다.

- 하드웨어 장애 발생시 대체 불가
- 유지보수 문제 증가
- 구현하려면 하이엔드 하드웨어가 필요함
- 고비용

수평 클러스터링

수평 클러스터링에서는 각각의 물리적 기기에 인스턴스를 따로 설정한 다음 빠른 속도의 이더넷으로 연결한다. 제품 환경에서는 보통 수평 클러스터링을 사용한다. 한 기기의 자원을 다른 기기와 공유하지 않는다. 따라서 어떤 기기의 하드웨어에서 장애가 발생했을 때 이를 대체할 수 있다. 다음 그림은 다양한 아파치 톰캣 인스턴스가 별도의 물리 하드웨어를 이용하는 수평 클러스터링 모습을 보여준다.

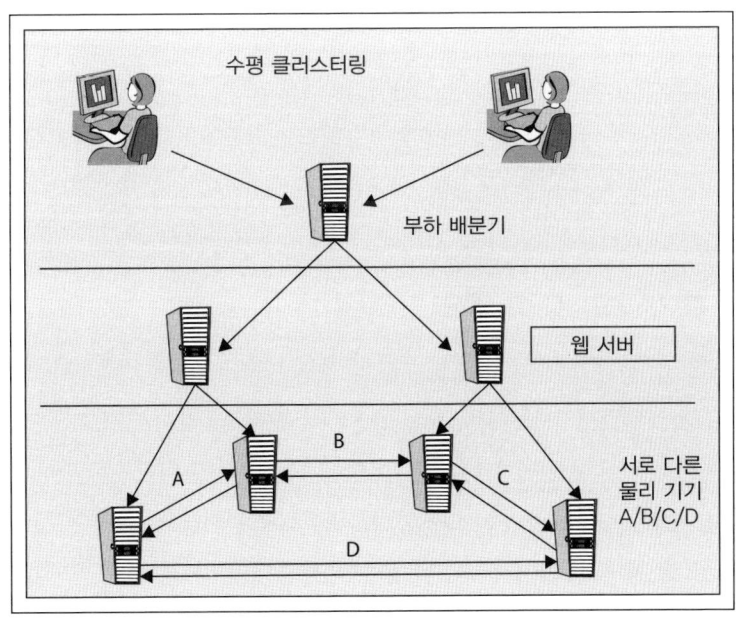

수평 클러스터링의 장단점을 살펴보자.

수평 클러스터링의 장점

다음은 수평 클러스터링의 장점이다.

- 하드웨어 장애 발생시 대체할 수 있다.
- 각 물리 기기나 VM 인스턴스가 하나의 인스턴스를 사용하므로 로우 엔드 시스템을 사용할 수 있다.
- 유지보수 문제가 적다.

수평 클러스터링의 단점

다음은 수평 클러스터링의 단점이다.

- 네트워크 대역폭 문제
- 기기간의 네트워크 연결 문제
- 각 인스턴스마다 별도의 물리 하드웨어 컴포넌트가 필요

 제품 환경에서 가장 선호하는 방법은 수평 클러스터링이다.

아파치 톰캣 7의 수직 클러스터링

기존에 설명한 것처럼 아파치 톰캣 7은 다양한 클러스터 아키텍처를 지원한다. 이제 실제로 톰캣 7을 이용해 클러스터링을 구현하자. 먼저 수직 클러스터링부터 살펴보자.

수직 클러스터링을 구성하려면 적어도 두 개의 아파치 톰캣 인스턴스가 필요하며 각 인스턴스에 다음과 같은 세 단계의 과정을 수행한다. 톰캣 7의 수직 클러스터 구현 과정을 살펴보자.

1. 톰캣 인스턴스 설치
2. 클러스터 설정
3. 아파치 HTTP 웹 서버를 수직 클러스터로 설정

톰캣 인스턴스 설치

다음처럼 세 단계로 아파치 톰캣 7 인스턴스를 간단히 설치할 수 있다.

1. 소프트웨어를 다운로드한 다음 적절한 디렉터리에 압축 해제한다.
2. JDK를 설치하고 JAVA_HOME을 설정한다.
3. 아파치 톰캣 소스 코드를 두 개의 디렉터리에 복사(예를 들어 /opt/tomcatX, 여기에서 X는 인스턴스 번호)한 뒤 다음 명령어를 이용해 두 인스턴스에 파일이 제대로 복사되었는지 확인한다.

   `[root@localhost opt]# ls -l apache-tomcat*`

다음 그림은 이전 명령어 수행 결과 화면이다.

```
apache-tomcat1:
total 160
drwxr-xr-x 2 root root   4096 Oct  8 14:15
drwxr-xr-x 3 root root   4096 Oct  8 13:59
drwxr-xr-x 2 root root   4096 May 22 15:08
-rw-r--r-- 1 root root  57851 Apr  1  2011 LICENSE
drwxr-xr-x 2 root root   4096 Oct 11 15:30
-rw-r--r-- 1 root root   1230 Apr  1  2011 NOTICE
-rw-r--r-- 1 root root   9031 Apr  1  2011 RELEASE-NOTES
-rw-r--r-- 1 root root   6860 Apr  1  2011 RUNNING.txt
drwxr-xr-x 3 root root   4096 Oct  8 13:59
drwxr-xr-x 7 root root   4096 Apr  1  2011
drwxr-xr-x 3 root root   4096 May 16 21:03

apache-tomcat2:
total 116
drwxr-xr-x 2 root root   4096 Oct  8 13:54
drwxr-xr-x 3 root root   4096 Oct  8 13:56
drwxr-xr-x 2 root root   4096 May 22 15:08
-rw-r--r-- 1 root root  57851 Apr  1  2011 LICENSE
drwxr-xr-x 2 root root   4096 Oct 11 15:30
-rw-r--r-- 1 root root   1230 Apr  1  2011 NOTICE
-rw-r--r-- 1 root root   9031 Apr  1  2011 RELEASE-NOTES
-rw-r--r-- 1 root root   6860 Apr  1  2011 RUNNING.txt
drwxr-xr-x 3 root root   4096 Oct  8 13:57
drwxr-xr-x 7 root root   4096 Apr  1  2011
drwxr-xr-x 3 root root   4096 May 16 21:03
```

수직 클러스터 설정

이제 수직 클러스터링과 관련한 모든 설정을 설명할 것이므로 다음 내용을 유심히 살펴보자. 사소한 에러가 있어도 클러스터가 작동하지 않을 수 있다. 따라서 클러스터를 설정할 때 주의를 기울여야 한다. 각각의 설정 과정을 단계별로 살펴보자.

인스턴스 1 설정

첫 번째 인스턴스에서는 server.xml에 있는 커넥터 포트, AJP 포트, 셧다운 포트의 기본 설정을 그대로 사용한다. 각각의 설정 컴포넌트와 해당 컴포넌트를 사용하는 이유를 살펴보자.

1. **셧다운 포트** 다음 그림은 톰캣 인스턴스의 셧다운 포트 설정 모습이다. 여러 인스턴스를 실행 중인 상황에서 셧다운 포트를 설정을 생략했다면 다른 톰캣 인스턴스를 초기화할 수 없다.

    ```
    -->
    <Server port="8006" shutdown="SHUTDOWN">
      <!-- Security listener. Documentation at /docs/config/listeners.html
      <Listener className="org.apache.catalina.security.SecurityListener" />
      -->
      <!--APR library loader. Documentation at /docs/apr.html -->
    ```

2. **커넥터 포트** 다음 그림은 톰캣 7의 커넥터 포트 설정 모습이다. http://localhost:8080 같은 URL로 톰캣 인스턴스에 접근할 수 있는데 이때 8080을 커넥터 포트라 부른다. 여러 인스턴스를 실행하는 상황에서 커넥터 포트 설정을 생략했다면 톰캣이 다른 인스턴스를 시작시키려 할 때 포트가 이미 사용 중이라는 예외가 발생한다.

    ```
        <!-- A "Connector" represents an endpoint by which requests are received
             and responses are returned. Documentation at :
             Java HTTP Connector: /docs/config/http.html (blocking & non-blocking)
             Java AJP  Connector: /docs/config/ajp.html
             APR (HTTP/AJP) Connector: /docs/apr.html
             Define a non-SSL HTTP/1.1 Connector on port 8080
        -->
        <Connector port="8080" protocol="HTTP/1.1"
                   connectionTimeout="20000"
                   redirectPort="8443" />
        <!-- A "Connector" using the shared thread pool-->
        <!--
    ```

3. **AJP 포트**   다음 그림은 톰캣 7의 AJP 포트 설정 모습이다. 아파치 서버와 톰캣 인스턴스가 AJP 통신을 할 때 AJP 포트를 사용한다. 여러 인스턴스를 실행하는 상황에서 AJP 포트 설정을 생략했다면 톰캣이 다른 인스턴스를 시작시키려 할 때 포트가 이미 사용 중이라는 예외가 발생한다.

```xml
<!-- Define an AJP 1.3 Connector on port 8009 -->
<Connector port="8009" protocol="AJP/1.3" redirectPort="8443" />
```

4. **클러스터 속성**   server.xml 파일에서 클러스터 속성을 활성화할 수 있다. 다음 그림은 클러스터링에 사용하는 클러스터 클래스를 보여준다.

```xml
<!--For clustering, please take a look at documentation at:
    /docs/cluster-howto.html  (simple how to)
    /docs/config/cluster.html (reference documentation) -->

<Cluster className="org.apache.catalina.ha.tcp.SimpleTcpCluster"/>
```

5. **설정 검사**   TOMCAT_HOME/bin에 있는 configtest.sh 스크립트를 실행해서 설정을 확인한다. 다음 그림은 configtest.sh 명령어를 입력한 결과다.

[root@localhost bin]# ./configtest.sh

```
[root@localhost bin]# ./configtest.sh
Using CATALINA_BASE:   /opt/apache-tomcat1
Using CATALINA_HOME:   /opt/apache-tomcat1
Using CATALINA_TMPDIR: /opt/apache-tomcat1/temp
Using JRE_HOME:        /opt/jdk1.6.0_24
Using CLASSPATH:       /opt/apache-tomcat1/bin/bootstrap.jar:/opt/apache-tomcat1/bin/tomcat-juli.jar
Oct 11, 2011 4:55:58 PM org.apache.catalina.core.AprLifecycleListener init
INFO: The APR based Apache Tomcat Native library which allows optimal performance in production environments was not found on the java.library.path: /opt/jdk
1.6.0_24/jre/lib/i386/server:/opt/jdk1.6.0_24/jre/lib/i386:/opt/jdk1.6.0_24/jre/../lib/i386:/usr/java/packages/lib/i386:/lib:/usr/lib
Oct 11, 2011 4:56:01 PM org.apache.coyote.AbstractProtocolHandler init
INFO: Initializing ProtocolHandler ["http-bio-8080"]
Oct 11, 2011 4:56:01 PM org.apache.coyote.AbstractProtocolHandler init
INFO: Initializing ProtocolHandler ["ajp-bio-8009"]
Oct 11, 2011 4:56:01 PM org.apache.catalina.startup.Catalina load
INFO: Initialization processed in 8569 ms
```

6. **톰캣 인스턴스 스타트업**   startup.sh 스크립트를 이용해 인스턴스 1을 시작한다. 다음 그림은 startup.sh 스크립트 실행 결과 화면이다.

[root@localhost bin]# ./startup.sh

```
[root@localhost bin]# ./startup.sh
Using CATALINA_BASE:   /opt/apache-tomcat1
Using CATALINA_HOME:   /opt/apache-tomcat1
Using CATALINA_TMPDIR: /opt/apache-tomcat1/temp
Using JRE_HOME:        /opt/jdk1.6.0_24
Using CLASSPATH:       /opt/apache-tomcat1/bin/bootstrap.jar:/opt/apache-tomcat1/bin/tomcat-juli.jar
```

다음 명령어를 이용해 톰캣 인스턴스 프로세스를 확인한다. 다음은 ps 명령어를 입력한 결과를 보여주는 그림이다.

[root@localhost bin]# ps -ef |grep java

```
[root@localhost bin]# ps -ef |grep java
root      11766     1 11 17:00 pts/3    00:00:17 /opt/jdk1.6.0_24/bin/java -Djava
m -Xmx512m -XX:MaxPermSize=256m -Dorg.jboss.resolver.warning=true -Dsun.rmi.dgc.
.logging.manager=org.apache.juli.ClassLoaderLogManager -Djava.awt.headless=true
e.port=7091 -Dcom.sun.management.jmxremote.authenticate=false -Dcom.sun.manageme
sspath /opt/apache-tomcat1/bin/bootstrap.jar:/opt/apache-tomcat1/bin/tomcat-juli
-Djava.io.tmpdir=/opt/apache-tomcat1/temp org.apache.catalina.startup.Bootstrap
root      11902 10149  0 17:02 pts/3    00:00:00 grep java
[root@localhost bin]#
```

인스턴스 2 설정

노드 2에는 기본 설정을 이용할 수 없다. 기본 설정을 이용한다면 하나의 IP를 사용하는 같은 물리적 기기에서 인스턴스를 실행하는 상황이므로 포트가 충돌할 수 있다. 다음과 같은 방법으로 인스턴스 2를 설정하자.

1. server.xml의 인스턴스 2의 셧다운 포트를 바꾼다(1 증가시킴). 다음 그림은 설정 모습을 보여준다.

```
-->
<Server port="8007" shutdown="SHUTDOWN">
  <!-- Security listener. Documentation at /docs/config/listeners.html
  <Listener className="org.apache.catalina.security.SecurityListener" />
```

2. server.xml에서 인스턴스 2의 커넥터 포트와 재전송 포트를 바꾼다(1 증가시킴). 다음 그림은 설정 모습을 보여준다.

```
-->
  <Connector port="8081" protocol="HTTP/1.1"
             connectionTimeout="20000"
             redirectPort="8444" />
  <!-- A "Connector" using the shared thread pool-->
```

3. server.xml에서 인스턴스 2의 AJP 포트와 재전송 포트를 바꾼다(1 증가시킴). 다음 그림은 설정 모습을 보여준다.

```
<!-- Define an AJP 1.3 Connector on port 8009 -->
<Connector port="8010" protocol="AJP/1.3" redirectPort="8444" />
```

4. server.xml에서 클러스터링 속성을 활성화한다. 다음 그림은 설정 모습을 보여준다.

```
<!--For clustering, please take a look at documentation at:
    /docs/cluster-howto.html  (simple how to)
    /docs/config/cluster.html (reference documentation) -->
<Cluster className="org.apache.catalina.ha.tcp.SimpleTcpCluster"/>
```

5. server.xml을 저장한다.
6. TOMCAT_HOME/bin에 있는 configtest.sh 스크립트를 실행해 설정을 검사한다. 다음 그림은 configtest.sh 스크립트 실행 결과 모습이다.

```
[root@localhost bin]# ./configtest.sh
```

```
[root@localhost bin]# ./configtest.sh
Using CATALINA_BASE:   /opt/apache-tomcat2
Using CATALINA_HOME:   /opt/apache-tomcat2
Using CATALINA_TMPDIR: /opt/apache-tomcat2/temp
Using JRE_HOME:        /opt/jdk1.6.0_24
Using CLASSPATH:       /opt/apache-tomcat2/bin/bootstrap.jar:/opt/apache-tomcat2
Oct 11, 2011 5:21:07 PM org.apache.catalina.core.AprLifecycleListener init
INFO: The APR based Apache Tomcat Native library which allows optimal performanc
1.6.0_24/jre/lib/i386/server:/opt/jdk1.6.0_24/jre/lib/i386:/opt/jdk1.6.0_24/jre/
Oct 11, 2011 5:21:13 PM org.apache.coyote.AbstractProtocolHandler init
INFO: Initializing ProtocolHandler ["http-bio-8081"]
Oct 11, 2011 5:21:14 PM org.apache.coyote.AbstractProtocolHandler init
INFO: Initializing ProtocolHandler ["ajp-bio-8010"]
Oct 11, 2011 5:21:14 PM org.apache.catalina.startup.Catalina load
INFO: Initialization processed in 14385 ms
```

7. startup.sh를 이용해 인스턴스 2를 시작한다. 다음 그림은 startup.sh 스크립트 출력 결과를 보여준다.

```
[root@localhost bin]# ./startup.sh
```

```
[root@localhost bin]# ./startup.sh
Using CATALINA_BASE:   /opt/apache-tomcat2
Using CATALINA_HOME:   /opt/apache-tomcat2
Using CATALINA_TMPDIR: /opt/apache-tomcat2/temp
Using JRE_HOME:        /opt/jdk1.6.0_24
Using CLASSPATH:       /opt/apache-tomcat2/bin/bootstrap.jar:/opt/apache-tomcat2
/bin/tomcat-juli.jar
[root@localhost bin]#
```

8. 톰캣 인스턴스 프로세스를 확인한다. 다음 그림은 ps 명령어 입력 결과 화면이다.

```
[root@localhost bin]# ps -ef |grep java
```

9. 두 노드의 catalina.out을 검사한다.

노드 1에 다음과 같은 로그가 기록됐을 것이다.

Oct 11, 2011 5:00:24 PM org.apache.catalina.ha.tcp.
SimpleTcpCluster
startInternal
INFO: Cluster is about to start
Oct 11, 2011 5:00:24 PM
org.apache.catalina.tribes.transport.ReceiverBase bind
INFO: Receiver Server Socket bound to:/127.0.0.1:4000
Oct 11, 2011 5:00:24 PM
org.apache.catalina.tribes.membership.McastServiceImpl setupSocket
Instance node 1 started on port 4000
INFO: Setting cluster mcast soTimeout to 500
Oct 11, 2011 5:00:24 PM
INFO: Sleeping for 1000 milliseconds to establish cluster

```
membership,
start level:8
Oct 11, 2011 5:00:26 PM
org.apache.catalina.tribes.membership.McastServiceImpl
waitForMembers
```
 # waiting for other member to join the cluster
```
org.apache.catalina.ha.session.JvmRouteBinderValve startInternal
INFO: JvmRouteBinderValve started
Oct 11, 2011 5:00:37 PM org.apache.coyote.AbstractProtocolHandler
start
INFO: Starting ProtocolHandler ["http-bio-8080"]
Oct 11, 2011 5:00:37 PM org.apache.coyote.AbstractProtocolHandler
start
INFO: Starting ProtocolHandler ["ajp-bio-8009"]
Oct 11, 2011 5:00:37 PM org.apache.catalina.startup.Catalina start
INFO: Server startup in 13807 ms
Oct 11, 2011 5:23:42 PM org.apache.catalina.tribes.io.BufferPool
getBufferPool
INFO: Created a buffer pool with max size:104857600 bytes of
type:org.apache.catalina.tribes.io.BufferPool15Impl
Oct 11, 2011 5:23:43 PM org.apache.catalina.ha.tcp.
SimpleTcpCluster
memberAdded
INFO: Replication member
added:org.apache.catalina.tribes.membership.MemberImpl
[tcp://{127, 0, 0, 1}:4001,{127, 0, 0, 1},4001, alive=1043,
securePort=-1, UDP Port=-1, id={33 91 -59 78 -34 -52 73 -9 -99 124
-53 34 69 21 -40 -82 }, payload={}, command={}, domain={}, ]
```
#Instance 2 joined the cluster node.

노드 2에는 다음과 같은 로그가 출력되었을 것이다.

```
INFO: Starting Servlet Engine: Apache Tomcat/7.0.12
Oct 11, 2011 5:23:41 PM org.apache.catalina.ha.tcp.
SimpleTcpCluster
startInternal
INFO: Cluster is about to start
Oct 11, 2011 5:23:42 PM org.apache.catalina.tribes.transport.
ReceiverBase bind
INFO: Receiver Server Socket bound to:/127.0.0.1:4001
Oct 11, 2011 5:23:42 PM
```

```
org.apache.catalina.tribes.membership.McastServiceImpl setupSocket
# Instance node 2 started on port 4001
INFO: Setting cluster mcast soTimeout to 500
Oct 11, 2011 5:23:42 PM
org.apache.catalina.tribes.membership.McastServiceImpl
waitForMembers
INFO: Sleeping for 1000 milliseconds to establish cluster
membership,
start level:4
Oct 11, 2011 5:23:43 PM org.apache.catalina.ha.tcp.
SimpleTcpCluster
memberAdded
INFO: Replication member
added:org.apache.catalina.tribes.membership.MemberImpl
[tcp://{127, 0, 0, 1}:4000,{127, 0, 0, 1},4000, alive=1398024,
securePort=-1, UDP Port=-1, id={28 42 60 -68 -99 126 64 -35 -118
-97 7 84 26 20 90 24 }, payload={}, command={}, domain={}, ]
# Instance 1 joined the cluster node 2.
```

아파치 웹 서버를 수직 클러스터로 설정

지금까지 톰캣을 이용해 인스턴스의 수직 클러스터링을 설정하는 방법을 살펴봤다. 이제 톰캣 7과 아파치 웹 서버를 통합하자. 다음과 같은 방법으로 아파치 웹 서버와 톰캣 7을 통합할 수 있다.

1. 다음 명령어를 이용해 APACHE_HOME/conf 디렉터리에 mod_jk.conf라는 파일을 만들어야 한다.

    ```
    [root@localhost apache-2.0]# cd /opt/apache-2.2.19/conf
    vi mod-jk.conf
    ```

    mod_jk 파일에는 다음과 같은 내용을 추가한다.

    ```
    LoadModulejk_module modules/mod_jk.so
    JkWorkersFile conf/workers.properties
    JkLogFile logs/mod_jk.log
    JkLogLevel info
    JkMount /sample/* loadbalancer
    JkMount /* loadbalancer
    ```

2. 다음 명령어를 이용해 workers.properties라는 파일을 만든다.

   `[root@localhost conf]# vi workers.properties`

   worker.list는 AJP 프로토콜을 이용해 아파치와 통신하는 모든 톰캣 노드 목록을 포함한다. 현재 예제에는 다음 코드처럼 두 노드를 포함한다.

   `worker.list=tomcatnode1, tomcatnode2, loadbalancer`

   클러스터의 전체 노드를 포함하는 worker.list를 정의한다.

   `worker.tomcatnode1.port=8009`
   `worker.tomcatnode1.host=localhost`
   `worker.tomcatnode1.type=ajp13`
   `worker.tomcatnode1.lbfactor=1`

   이전 코드는 `tomcatnode1` 속성을 정의한다. 굵은 글씨는 `tomcatnode1`의 AJP 포트와 호스트명(수직 클러스터링의 필수 정보)을 보여준다.

   `worker.tomcatnode2.port=8010`
   `worker.tomcatnode2.host=localhost`
   `worker.tomcatnode2.type=ajp13`
   `worker.tomcatnode2.lbfactor=1`

   이전 코드는 `tomcatnode2` 속성을 정의한다. 굵은 글씨는 `tomcatnode2`의 AJP 포트와 호스트명(수직 클러스터링의 필수 정보)을 보여준다.

   `worker.loadbalancer.type=lb`
   `worker.loadbalancer.balanced_workers=tomcatnode1, tomcatnode2`
   `worker.loadbalancer.sticky_session=1`

   이전 코드는 mod_jk의 부하 분석 속성을 정의한다.

3. 마지막으로 다음 명령어를 이용해 httpd의 주요 설정 파일인 httpd.conf를 열고 mod_jk.conf를 포함시킨 다음 아파치 서비스를 재시작한다.

   `[root@localhostconf]# vi httpd.conf`

 httpd.conf의 마지막 부분에 conf/mod_jk.conf를 포함시킨다.

아파치 톰캣 7의 수평 클러스터링

수평 클러스터링에서는 최소한 두 개의 물리적 시스템 또는 가상 시스템 각각에 아파치 톰캣 인스턴스를 하나 이상 설정해야 한다. 각각의 물리적 기기는 같은 물리 네트워크상에 존재할 수 있다. 같은 물리 네트워크상에 있는 편이 시스템에 고속 대역폭을 제공하기가 수월하다.

 다른 네트워크에 클러스터링을 설정해야 한다면 두 네트워크 사이의 방화벽에서 AJP 포트와 클러스터링 포트를 열어줘야 한다.

수평 클러스터링 설정에는 다음과 같은 몇 가지 선행 조건이 있다.

- 두 서버간의 시간 동기화
- 두 서버간의 적절한 네트워크 연결
- 두 서버간의 방화벽 포트(물리적 기기가 서로 다른 네트워크에 있다면)

다음과 같은 순서로 수평 클러스터링을 설정한다.

1. 톰캣 인스턴스 설치
2. 클러스터 설정
3. 아파치 HTTP 웹 서버를 수평 클러스터로 설정

톰캣 인스턴스 설치

톰캣 설치는 수직 클러스터링 과정에서도 이미 살펴봤다. 이전과 설치 방법이 같으므로 설명을 생략한다.

클러스터 설정

이제 수평 클러스터링과 관련한 모든 설정을 설명할 것이므로 다음 내용을 유심히 살펴보자. 사소한 에러가 있어도 클러스터가 작동하지 않을 수 있다. 따라서 클러스터를 설정할 때 주의를 기울여야 한다. 각각의 설정 과정을 단계별로 살펴보자.

인스턴스 1 설정

첫 번째 인스턴스에서는 server.xml에 있는 커넥터 포트, AJP 포트, 셧다운 포트의 기본 설정을 그대로 사용한다. 각각의 설정 컴포넌트와 해당 컴포넌트를 사용하는 이유를 살펴보자.

1. **셧다운 포트** 다음 그림은 톰캣 인스턴스의 셧다운 포트 설정 모습이다. 여러 인스턴스를 실행 중인 상황에서 셧다운 포트를 설정을 생략했다면 다른 톰캣 인스턴스를 초기화할 수 없다.

```
-->
<Server port="8006" shutdown="SHUTDOWN">
  <!-- Security listener. Documentation at /docs/config/listeners.html
  <Listener className="org.apache.catalina.security.SecurityListener" />
  -->
  <!--APR library loader. Documentation at /docs/apr.html -->
```

2. **커넥터 포트** 다음 그림은 톰캣 7의 커넥터 포트 설정 모습이다. http://localhost:8080 같은 URL로 톰캣 인스턴스에 접근할 수 있는데 이 때 8080을 커넥터 포트라 부른다. 여러 인스턴스를 실행하는 상황에서 커넥터 포트 설정을 생략했다면 톰캣이 다른 인스턴스를 시작시키려 할 때 포트가 이미 사용 중이라는 예외가 발생한다.

```
<!-- A "Connector" represents an endpoint by which requests are received
     and responses are returned. Documentation at :
     Java HTTP Connector: /docs/config/http.html (blocking & non-blocking)
     Java AJP  Connector: /docs/config/ajp.html
     APR (HTTP/AJP) Connector: /docs/apr.html
     Define a non-SSL HTTP/1.1 Connector on port 8080
-->
<Connector port="8080" protocol="HTTP/1.1"
           connectionTimeout="20000"
           redirectPort="8443" />
<!-- A "Connector" using the shared thread pool-->
<!--
```

3. **AJP 포트** 다음 그림은 톰캣 7의 AJP 포트 설정 모습이다. 아파치 서버와 톰캣 인스턴스가 AJP 통신을 할 때 AJP 포트를 사용한다. 여러 인스턴스를 실행하는 상황에서 AJP 포트 설정을 생략했다면 톰캣이 다른 인스턴스를 시작시키려 할 때 포트가 이미 사용 중이라는 예외가 발생한다.

```
<!-- Define an AJP 1.3 Connector on port 8009 -->
<Connector port="8009" protocol="AJP/1.3" redirectPort="8443" />
```

4. **클러스터 속성** server.xml 파일에서 클러스터 속성을 활성화할 수 있다. 다음 그림은 클러스터링에 사용하는 클러스터 클래스를 보여준다.

```
<!--For clustering, please take a look at documentation at:
    /docs/cluster-howto.html  (simple how to)
    /docs/config/cluster.html (reference documentation) -->

<Cluster className="org.apache.catalina.ha.tcp.SimpleTcpCluster"/>
```

수평 클러스터링에서는 모든 기기가 각각의 IP를 갖는다. 따라서 인스턴스끼리 연결할 수 있도록 브로드캐스트 주소와 포트를 설정해야 한다. server.xml에 다음 코드를 추가해서 브로드캐스트 설정과 복제replication를 활성화할 수 있다.

```
<Cluster className="org.apache.catalina.ha.tcp.SimpleTcpCluster"
  channelSendOptions="6">
  <Manager className="org.apache.catalina.ha.session.
    BackupManager" expireSessionsOnShutdown="false"
    notifyListenersOnReplication="true" mapSendOptions="6"/>
  <Channel className="org.apache.catalina.tribes.group.
    GroupChannel">
    <Membership className=
       "org.apache.catalina.tribes.membership.McastService"
       address="228.0.0.4" port="54446" frequency="500"
       dropTime="3500"/>
    <Receiver className=
```

```xml
     "org.apache.catalina.tribes.transport.nio.NioReceiver"
     address="auto" port="6000" selectorTimeout="100"
     maxThreads="6"/>
  <Sender className=
    "org.apache.catalina.tribes.transport.
    ReplicationTransmitter">
    <Transport className=
      "org.apache.catalina.tribes.transport.nio.
      PooledParallelSender"/>
  </Sender>
</Channel>
<Deployer className="org.apache.catalina.ha.deploy.
  FarmWarDeployer" tempDir="/opt/apachetomcat1/tomcat7-temp/"
  deployDir="/opt/apachetomcat1/tomcat7-deploy/"
  watchDir="/opt/apachetomcat1/tomcat7-listen/"
  watchEnabled="false"/>
<ClusterListener className=
  "org.apache.catalina.ha.session.ClusterSessionListener"/>
</Cluster>
```

굵은 글씨로 표시한 첫 번째 코드 영역은 멀티캐스트 IP와 관련이 있다. 두 인스턴스간의 통신은 멀티캐스트를 통해 이뤄진다. 굵은 글씨로 표시한 두 번째 영역은 클러스터 인스턴스의 배포 속성을 보여준다.

5. **설정 테스트**   TOMCAT_HOME/bin에 있는 configtest.sh 스크립트를 실행해서 설정을 테스트한다. 다음 그림은 configtest.sh 명령어를 입력한 결과를 보여준다.

[root@localhost bin]# ./configtest.sh

```
[root@localhost bin]# ./configtest.sh
Using CATALINA_BASE:   /opt/apache-tomcat1
Using CATALINA_HOME:   /opt/apache-tomcat1
Using CATALINA_TMPDIR: /opt/apache-tomcat1/temp
Using JRE_HOME:        /opt/jdk1.6.0_24
Using CLASSPATH:       /opt/apache-tomcat1/bin/bootstrap.jar:/opt/apache-tomcat1/bin/tomcat-juli.jar
Oct 11, 2011 4:55:58 PM org.apache.catalina.core.AprLifecycleListener init
INFO: The APR based Apache Tomcat Native library which allows optimal performance in production environments was not found on the java.library.path: /opt/jdk
1.6.0_24/jre/lib/i386/server:/opt/jdk1.6.0_24/jre/lib/i386:/opt/jdk1.6.0_24/jre/../lib/i386:/usr/java/packages/lib/i386:/lib:/usr/lib
Oct 11, 2011 4:56:01 PM org.apache.coyote.AbstractProtocolHandler init
INFO: Initializing ProtocolHandler ["http-bio-8080"]
Oct 11, 2011 4:56:01 PM org.apache.coyote.AbstractProtocolHandler init
INFO: Initializing ProtocolHandler ["ajp-bio-8009"]
Oct 11, 2011 4:56:01 PM org.apache.catalina.startup.Catalina load
INFO: Initialization processed in 8569 ms
```

6. **호스트 엔트리**   호스트 파일(/etc/hosts)에 인스턴스 IP를 추가한다. 다음은 /etc/hosts 파일의 내용을 보여주는 화면이다.

```
# Do not remove the following line, or various programs
# that require network functionality will fail.
127.0.0.1               localhost.localdomain localhost
::1                     localhost6.localdomain6 localhost6
192.168.1.15    tomcat1
192.168.1.16    tomcat2
```

7. **톰캣 인스턴스 스타트업**   startup.sh 스크립트를 이용해 인스턴스 1을 시작한다. 다음은 startup 스크립트를 실행한 결과 화면이다.

[root@localhost bin]# ./startup.sh

```
[root@localhost bin]# ./startup.sh
Using CATALINA_BASE:   /opt/apache-tomcat1
Using CATALINA_HOME:   /opt/apache-tomcat1
Using CATALINA_TMPDIR: /opt/apache-tomcat1/temp
Using JRE_HOME:        /opt/jdk1.6.0_24
Using CLASSPATH:       /opt/apache-tomcat1/bin/bootstrap.jar:/opt/apache-tomcat1/bin/tomcat-juli.jar
```

다음 명령어를 이용해 톰캣 인스턴스 프로세스를 확인한다. 다음은 ps 명령어의 출력 결과 화면이다.

[root@localhost bin]# ps -ef |grep java

```
[root@localhost bin]# ps -ef |grep java
root     11766     1 11 17:00 pts/3    00:00:17 /opt/jdk1.6.0_24/bin/java -Djava
m -Xmx512m -XX:MaxPermSize=256m -Dorg.jboss.resolver.warning=true -Dsun.rmi.dgc.
.logging.manager=org.apache.juli.ClassLoaderLogManager -Djava.awt.headless=true
e.port=7091 -Dcom.sun.management.jmxremote.authenticate=false -Dcom.sun.manageme
sspath /opt/apache-tomcat1/bin/bootstrap.jar:/opt/apache-tomcat1/bin/tomcat-juli
-Djava.io.tmpdir=/opt/apache-tomcat1/temp org.apache.catalina.startup.Bootstrap
root     11902 10149  0 17:02 pts/3    00:00:00 grep java
[root@localhost bin]#
```

인스턴스 2 설정

인스턴스 2를 설정하려면 다른 기기에 톰캣을 설정한 다음 노드 1에서 수행한 과정을 그대로 수행한다.

두 노드의 catalina.out 파일을 확인한다. 다음 로그는 클러스터 인스턴스와 함께 톰캣 인스턴스를 시작하는 동안 일어난 일을 보여준다. 또한 로그를 통해 클러스터링 기능을 모두 확인할 수 있다.

```
Oct 11, 2011 5:00:24 PM org.apache.catalina.ha.tcp.SimpleTcpCluster
startInternal
INFO: Cluster is about to start
Oct 11, 2011 5:00:24 PM org.apache.catalina.tribes.transport.
ReceiverBase
bind
```
INFO: Receiver Server Socket bound to:/192.168.1.15:4000
Oct 11, 2011 5:00:24 PM
org.apache.catalina.tribes.membership.McastServiceImpl setupSocket
```
# Instance node 1 started on port 4000
to establish cluster membership, start level:4
Oct 11, 2011 5:00:25 PM
org.apache.catalina.tribes.membership.McastServiceImpl waitForMembers
```
Clustering in Tomcat 7

[234]
```
INFO: Done sleeping, membership established, start level:4
Oct 11, 2011 5:00:25 PM
org.apache.catalina.tribes.membership.McastServiceImpl waitForMembers
INFO: Sleeping for 1000 milliseconds to establish cluster membership,
start
level:8
Oct 11, 2011 5:00:26 PM
org.apache.catalina.tribes.membership.McastServiceImpl waitForMembers
# waiting for other member to join the cluster
INFO: Server startup in 13807 ms
Oct 11, 2011 5:23:42 PM org.apache.catalina.tribes.io.BufferPool
getBufferPool
INFO: Created a buffer pool with max size:104857600 bytes of
type:org.apache.catalina.tribes.io.BufferPool15Impl
Oct 11, 2011 5:23:43 PM org.apache.catalina.ha.tcp.SimpleTcpCluster
memberAdded
```
INFO: Replication member
added:org.apache.catalina.tribes.membership.MemberImpl
[tcp://{192.168.1.16, 0, 0, 1}:4001,{192, 168, 1, 16},4001,
alive=1043, securePort=-1, UDP Port=-1, id={33 91 -59 78 -34 -52
73 -9 -99 124 -53 34 69 21 -40 -82 }, payload={}, command={},

```
domain={}, ]
#Instance 2 joined the cluster node
```

다음은 노드 2의 로그다.

```
INFO: Starting Servlet Engine: Apache Tomcat/7.0.12
Oct 11, 2011 5:23:41 PM org.apache.catalina.ha.tcp.SimpleTcpCluster
startInternal
INFO: Cluster is about to start
Oct 11, 2011 5:23:42 PM
org.apache.catalina.tribes.transport.ReceiverBase bind
INFO: Receiver Server Socket bound to:/192.198.1.16:4001
Oct 11, 2011 5:23:42 PM
org.apache.catalina.tribes.membership.McastServiceImpl setupSocket
# Instance node 1 started on port 4001
INFO: Setting cluster mcast soTimeout to 500
Oct 11, 2011 5:23:42 PM
org.apache.catalina.tribes.membership.McastServiceImpl waitForMembers
INFO: Sleeping for 1000 milliseconds to establish cluster membership,
start
level:4
Oct 11, 2011 5:23:43 PM org.apache.catalina.ha.tcp.SimpleTcpCluster
memberAdded
INFO: Replication member
added:org.apache.catalina.tribes.membership.MemberImpl
[tcp://{192,168, 1, 15}:4000,{127, 0, 0, 1},4000, alive=1398024,
securePort=-1, UDP Port=-1, id={28 42 60 -68 -99 126 64 -35 -118 -
97 7 84 26 20 90 24 }, payload={}, command={}, domain={}, ]
# Instance 1 joined the cluster node 2.
```

이전 코드에서 굵은 글씨로 표시한 네 개의 영역을 간단하게 살펴보자.

- 첫 번째 영역은 tomcatnode1이 시작되었으며, 포트 4000번으로 클러스터 메시지를 수신할 준비가 되었음을 보여준다.

  ```
  INFO: Receiver Server Socket bound to:/192.168.1.15:4000
  ```

- 두 번째 영역은 tomcatnode2가 클러스터에 합류(join)했으며 노드 1이 알림을 받았음을 보여준다.

```
added:org.apache.catalina.tribes.membership.MemberImpl[tcp://
{192.168.1.16, 0, 0, 1}:4001,{192, 168, 1, 16},4001, alive=1043
```

- 세 번째 영역은 tomcatnode2가 시작되었으며, 포트 4000번으로 클러스터 메시지를 수신할 준비가 되었음을 보여준다.

```
INFO: Receiver Server Socket bound to:/192.198.1.16:4001
```

- 네 번째 영역은 tomcatnode1이 클러스터에 합류했으며, 노드 2가 알림을 받았음을 보여준다.

```
added:org.apache.catalina.tribes.membership.MemberImpl[tcp://
{192,168, 1, 15}:4000,{127, 0, 0, 1},4000, alive=1398024
```

아파치 웹 서버를 수평 클러스터로 설정

지금까지 톰캣을 이용해 인스턴스의 수평 클러스터링을 설정하는 방법을 살펴봤다. 이제 톰캣 7과 아파치 웹 서버를 통합하자. 다음과 같은 방법으로 아파치 웹 서버와 톰캣 7을 통합할 수 있다.

1. 다음 명령어를 이용해 APACHE_HOME/conf 디렉터리에 mod_jk.conf라는 파일을 만들어야 한다.

    ```
    [root@localhost apache-2.0]# cd /opt/apache-2.2.19/conf
    vi mod-jk.conf
    ```

    mod_jk.conf 파일에 다음과 같은 설정 파라미터를 정의한다.

    ```
    LoadModule jk_module modules/mod_jk.so
    JkWorkersFile conf/workers.properties
    JkLogFile logs/mod_jk.log
    JkLogLevel info
    JkMount /sample/* loadbalancer
    JkMount /* loadbalancer
    ```

2. 다음 명령어를 이용해 conf 디렉터리에 workers.properties라는 파일을 만든다.

```
[root@localhost conf]# vi workers.properties
```

worker.list=tomcatnode1, tomcatnode2, loadbalancer

클러스터의 전체 노드를 포함하는 worker.list를 정의한다.

worker.tomcatnode1.port=8009
worker.tomcatnode1.host=192.168.1.15
worker.tomcatnode1.type=ajp13
worker.tomcatnode1.lbfactor=1

이전 코드는 tomcatnode1 속성을 정의한다. 굵은 글씨는 tomcatnode1의 IP 주소(수평 클러스터링의 필수 정보)를 보여준다.

worker.tomcatnode2.port=8009
worker.tomcatnode2.host=192.168.1.16
worker.tomcatnode2.type=ajp13
worker.tomcatnode2.lbfactor=1

이전 코드는 tomcatnode2 속성을 정의한다. 굵은 글씨로 표시된 코드는 tomcatnode2의 IP 주소(수평 클러스터링의 필수 정보)를 보여준다.

worker.loadbalancer.type=lb
worker.loadbalancer.balanced_workers=tomcatnode1, tomcatnode2
worker.loadbalancer.sticky_session=1

이전 코드는 mod_jk의 부하 배분 속성을 정의한다.

 수직 클러스터링과 수평 클러스터링의 workers.properties는 수직 호스팅(수직 worker.tomcatnode2.host는 localhost로 설정하지만 수평 worker.tomcatnode2.host는 다른 기기의 IP 주소로 설정) 부분만 다르다.

3. 마지막으로 다음 명령어를 이용해 httpd의 주요 설정 파일인 httpd.conf를
   열고 mod_jk.conf를 포함시킨 다음 아파치 서비스를 재시작한다.

   `[root@localhost conf]# vi httpd.conf`

 httpd.conf의 마지막 부분에 conf/mod_jk.conf를 포함시킨다.

클러스터된 인스턴스 테스트

일련의 이벤트를 이용해 클러스터를 테스트할 수 있다. 일련의 이벤트에서 tomcatnode1, tomcatnode2 두 노드만 사용한다. 다음과 같은 순서의 이벤트로 클러스터를 테스트한다.

1. tomcatnode1 시작
2. tomcatnode2 시작(노드 1이 완전히 시작할 때까지 기다림)
3. 노드 1 크래시
4. 노드 2가 노드 1의 사용자 세션을 노드 2로 인계함
5. 노드 1 시작(노드 1이 완전히 시작할 때까지 기다림)
6. 노드 2, 노드 1이 모두 실행 상태

좋은 시나리오는 준비되었고 이제 시나리오가 어떻게 동작하는지 자세히 살펴 보자.

1. **인스턴스 1 시작** 표준 스타트업 과정으로 tomcatnode1을 시작한다. 호스트 오브젝트가 만들어지면 클러스터 오브젝트와 호스트 오브젝트를 연관시킨다. 톰캣은 클러스터의 매니저 생성에 필요한 클러스터 클래스(예제에서는 SimpleTcpCluster)를 요청하며 클러스터 클래스는 멤버쉽 서비스를 시작한다.

멤버십 서비스는 클러스터 도메인에서 멤버 노드를 클러스터에 추가하는 작업을 수행한다. 간단히 말해 클러스터에 멤버를 가입시키는 서비스다.

2. **인스턴스 2 시작** 톰캣 인스턴스 2의 시작 과정은 tomcatnode1과 거의 같으나 한 가지 다른 점이 있다. 인스턴스 2에서는 클러스터가 시작되고 연결을 수립(tomcatnode1, tomcatnode2)하는 과정이 있다. tomcatnode2는 이미 클러스터에 존재하는 서버(현재는 tomcatinstance2)로 요청을 전송한다.

 60초 동안 톰캣 인스턴스의 응답이 없으면 톰캣 인스턴스 2는 클러스터를 갱신하고 로그에 해당 내역을 기록한다.

3. **노드 1 크래시** 톰캣 인스턴스가 크래시되면 클러스터 관리자는 모든 멤버(예제에서는 tomcatnode2)에게 알림을 보낸다. 노드 1의 전체 세션이 노드 2로 복제된다. 그러나 사용자는 웹 사이트를 탐색하는 동안 아무 변화도 느끼지 못한다.

4. **노드 2가 노드 1의 사용자 세션을 노드 2로 인계** tomcatnode2는 기존과 마찬가지 방식으로 사용자 요청을 처리한다. 노드 2가 사용자 요청을 처리한다.

5. **인스턴스 1 시작** tomcatnode1이 시작되면 클러스터에 가입한 다음 tomcatnode2에 접근해 세션에 있는 모든 사용자의 현재 상태를 확인한다. tomcatnode1이 사용자 요청을 처리하기 시작하면서 노드 2와 부하를 공유한다.

6. **노드 2와 노드 1이 모두 실행 상태** 두 인스턴스가 모두 실행 중인 상태. 노드 2는 계속 사용자 요청을 처리하면서 처리를 완료한 사용자의 세션은 종료한다.

지금까지 살펴본 시나리오대로 시스템이 운용된다면 클러스터링이 제대로 동작하고 있는 것이다.

톰캣 클러스터링 모니터링

클러스터 설정을 마치고 동작시켰다면 클러스터링 모니터링을 설정해야 한다. 다음과 같은 방식으로 클러스터링을 모니터할 수 있다.

- 다양한 모니터링 도구
- 스크립트
- 수동

다음처럼 수동으로 클러스터를 모니터할 수 있다.

1. 다음 명령어를 이용해 톰캣 프로세스를 검사한다.
   ```
   root@localhost bin]# ps -ef |grep java
   ```
2. 로그를 이용해 클러스터 연결 상태를 확인한다.
3. 두 클러스터 멤버의 URL을 검증한다.

요약

9장에서는 톰캣 7의 클러스터링과 구현 기법을 살펴봤다. 클러스터링 아키텍처, 수평 클러스터와 수직 클러스터 각각의 장점, 톰캣 7에서 수평 클러스터링과 수직 클러스터링을 구현하는 방법, 클러스터를 검증하는 방법 등을 학습했다.

10장에서는 톰캣 7에서 가장 기대되는 주제 즉 톰캣 6에서 톰캣 7으로 업그레이드하는 방법과 업그레이드 과정에서 사용하는 다양한 기법을 학습한다.

10
톰캣 업그레이드

기술 변화와 혁신은 매우 빠른 속도로 이루어지고 있다. 최신 기술 요구사항을 수용해서 사용자에게 최신 기술을 제공하려면 시스템을 업그레이드해야 한다. 최신 버전의 시스템은 최신 기능뿐 아니라 시스템의 안정성과 신뢰성을 높이는 버그 수정을 포함한다.

10장에서는 다음을 학습한다.

- 업그레이드 과정 생명주기
- IT 업계의 모범 사례
- 톰캣 6을 톰캣 7으로 업그레이드하는 방법

모든 조직은 시스템의 위험도에 따라 서버 업그레이드 과정을 분류해 진행한다. 보통 기술 아키텍트Technical Architect가 제품을 평가한다. 기술 아키텍트는 애플리케이션의 위험도에 따라 애플리케이션 업그레이드 방법을 결정하는 아키텍처를 정의한다. 개발 서버에서 업그레이드가 성공하는지 확인한 다음 실제 제품을 업그레이드한다.

다양한 환경

IT 업계의 모든 시스템 아키텍처는 기본적으로 네 가지 환경 중 하나에 속한다. 다음 그림은 대부분의 업계에 존재하는 다양한 환경을 보여준다.

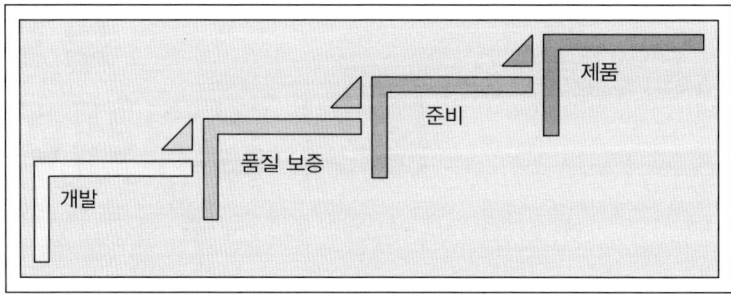

개발 환경

하드웨어와 소프트웨어에 모두 해당하는 과정으로 팀에서 코드를 만들고 배포하는 환경이다. 간단히 말해 코드를 구현하고 배포하는데 필요한 모든 과정이 개발 환경에 해당한다.

개발 환경이 필요한 이유와 개발 환경에 제공하는 장점을 제공을 확인하자.

- **기본 준비** 예를 들어 개발하려면 개발 환경 전체에 필요한 인프라구조를 결정해야 한다. 그리고 이 과정에서 애플리케이션을 배포하는데 한 개의 웹/애플리케이션 서버로 충분하다는 사실을 알 수 있다.

- **자원 평가** 사업 프로젝트의 지원을 받는 제품 인프라구조를 운용하기 전에 개발에 필요한 자원, 개발 환경을 테스트하는데 필요한 자원을 미리 확인할 수 있다.

품질 보증 환경

품질 보증은 개발 모듈을 이용해 품질 보증 팀이 기능 테스트를 수행하는 환경이다. QA 팀이 애플리케이션 기능 문제를 발견하면 개발자에게 문제를 해결할 것을 요청한다.

준비 환경

제품 환경을 복제한 환경이다. 사용자 요청 처리 부하에 따른 실제 문제를 시뮬레이션하는 성능 테스팅 과정에서 주로 준비 환경을 이용한다.

제품 환경

애플리케이션에서 사용자가 기능을 수행하는 실제 제품 환경이다. 예를 들어 사용자가 돈을 거래할 수 있는 뱅킹 사이트라면 제품 환경에 해당한다.

업그레이드 생명주기

업그레이드 과정에서 수행하는 다양한 과정을 살펴보자. 업그레이드와 관련한 모든 과정을 생명주기라 한다. 보통 개발 환경에서 업그레이드가 시작되고 QA 환경/준비 환경/제품 환경 순으로 업그레이드가 진행된다. 다음 그림은 IT 업계의 모든 시스템에서 적용하는 기본 업그레이드 과정을 보여준다.

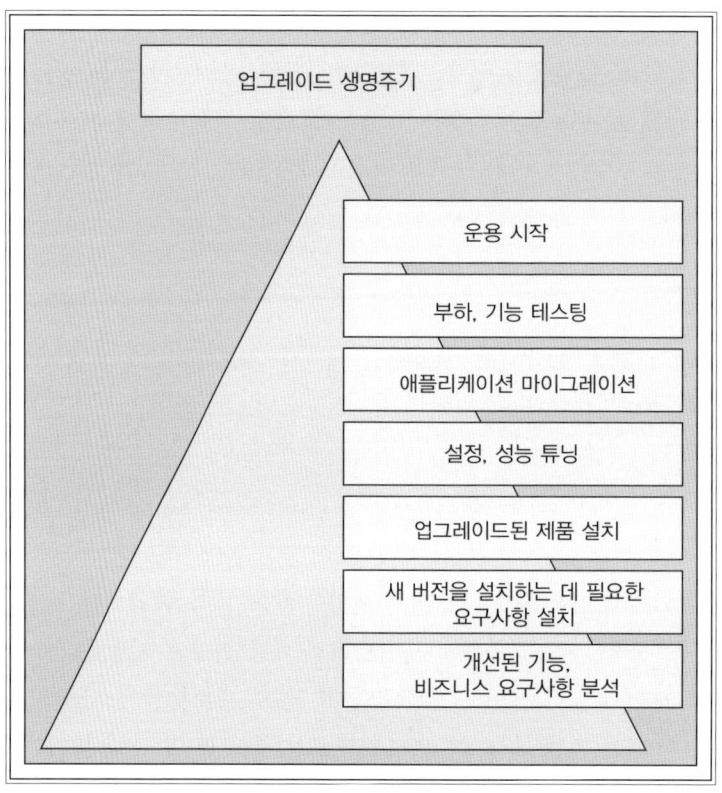

1. **개선된 기능, 비즈니스 요구사항 분석** 업그레이드 과정에서 매우 중요한 역할을 수행하는 단계다. 이 과정에서 관련자(기술 아키텍트, 비즈니스 총괄, 기능 총괄)는 새로운 버전에 어떤 기능을 추가해야 하고 추가한 기능이 비즈니스 요구사항을 지원하는 데 어떤 유용한 사항을 제공하는지 결정한다.

2. **새 버전을 설치하는 데 필요한 요구사항 설치** 이전에 설명한 프로세스를 따라서 인프라구조 팀은 모든 의존성을 갖추고 모든 소프트웨어를 설치할 수 있는 상태로 만든다.

3. **업그레이드된 제품 설치** 인프라구조 엔지니어가 새 버전의 제품을 설치하는 과정이다.

4. **설정, 성능 튜닝** 설치를 마쳤으면 새 제품의 설정하고, 성능을 튜닝한다.

5. **애플리케이션 마이그레이션** 톰캣 7을 설정했어도 아직 해야 할 일이 남았다. 마이그레이션의 가장 까다로운 부분 즉 애플리케이션을 현재 환경에서 새 시스템으로 마이그레이션하는 작업을 해야 한다.

 현재 환경에서 새로운 환경으로 애플리케이션을 마이그레이션하기 전에 애플리케이션에서 새 버전을 지원하는지 여부를 확인해야 한다. 애플리케이션에서 새 버전을 지원하지 않는다면 애플리케이션 제조사에서 제공하는 해결 방법이 무엇인지 확인하자.

6. **부하, 기능 테스팅** 애플리케이션 마이그레이션이 끝나면 업그레이드된 시스템에 부하, 기능 테스팅을 수행해 예상대로 애플리케이션이 동작하는지, 업그레이드 과정에서 추가된 새 기능도 비즈니스 요구사항에 맞게 동작하는지 확인한다.

7. 새 환경에서 운용을 시작한다.

톰캣 6에서 톰캣 7으로 업그레이드

지금까지는 업그레이드 과정을 이론적으로 살펴봤다. 이제 이론을 실무에 적용(모든 관리자의 주요 관심사인)하자.

이제 이 책에서 가장 고대했던 내용인 톰캣 업그레이드를 학습할 것이다. 웹 관리자라면 누구나 기존의 주요 버전에서 새 버전으로 시스템을 업그레이드 하고 싶을 것이다. 새 버전으로 시스템을 업그레이드하면서 관리자의 일상의 유지보수 문제가 아키텍처 수준의 통합 문제의 관점으로 바뀐다. 제품 업그레이드 관련 일을 수행하는 사람은 조직에서 제품을 처음 사용하는 사람이므로 다른 사람보다 시스템을 더 잘 알게 된다. 업그레이드를 실제 수행하기 전에 톰캣 6에서 제공하지 않았던 톰캣 7의 새로운 기능, 업데이터를 살펴보자. 톰캣 7은 다음 기능을 제공한다.

- 서블릿 3.0
  - 비동기 지원
  - 동적 설정
  - 확장 서블릿 API
  - 보다 간단하고, 빠르며, 개발자 친화적
  - 단순화된 임베딩
  - 개선된 로깅
- 시스템 개선
  - 메모리 누수 해결
  - 보안 개선

톰캣 7이 제공하는 장점이 무엇인지 살펴봤으니 톰캣 6을 톰캣 7으로 업그레이드하자. 업그레이드 과정을 시작하려면 먼저 업그레이드를 수행할 수 있는 하드웨어가 무엇인지 확인해야 한다. 보통 다음과 같은 두 가지 방법으로 업그레이드를 수행할 수 있다.

- **기존의 톰캣 6을 실행 중인 시스템 이용** 새 버전에서 발생하는 부하를 처리할 수 있을 만큼 충분한 램과 CPU를 장착한 하이엔드 서버가 있을 때 이용할 수 있는 방법.
- **별도 시스템 이용** 최근 IT 인프라구조에서는 가상화가 인기를 끌면서 대부분이 이 방법을 사용한다. 톰캣 7의 새 버전의 부하만 처리할 로우엔드 서버를 만든다.

 업그레이드가 진행되는 동안 현재 시스템을 운용할 수 있으므로 현재 환경에 아무 영향을 미치지 않는 다는 것이 이 방법의 가장 큰 장점이다.

IT 업계 전반에서 가장 흔히 사용하는 방법이 두 번째 방법이므로 우리도 두 번째 방법을 이용해 시스템을 업그레이드할 것이다.

톰캣 7의 요구사항

기본적으로 톰캣 6은 JDK 1.5에서 실행되며 톰캣 7은 JDK 1.6에서 실행되므로 톰캣 7을 설치하려면 JDK 1.6이 설치돼 있어야 한다. 1장의 '톰캣 7 설치'에서 자바 설치 과정을 자세히 살펴봤으니 참고하자.

톰캣 6을 실행하고 있는 시스템에 톰캣 7을 설치해야 하는 상황이라면 사용자 프로파일에 두 개의 JAVA_HOME이나 Path 환경 변수를 설정하는 것이 어떻게 가능할지 생각해봐야 한다. 또한 사용자가 톰캣 서비스를 실행하려면 sudo 접근 권한이 있어야 한다.

업그레이드할 톰캣 7 설치

시스템에 JDK 1.6을 설치하고 필요한 설정을 마쳤으면 톰캣 7을 기기에 설치한다. 다음과 같은 과정으로 톰캣 7을 설치할 수 있다.

1. 톰캣 공식 사이트(http://tomcat.apache.org/download-70.cgi.)에서 최근 안정 버전을 다운로드한다. 다운로드된 파일은 /opt에 저장한다.

2. 다음 명령어를 이용해 톰캣 7 소스(apache-tomcat-7.0.12.zip)의 압축을 해제한다.

   `[root@localhost opt]# unzip apache-tomcat-7.0.12.zip`

3. apache-tomcat-7.0.12.zip의 압축을 해제하면 opt 디렉터리에 apache-tomcat-7.0.12라는 디렉터리가 만들어진다.

4. 다음 명령어를 이용해 apache-tomcat-7.0.12의 bin 디렉터리로 이동한다.

   `[root@localhost opt]# cd apache-tomcat-7.0.12/bin/`

5. 다음 명령어를 실행한다. 패키지는 기본적으로 읽기/쓰기 권한만 제공되며 실행 권한이 없으므로 다음 명령어를 실행하지 않으면 톰캣 서비스가 시작되지 않는다. 따라서 직접 권한을 바꿔야 한다.

```
[root@localhost bin]# chmod 0755 *.sh
[root@localhost bin]# pwd
/opt/apache-tomcat-7.0.12/bin
```

'chmod 0755 파일명'은 'u=rwx (4+2+1),go=rx(4+1 & 4+1)'와 같은 권한을 갖는다. 0은 특별 모드가 아님을 의미한다.

6. 톰캣 서비스를 시작하고 톰캣 설정 유효성을 검증한다.

같은 기기에서 톰캣 7을 설치하는 상황이라면 톰캣 7의 기본 커넥터 포트를 바꿔야 한다. 그렇지 않으면 포트를 이미 사용 중이라는 예외가 발생하면서 서비스를 시작할 수 없다. server.xml 파일에서 기본 커넥터 포트를 바꿀 수 있다.

톰캣 7 설정

지금까지의 과정을 보면 우리가 톰캣을 설치하는 것인지 업그레이드 하는 것인지 알 수 없을 것이다. 그러나 톰캣 7을 설정하는 과정에서 톰캣 7을 이런 방법으로 업그레이드하는 것임을 이해할 수 있을 것이다. 톰캣 7에서 필요한 다양한 설정을 확인하자. 톰캣 7은 새로운 기능을 제공함과 동시에 톰캣 6이 제공했던 기능을 그대로 제공해야 한다. 톰캣 7에 필요한 설정을 차례로 살펴보자.

JVM 설정

JVM은 J2EE 컨테이너의 성능과 유지보수에 중요한 역할을 한다. 톰캣 6에서 톰캣 7으로 업그레이드할 때 기존 환경의 JVM 파라미터를 유지해야 함은 물론이며, 새 Java SDK 버전에서 새로 개선된 기능도 추가해야 한다. 애플리케이션의 요구사항에 맞게 환경을 커스터마이즈해야 한다. JVM을 설정할 때는 많은 사항을 염두에 둬야 하는데 다음은 그 중의 일부다.

- 현재 톰캣 6에서 얼마나 많은 애플리케이션을 실행 중인가
- 동시 사용자 수
- 현재 설정
- 32비트에서 64비트로 업그레이드

톰캣 6과 톰캣 7의 기본 메모리 할당을 비교하자. 메모리 할당 부분에서는 그렇게 큰 차이가 없음을 알 수 있다. 그러나 실제로 시스템을 업그레이드할 때는 현재 애플리케이션을 지원해야 할 뿐 아니라 최신 버전의 개선된 기능도 지원해야 하므로 기존 버전보다 더 많은 JVM 메모리를 할당해야 한다.

```
using thread-local object allocation.
Mark Sweep Compact GC

Heap Configuration:
   MinHeapFreeRatio = 40
   MaxHeapFreeRatio = 70
   MaxHeapSize      = 268435456 (256.0MB)
   NewSize          = 1048576 (1.0MB)
   MaxNewSize       = 4294901760 (4095.9375MB)
   OldSize          = 4194304 (4.0MB)
   NewRatio         = 2
   SurvivorRatio    = 8
   PermSize         = 12582912 (12.0MB)
   MaxPermSize      = 67108864 (64.0MB)
```

이전 그림은 톰캣 6의 메모리 구조와 각 내부 컴포넌트의 상세 내역이다. 다음 그림은 톰캣 7의 메모리 할당 모습이다. 두 시스템을 비교하면 메모리 스킴 구조상으로는 큰 차이가 없음을 알 수 있다. 그러나 실제 제품 환경에서는 시스템마다 메모리 설정이 달라진다.

```
Heap Configuration:
   MinHeapFreeRatio = 40
   MaxHeapFreeRatio = 70
   MaxHeapSize      = 134217728 (128.0MB)
   NewSize          = 1048576 (1.0MB)
   MaxNewSize       = 4294901760 (4095.9375MB)
   OldSize          = 4194304 (4.0MB)
   NewRatio         = 2
   SurvivorRatio    = 8
   PermSize         = 16777216 (16.0MB)
   MaxPermSize      = 67108864 (64.0MB)
```

 32비트 시스템을 64비트로 업그레이드하려면 현재 시스템에 할당한 메모리보다 30퍼센트 정도의 메모리를 더 할당해야 한다.

업그레이드를 진행하면서 기존 버전과 같은 설정 파라미터를 활성화해야 함은 물론이고 환경에 커스터마이즈된 모든 설정도 활성화해야 한다. 그렇게 해야 톰캣 서버 성능을 유지보수 하는데 도움이 되며 애플리케이션 지원을 제공할 수 있다. 예제로 다음과 같은 톰캣 6 설정이 있다고 가정할 때 이를 톰캣 7에 맞게 커스터마이즈하자.

```
JAVA_OPTS="-Xms128m -Xmx512m -XX:MaxPermSize=256m
  -Dsun.rmi.dgc.client.gcInterval=3600000
  -Dsun.rmi.dgc.server.gcInterval=3600000"
```

이전 설정을 톰캣 7에 적용하려면 다음 코드처럼 애플리케이션의 가용 자원과 요구사항에 맞게 설정 값을 늘려야 한다.

```
JAVA_OPTS="-Xms1024m -Xmx1024m -XX:MaxPermSize=256m
  -Dsun.rmi.dgc.client.gcInterval=3600000
  -Dsun.rmi.dgc.server.gcInterval=3600000"
```

 톰캣 7에서는 메모리 누수 문제가 완전히 사라졌다. JVM 메모리를 증가시키면 애플리케이션은 메모리를 더 집중적으로 사용할 수 있다. 또한 메모리를 증가시킴으로써 기존 버전에 비해 오랜 시간 동안 시스템에 문제가 발생하지 않을 수 있다. 즉 톰캣을 재시작하는 주기가 길어졌다.

데이터베이스 연결 설정

데이터베이스 반응은 애플리케이션 성능 튜닝에서 매우 중요한 요소다. 데이터베이스와 관련한 에러는 애플리케이션에 큰 영향을 미친다. 반면에 데이터베이스 관련 설정을 제대로 하면 애플리케이션이 기적(벤치마크를 초과하는 성능 결과로)같은 성능을 발휘할 수 있다. 톰캣 6과 톰캣 7의 데이터소스 설정을 비교하자. 다음 코드에서 톰캣 6과 톰캣 7의 설정에서 다른 부분을 굵게 표시했다.

톰캣 6

```
<Resource name="jdbc/myoracle" auth="Container"
  type="javax.sql.DataSource" driverClassName="oracle.jdbc.OracleDriver
  "url="jdbc:oracle:thin:@192.168.0.1:1521:mysid"username="scott"
  password="tiger" maxActive="20" maxIdle="10" maxWait="-1"/>
```

톰캣 7

```
<Resource name="jdbc/myoracle" auth="Container"
  type="javax.sql.DataSource" driverClassName="oracle.jdbc.
  OracleDriver" url="jdbc:oracle:thin:@192.168.2.1:1521:mysid"
  username="scott" password="tiger" maxActive="50"
  maxIdle="10" maxWait="-1"/>
```

톰캣 6과 톰캣 7을 서로 다른 DB 서버로 연결하는 것처럼 보이지만 실제로는 같은 사용자명과 비밀번호를 이용하면서 같은 데이터베이스로 연결한다. 이처럼 설정이 다른 이유는 업그레이드 중에는 새로운 데이터베이스 인스턴스를 사용하는 것이 바람직하기 때문이다. 새로운 데이터베이스 인스턴스를 사용해야 업그레이드 수행 중 데이터베이스가 크래시돼도 현재 애플리케이션에는 영향을 미치지 않는다. 또한 다른 설정을 이용해 자유롭게 성능 개선을 시도할 수 있다.

 환경을 업그레이드한다면 데이터베이스에 연결할 때 가장 최근 JDBC 드라이버 사용을 권장한다.

애플리케이션 마이그레이션

업그레이드 생명주기에서 애플리케이션 마이그레이션이 가장 어렵고 까다로운 부분이다. 업그레이드 과정에서 애플리케이션을 기존 그대로 배포할 수 없다. 일부 애플리케이션은 JDK 1.6이나 새 버전의 톰캣 7과 호환되지 않을 수 있다. 이런 상황이라면 애플리케이션을 새 버전으로 다시 빌드하고 컴파일해야 한다. 애플리케이션을 다시 빌드하고 배포하는 것은 매우 어려운 일이다. 애플리케이션을 TRACE나 DEBUG 모드로 실행해보지 않고는 에러를 확인하기 어렵다. 애플리케이션 로그를 자세히 살펴보면 경로를 찾을 수 없음이나 클래스를 찾을 수 없음 같은 에러가 발생했음을 알 수 있다.

 애플리케이션 새 버전에서 사용할 서드 파티 애플리케이션 JAR의 호환 매트릭스를 확인할 것을 권고한다.

다음과 같은 방법으로 애플리케이션 마이그레이션을 수행한다.

1. 톰캣 7을 지원하는 버전의 JDK를 이용해 애플리케이션을 다시 컴파일한다.
2. 서드 파티 JAR를 최신 버전으로 업그레이드한다.
3. 새 애플리케이션을 배포한다.
4. 새로 배포된 애플리케이션을 테스트한다.

별칭 설정

현재 환경에서 다수의 가상 호스트를 설정했을 것이다. 예전 환경을 가리키는 기존의 URL을 애플리케이션에 사용할 수 없을 것이다. 따라서 새 톰캣 7에서 테스팅 용도로 사용할 더미 URL을 설정해 이 문제를 해결한다. 더미 URL을 이용하면 애플리케이션을 환경에서 미리 실행해볼 수 있다는 장점이 있다.

다음과 같은 방법으로 별칭을 설정한다.

- **더미 URL 생성** 관리자는 임의의 URL을 만들어 애플리케이션의 기본 기능을 확인할 수 있다.
- **더미 URL을 이용한 사용자 테스트** 새 환경에서 사용자 테스트를 수행함으로써 기능 팀은 애플리케이션의 기능을 검증할 수 있다.
- **현재 제품 환경을 새 더미 URL로 연결하는 CNAME 생성** 정규 명칭CNAME, Canonical Name을 만들어 기존 애플리케이션 URL을 새 환경으로 연결할 수 있다.
- **톰캣 7의 가상 호스트 설정** 톰캣이 애플리케이션 컨텐츠 재전송 위치를 알 수 있도록 톰캣 7에서 가상 호스트를 만든다.

지금까지 톰캣 6을 톰캣 7으로 업그레이드하는 과정을 살펴봤다.

ITIL 과정 구현

지금까지 톰캣 설치, 설정과 관련한 기술적인 부분을 확인했다. 이번에는 업그레이드 과정에서 적용하는 정보 기술 인프라구조 라이브러리ITIL, Information Technology Infrastructure Library가 무엇이며 기능과 구현 방법에 따라 업그레이드 과정의 다양한 부분에서 ITIL을 어떻게 사용하는지 이해하자.

가용성 관리

가용성 관리Availability management란 조직에서 최소의 비용으로 서비스를 지원하는 것이라 정의할 수 있다. 가용성 관리는 다음 기능을 포함한다.

- **안정성** 작업기술서SOW, Statement of Work에 따라 IT 컴포넌트를 평가하는 과정
- **유지보수성** 갑작스런 장애시간 없이 전체 시스템을 관리하는 과정

- **보안** 데이터와 관련한 서비스다. 데이터 기밀성, 무결성, 가용성은 보안과 밀접한 관련이 있는 요소다. 가용성이라는 말은 환경에서 전체 시스템 서비스를 이용할 수 있음을 의미한다.

용량 관리

조직의 IT 자원을 비즈니스 요구에 맞출 수 있도록 돕는 최적화된 비용 효율을 제공한다. 프로젝트 비용을 평가하거나 환경의 수익 사용을 평가할 때 유용하다.

과정	환경
애플리케이션 크기	준비 환경
용량 계획	개발 환경이나 제품 시작 전 환경
성능 관리	준비 환경

서비스 전이

서비스 전이ST, Service Transition는 서비스 전달과 관련이 있으며 보통 시스템을 운용하기 전에 수행하는 다양한 과정으로 구성된다. 다음은 ST의 ITIL 프로세스 목록이다.

과정	환경(사용된)
전이 계획과 지원	제품을 운용하기 시작한 다음의 지원
변화 관리	제품을 운용하기 전
서비스 자산, 설정 관리	제품을 운용하기 전
릴리스, 배포 관리	제품을 운용하기 전
서비스 검증과 테스트	제품을 운용하기 전
변화 평가	제품을 운용하기 전
지식 관리	개발/QA/준비/제품

요약

10장에서는 톰캣 6을 톰캣 7으로 업그레이드하는 과정에서 사용하는 다양한 기법을 학습했으며, 업그레이드 생명주기, 톰캣 7 업그레이드 설정, 데이터소스 설정 등 업그레이드 과정에 필요한 다양한 부분도 살펴봤다.

11장에서는 톰캣 7에 어떤 다양한 고급 설정이 있으며, 가상 호스팅, 톰캣 7 다중 인스턴스, 다중 애플리케이션 배포, 환경 설정 등과 같은 실제 IT 업계 상황에서 이들 고급 설정을 어떻게 활용하는지 학습한다.

11
톰캣 7의 고급 설정

지금까지 클러스터링, 부하 배분 등과 같은 톰캣 7의 다양한 주제를 살펴봤다. 그러나 실무에서는 톰캣 내부 설정 외에 시스템에도 여러 설정이 필요하다. 11장에서는 실제 업계에서 웹 인프라구조를 만들고, 다중 애플리케이션을 지원하는 상황에서 활용하는 톰캣 7 고급 설정을 살펴본다.

11장에서는 다음을 학습한다.

- 가상 호스팅
- 하나의 톰캣 서버에 여러 애플리케이션 실행
- 개발 환경, QA 환경, 준비 환경, 제품 환경 등의 여러 가지 톰캣 환경
- 캐시 튜닝
- 톰캣 최적화

가상 호스팅

가상 호스팅은 하나의 웹 서버나 하나의 IP에서 여러 개의 도메인명을 제공할 수 있게 하는 기법이다. 가상 호스팅을 하나의 서버가 여러 웹 사이트를 호스트하는 공유된 호스팅이라고도 한다. 예를 들어 가상 호스팅을 이용해 하나의 웹 서버에 abc.com, xyz.com 두 개의 도메인명을 호스트하면서 한 개의 웹 사이트를 더 추가할 수 있다. 기본적으로 다음과 같이 두 가지 종류의 가상 호스팅이 있다.

- 이름 기반 가상 호스팅
- IP 기반 가상 호스팅

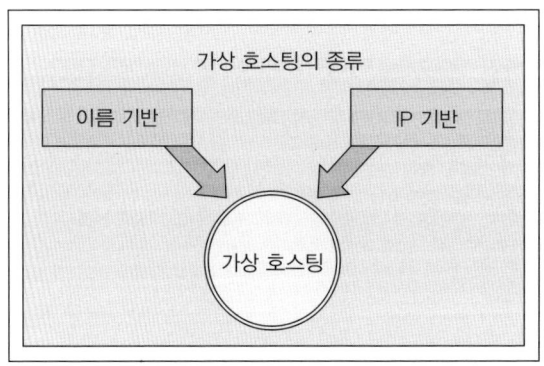

이름 기반 가상 호스팅

하나의 IP에 여러 도메인을 호스트할 수 있는 방법이다. 이름 기반 가상 호스팅은 공유된 서비스shared services 개념을 활용한다. 실제로 웹 호스팅 업체는 이름 기반 가상 호스팅을 이용해 저비용으로 여러 사이트를 호스트한다. 예를 들어 이름 기반 가상 호스팅을 이용해 www.abc.com, www.xyz.com, www.xzy.com 등의 여러 사이트를 하나의 IP를 가진 웹 서버로 설정할 수 있다. 이름 기반 가상 호스팅은 다음과 같은 장점을 제공한다.

- 하나의 IP 주소를 사용하는 하나의 서버에서 여러 웹 사이트를 호스트
- 설정이 쉬움
- 공유된 SSL 인증서

웹 서버에 이름 기반 가상 호스트를 구현하려면 먼저 다음과 같은 요구사항을 만족해야 한다.

예를 들어 예로 언급한 웹 사이트를 웹 서버에서 호스트하려면 다음과 같은 방법으로 도메인 이름 서버DNS, Domain Name Server를 설정해야 한다. 웹 서버 이름은 webserver1.yxz.com이고, 호스트 IP는 192.168.0.1이라 가정하자. 우리의 DNS 서버에 다음과 같은 레코드를 추가해야 한다.

별칭	자원 레코드	도메인
webserver1.yxz.com	A	192.168.0.1
www.xyz.com	C	webserver1.yxz.com
www.xzy.com	C	webserver1.yxz.com
www.abc.com	C	webserver1.yxz.com

레코드를 추가했으면 웹 서버에 가상 서버를 설정할 수 있다.

A = 주소 레코드: 호스트명과 IP 주소 매핑에 사용한다.
C = CNAME: 하나의 호스트명을 가리키는 여러 개의 별칭을 만들 때 사용한다.

IP 기반 가상 호스팅

여러 IP를 이용해 하나의 서버에 여러 웹 사이트를 호스트할 때 IP 기반 가상 호스팅을 사용한다. IP 기반 가상 호스팅은 전용 환경Dedicated Environment 개념을 준수한다. IP 기반 가상 호스팅에서도 하나의 서버에 여러 웹 사이트를 설정하지만 도메인을 다른 네트워크 인터페이스로 설정한다는 점이 다르다.

다음은 IP 기반 가상 호스팅은 다음과 같은 장점을 제공한다.

- 하나의 서버에 다양한 네트워크 인터페이스 주소(다른 IP 주소)를 이용해 한 개 이상의 웹 사이트를 호스팅
- 전용 네트워크 인터페이스
- 전용 SSL 인증서

웹 서버에 IP 기반 가상 호스트를 구현하려면 먼저 다음과 같은 요구사항을 만족해야 한다.

예를 들어 이전 예제 사이트를 웹 서버에서 호스트하려면 다음처럼 DNS를 설정해야 한다. 웹 서버 이름은 webserver1.yxz.com이며 호스트 IP는 192.168.0.1라 가정하자. 다음 표에서 볼 수 있는 것처럼 다른 모든 도메인은 다른 IP(192.168.0.2, 192.168.0.3, 192.168.0.4)로 설정한다.

별칭	리소스 레코드	도메인
webserver1.yxz.com	A	192.168.0.1
www.xyz.com	C	webserver1.yxz.com
www.xzy.com	C	webserver1.yxz.com
www.abc.com	C	webserver1.yxz.com

DNS 레코드를 만들었으면 웹 서버에 가상 서버를 설정할 수 있다.

톰캣 7의 가상 호스팅

톰캣 7은 이름 기반 가상 호스팅을 지원한다. 이름 기반 가상 호스팅은 하나의 톰캣 7 인스턴스에서 여러 웹 애플리케이션을 호스트할 때 매우 유용하다. 이름 기반 가상 호스팅을 이용하면 관리자가 각각의 애플리케이션, 접근 제어 제한을

쉽게 분리할 수 있다. 가상 호스팅을 실제 구현하지 않고는 가상 호스팅의 개념을 이해하기 어렵다. 우리 손으로 직접 톰캣 7에서 가상 호스팅을 구현하자.

예를 들어 웹 서버에 기존 예제 사이트를 호스트하려면 다음처럼 DNS를 설정해야 한다. 웹 서버 이름은 webserver1.yxz.com이고, 호스트 IP는 192.168.0.1이라 가정하자. 다음과 같은 방법으로 이전에 설명한 가상 호스팅 시나리오를 구현할 수 있다.

1. DNS 서버에 도메인 이름을 설정한 다음 바뀐 DNS 정보가 서버에 복제될 수 있도록 DNS 서비스를 다시 로드한다. 다음은 주소와 CNAME을 포함하는 DNS 레코드 정보다.

별칭	리소스 레코드	도메인
webserver1.yxz.com	A	192.168.0.1
www.xyz.com	C	webserver1.yxz.com
www.xzy.com	C	webserver1.yxz.com
www.abc.com	C	webserver1.yxz.com

2. TOMCAT_HOME/conf에 있는 server.xml을 편집해서 가상 호스팅을 설정한다. 다음과 같은 항목을 추가해서 가상 호스트를 설정한다(다음 그림 참고).

```
<Host name="www.xyz.com" appBase="../Webapps">
  <Context path="" docBase="."/>
</Host>
```

```
        </Host>
<!-- Setting for virtual hosting -->
<Host name="www.xyz.com" appBase="../Webapps">
        <Context path="" docBase="."/>
        </Host>

<Host name="www.xzy.com" appBase="../Webapps">
        <Context path="" docBase="."/>
        </Host>

<Host name="www.abc.com" appBase="../Webapps">
        <Context path="" docBase="."/>
        </Host>


    </Engine>
```

3. 설정을 마쳤으면 새 DNS를 호스트 파일(리눅스는 /etc/hosts, 윈도는 C:\Windows\System32\drivers\etc\에 위치함)에 추가한다. 다음 그림은 호스트 파일에 다른 호스트명과 IP 주소를 추가한 모습이다.

```
127.0.0.1               localhost.localdomain localhost
::1                     localhost6.localdomain6 localhost6
# Below are the entries for tomcat virtual host
192.168.0.1     webserver1.yxz.com
192.168.0.1             www.xyz.com
192.168.0.1             www.xzy.com
192.168.0.1             www.abc.com
```

4. 설정을 저장하고 톰캣을 재시작한 다음 로그에 에러가 발생했는지 확인한다.

5. 브라우저로 세 가지 URL(www.xyz.com, www.xzy.com, www.abc.com)이 동작하는지 확인한다.

호스트명 별칭

톰캣 7에서는 호스트명 별칭이라는 중요한 기능도 제공한다. 관리자는 호스트명 별칭을 이용해 하나의 네트워크에서 여러 사이트를 관리할 수 있다.

예를 들어 다양한 사용자가 접근하는 서브도메인이 필요하다면 호스트 별칭을 만들 수 있다. 이를 주요 도메인의 서브도메인 별칭이라고도 한다. 이전 버전의 톰캣에서는 별칭을 구현할 수 없었다. 따라서 이전 버전의 톰캣에서 별칭을 구현하고 싶으면 아파치, IIS, 기타 웹 서버를 톰캣의 프론트엔드 서버로 사용해야 했다.

다음은 특정 사이트의 별칭을 설정하는 방법을 보여주는 코드다.

```
<Host name="www.xyz.com" appBase="../Webapps">
  <Context path="" docBase="."/>
  <Alias>tomcatalias.com</Alias>
</Host>
```

톰캣을 재시작한 다음부터는 하나의 애플리케이션을 여러 가지 이름으로 탐색할 수 있다.

하나의 톰캣 인스턴스로 여러 애플리케이션 호스팅

가상 호스팅을 설정했다면 하나의 톰캣 7 인스턴스의 다중 애플리케이션 호스팅, 보안, 배포 등과 같은 잠재적인 문제가 생긴다. 하나의 톰캣 7 인스턴스에 여러 도메인을 설정하는 것은 까다로운 일이다. 애플리케이션에 하나의 도큐먼트 루트를 제공하면 모든 개발자가 모든 애플리케이션에 접근할 수 있게 된다. 따라서 각 도메인에 별도의 도큐먼트 루트를 제공해 이 문제를 해결한다. 각 도메인에 도큐먼트 루트를 따로 제공하는 방식으로 톰캣 인스턴스에서 호스트하는 애플리케이션의 보안도 분리할 수 있다. 톰캣 7에서 여러 도큐먼트 루트를 만들어서 이 방법을 구현한다. 다음 그림의 코드처럼 server.xml을 편집해서 서버에 여러 도큐먼트 루트를 활성화할 수 있다.

```
<Host name="www.xyz.com" appBase="../home/tomcatuser1">
  <Context path="" docBase="/home/tomcatuser1/data"/>
   <Alias>tomcatalias.com</Alias>
</Host>
```

각각의 애플리케이션에 별도로 도큐먼트 루트를 제공한다면 OS 수준에서 애플리케이션의 사용자 보안을 구현할 수 있다. 이렇게 함으로써 모든 개발자가 자신의 역할에 맞게 코드에 접근할 수 있는 권한을 제공할 수 있다. 또한 모든 개발자가 독립적으로 코드에 접근하고 코드를 배포할 수 있다.

```
<Host name="www.xyz.com" appBase="../home/tomcatuser1">
       <Context path="" docBase="/home/tomcatuser1/data"/>
<Alias>tomcatalias.com</Alias>

      </Host>

<Host name="www.xyz.com" appBase="../home/tomcatuser2">
       <Context path="" docBase="/home/tomcatuser2/data"/>
<Alias>tomcatalias1.com</Alias>

      </Host>

<Host name="www.xyz.com" appBase="../home/tomcatuser3">
       <Context path="" docBase="/home/tomcatuser3/data"/>
<Alias>tomcatalias2.com</Alias>
```

다양한 톰캣 환경 - 개발 환경/QA 환경/ 준비 환경/제품 환경

정보 기술 조직은 여러 가지 환경을 이용해 자신의 애플리케이션을 관리한다. 기능과 사용법에 따라 각각의 환경이 분류된다. 환경의 기능에 따라 환경에서 제공하는 지원 사항이 달라진다. 다음 그림처럼 기능에 따라 제품 환경의 우선순위가 높으며, 개발 환경의 우선순위가 가장 낮다.

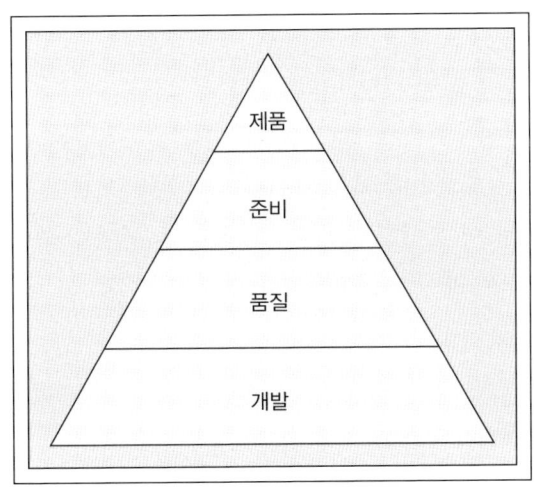

다음 표는 웹 인프라구조를 만들고 관리하는 과정에서 수행하는 다양한 작업에 따라 톰캣을 환경, 기능별로 구분한 표다.

작업	개발	QA	준비	환경
자동 배포	네	네	아니오	아니오
한 개의 기기	네	아니오	아니오	아니오
클러스터링	아니오	네	네	네
개발 접근	네	네	아니오	아니오
하이엔드 기기	아니오	아니오	네	네
변경 제어	아니오	아니오	아니오	네
성능 테스트	아니오	아니오	네	아니오
기능 테스트	아니오	네	아니오	아니오

캐시 튜닝

톰캣 7에서 여러 애플리케이션을 수행할 때는 자원을 항상 올바로 활용해야 한다. 자원을 올바로 활용하려면 튜닝 파라미터를 최적화해야 한다. 서버가 요청을 받을 때마다 시스템의 CPU와 메모리를 소비한다. 처음 요청이 왔을 때 서버에 캐시를 만들어서 이 문제를 해결할 수 있다. 좋은 예로 주요 웹 호스팅 기관에서는 정적 컨텐츠의 캐시를 생성하는 기법을 사용한다.

다음 코드는 이미지, CSS, 자바스크립트에 Expires, Cache-Control: max-age= 헤더를 추가하는 설정이다. TOMCAT_HOME/CONF에 있는 web.xml에 다음 코드를 추가한다.

```xml
<filter>
  <filter-name>ExpiresFilter</filter-name>
  <filter-class>org.apache.catalina.filters.ExpiresFilter</filterclass>
  <init-param>
    <param-name>ExpiresByType image</param-name>
  <param-value>access plus 15 minutes</param-value>
  </init-param>
  <init-param>
    <param-name>ExpiresByType text/css</param-name>
    <param-value>access plus 15 minutes</param-value>
  </init-param>
  <init-param>
    <param-name>ExpiresByType text/javascript</param-name>
    <param-value>access plus 15 minutes</param-value>
  </init-param>
</filter>
<filter-mapping>
  <filter-name>ExpiresFilter</filter-name>
  <url-pattern>/*</url-pattern>
  <dispatcher>REQUEST</dispatcher>
</filter-mapping>
```

톰캣 7 최적화

3장에서는 톰캣을 소프트웨어 수준에서 최적화할 수 있는 다양한 기법을 살펴봤다. 그러나 아직까지 시스템 수준의 설정은 확인하지 않았다. 이번에는 시스템 관리자의 업무를 성공적으로 수행하는데 필요한 다양한 최적화 방법을 살펴본다. 가장 중요한 최적화 방법 중 하나는 특권이 없는 사용자non-privileged user로 톰캣 서비스를 실행하는 것이다.

특권이 없는 사용자로 톰캣 7 실행하기

보안과 IT 감사 정책 등을 고려할 때 톰캣을 루트 권한으로 실행하지 않는 것이 좋다. 따라서 톰캣을 특권이 없는 사용자로 실행하자. 사용자 권한을 다음처럼 고쳐야 한다. 특권이 없는 사용자인 tomcatuser1으로 톰캣 서버를 실행한다고 가정하자.

```
# groupadd tomcatuser1
# useradd -g tomcatuser1 -d /opt/apache-tomcat1
# chown -R tomcatuser1:tomcatuser1 /opt/apache-tomcat1
```

OS 수준에서 권한을 고쳤으면 톰캣을 서비스로 실행하도록 설정한다. 다음 명령어를 이용해 스타트업 스크립트를 /etc/init.d로 복사한다.

```
cp /opt/apache-tomcat1/bin/startup.sh /etc/init.d/tomcat
cd /etc/rc5.d
sudo ln -s ../init.d/tomcat S71tomcat
```

이렇게 해서 톰캣을 서비스로 생성했다. 그러나 서비스를 실행하기 전에 파일을 다음 명령어처럼 실행할 수 있도록 권한을 바꾼 뒤 톰캣을 서비스로 실행할 수 있다.

```
chown 0755 /etc/init.d/tomcat
```

이제 톰캣을 서비스로 실행할 수 있다.

요약

11장에서는 톰캣 7의 고급 설정과 최적화 파라미터, 가상 호스팅 같은 핵심 내용, 개발 환경/QA 환경/준비 환경, 제품 환경의 기능, 톰캣을 서비스로 실행하는 방법, 특권이 없는 사용자로 톰캣을 실행하는 방법 등을 살펴봤다.

11장을 끝으로 톰캣 7과 함께하는 여행이 끝났다. 웹 관리자, IT 관리자가 매일 마주하는 주요 문제를 모두 해결하는 데 도움이 되는 책이 되도록 노력했다. 이 책을 통해서 톰캣 7을 실제 환경에서 운용할 수 있다는 충분한 자신감을 얻었을 것이다.

행운을 빈다!

타누즈 카르Tanuj Khare

찾아보기

기호

-Dcom.sun.management.jmxremote 252
-Dcom.sun.management.jmxremote.port 252
-Dcom.sun.management.jmxremote.ssl 253
./digest.sh 179
-Djava.awt.headless 252
-dump 113
-finalizer info 113
-heap 113
-heap 217
-histo 113
-permstat 113
/WEB-INF/classes 90
/WEB-INF/lib 90
/WEB-INF/web.xml 90

번호

32비트 VM 123
64비트 VM 123

ㄱ

가비지 콜렉션 117
가상머신 43
가상 호스팅 312, 314
가용성 관리 307
개발 환경 296

고성능 268
공유 스레드 풀 109

ㄴ

내부 존 177
높은 가용성 268

ㄷ

다중 웹사이트 호스팅 129
단일 행 로그 포맷터 38
더미 URL 306
더비 데이터베이스 46
데이터베이스 반응 305
데이터베이스 부하 균형 유지 217
데이터베이스 연결 설정 305
데이터베이스 연결 수 216, 242
데이터베이스 연결 예외 234
데이터베이스 연결 풀 73
데이터베이스 튜닝 103
데코레이터 130
동시의 멈춤이 적은 콜렉터 118
동적 MBeans 261
동적 설정 37
디렉터리 검색 205
디렉터리 크기 검색 205
디버깅 옵션 121
디스크 공간 243

ㄹ

람 215
레이아웃 190
로거 189
로그 분석 204
로그 수준 197
로그 수준 매핑 201
로그의 에러 코드 243
로그 파일 교체 214
로깅 서비스 187
로드러너 235

ㅁ

마이너 버전 131
마이크로소프트 관리 콘솔 59
망가진 파이프 예외 232
매니지드 빈즈 260
메모리 고갈 229
메모리 누수 37, 304
메모리 할당 303
메이저 버전 131
모니터링 239
모니터링 시스템 240
모니터링 컴포넌트 245
모델 MBeans 261
모듈 130
물리 메모리 242
미들웨어 서비스 104

ㅂ

바이너리 패키지 41
방화벽 177
방화벽 규칙 상태 177
방화벽 설정 177
배포 스테이징 모드 93
배포 유형 93

베타 버전 131
별칭 38
병렬 콜렉터 118
보안 129
비동기 방식의 파일 핸들러 38
비동기 지원 37
비밀번호 암호화 179
비밀번호 암호화 알고리즘 179
비표준 옵션 120

ㅅ

사무라이 222
사용자 부하 129
사용자 요청 흐름 128
서드 파티 도구 241
서명 인증서 181
서버 도메인 133
서버 로그 192
서버의 핑 반응 211
서버 이름 133
서브도메인 317
서블릿 3.0 37, 300
서블릿 세부 정보 249
서비스 전이 308
설정 파일 67
성능 튜닝 102
성능 튜닝 규칙 104
성능 튜닝 옵션 121
셀프 서명 인증서 180
셧다운 스크립트 63
셧다운 포트 274
소스 패키지 42
수직 클러스터링 269
수평 클러스터링 269
스레드 덤프 219
스레드 덤프 분석 222
스레드 최적화 108

스레드 풀 108
스왑 215
스크립트 241
스타트업 스크립트 62
스택 오버플로 예외 231
시스템 코드 권한 168
시작 스크립트 61
실행 권한 140

ㅇ

아카이브 파일 91
아파치 HTTP 서버 127, 129
아파치 HTTP 서버의 디렉터리 구조 145
아파치 HTTP 설치 130
아파치 모니터 136
아파치 모니터 콘솔 60
아파치벤치 235, 236
아파치 서비스 136
아파치 소프트웨어 제단 33
아파치 포터블 런타임 140
아파치 확장 도구 149
안정 버전 131
애노테이션 기반 설정 38
애플리케이션 로그 191
애플리케이션 마이그레이션 306
애플리케이션 세부 정보 248
애플리케이션 응답 248
애플리케이션 코드 103
액세스 로그 194
어펜더 189
언팩된 배포 95
업그레이드 생명주기 297
에덴 공간 219
연결 아이들 242
영구 세대 219
오픈 MBeans 261
용량 관리 308

웹 서버 벤치마킹 235
웹아카이브 90
웹 애플리케이션 권한 170
웹 인프라구조 요청 흐름 210
이름 기반 가상 호스팅 312
익스플로디드 92
인프라구조와 OS 104

ㅈ

자동 배포 176
자바 AJP 커넥터 107
자바 HTTP 커넥터 107
자바 네이밍과 디렉터리 인터페이스 73
자바 데이터베이스 연결 72
자바 바이너리 65
자바 서버 페이지 33
자바 서블릿 33
자바 스레드 덤프 분석기 222
자바 커뮤니티 프로세스 33
자바 핫스팟 119
자원의 문서 형식 정의 75
자카르타 톰캣 33
재귀 클래스 로딩 231
재배포 92
전용 스레드 풀 109
정규 명칭 307
정보 기술 인프라구조 라이브러리 307
정적 컨텐츠 129, 320
제이미터 235, 236
제품 환경 297
종신 세대 219
죽은 스레드 228
준비 환경 297
줄리 188
중지 스크립트 61
직렬 콜렉터 118

ㅋ

카탈리나 코드 권한 169
캐시 튜닝 320
커넥터 106
커넥터 포트 174, 274
커넥터 포트 설정 정보 172
커스텀 정책 169
컨텍스트 경로 85
컨텍스트 경로 활성화 86
컴포넌트 튜닝 106
콘솔 로그 192
클라우드 컴퓨팅 268
클러스터 266
클러스터된 인스턴스 테스트 291
클러스터링 129, 265
클러스터링 아키텍처 269
클러스터 속성 275

ㅌ

텔넷 DB 서버 IP 포트 216
톰캣 7 모니터링 245
톰캣 7 보안 173
톰캣 7 설정 302
톰캣 관리자 80, 95, 166, 243
톰캣 관리자 활성화 81, 172
톰캣 모니터링 콘솔 60
톰캣 배포자 97
톰캣 인스턴스 스타트업 275
톰캣 코어 권한 169
톰캣 클러스터링 모니터링 293
톰캣 파일의 무결성 166
톰캣 프로세서 ID 112
튜닝 파라미터 320

ㅍ

패킷 손실 211

평균 반응 시간 211
표준 MBeans 261
표준 옵션 120
품질 보증 환경 297
프론트엔드 서버 317

ㅎ

핫 배포 176
행동 옵션 121
현재 페이지 크기 124
호스트 관리자 195
호스트명 별칭 317
확장성 267
힙 사용 219

A

AJP 연결 242
AJP 연결 정보 250
AJP 포트 275
AJP 프로토콜 147
Alias 38
Annotation-based Configuration 38
ANT 스크립트 사용 97
ApacheBench 235, 236
Apache Monitor 136
Apache monitor console 60
Apache Portable Runtime 108
Apache Software Foundation 33
appender 189
APR 108, 140
APR(AJP/HTTP) 커넥터 108
APR-iconv 141
APXS 149
APXS 모듈 설치 과정 149
awk 204

C

Canonical Name 307
catalina.out 192
catalina.policy 168
catalina.properties 166
catalina.sh 192
CNAME 307
Concurrent low pause collector 118
CONFIG 197
configtest.sh 61
configtest 명령 163
configtest 스크립트 146
configure 명령 143
conf 폴더 67
Connector 263
CPU 242
CSR 템플릿 182
CSR 형식의 인증서 183

D

DBCP(Database Connection Pool) 73
DataSource 73, 74
Deploy 96
Derby Database 46
df 명령 214
DTD(Document Type Definition) 75

E

eden 123
env 명령어 52
ERROR 예외 검색 205
Exploded 92

F

FINE 197
FINER 197
FINEST 197
From 공간 219

G

GC 로그 122
GC 알고리즘 117
GPL(General Public License) 39
grep 204

H

handshake 180
head 명령 215
horizontal clustering 269
hot deployment 176
HTTP 연결 242
HTTP 포트 연결 246

I

iisreset start 159
iisreset stop 159
IIS 통합 157
INFO 197
integrity 166
internal zone 177
iptables 명령어 178
IP 기반 가상 호스팅 313
ITIL 307

J

Jakarta Tomcat 33
Java AJP Connector 107
JAVA_HOME 48, 65
Java HotSpot 119

Java Naming and Directory Interface 73
Java Server Pages 33
Java Servlet 33
Java Thread Dump Analyzer 222
JConsole 253
JCP(Java Community Process) 33
JDBC(Java Database Connectivity) 72
JDBC API 73
JDBC 드라이버 클래 75
JDK 42
JDK 컴포넌트 46
jmap 217
jmap 명령 112, 230
jmap 문법 113
JMeter 235, 236
JNDI 73, 74, 76
JRE 46
Jserv 147
Jserv 프로토콜 147
JSP 33
jstack 221
JVM 242
JVM 분석 217
JVM 설정 303
JVM 튜닝 104, 111

K
keytool 182
Kill 명령어 219

L
layout 190
LoadRunner 235
Log4j 199
logger 189

M
make install 명령어 145
make 명령어 143
Manager App 82, 86
maxKeepAlive 111
maxThreads 110
MBeans 260
MD5 Message-Digest Algorithm 40
MD5 검증 166
MD5 메시지 다이제스트 알고리즘 40
MD5 체크섬 40
memory leak 37
MMC(Microsoft Management Console) 59
mod_jk 107, 147
mod_jk.conf 151
mod_proxy 107, 147
mod_proxy 설정 155

N
Nagios 241
netsh 명령어 177

O
OpenPGP 166
Open Specification for Pretty Good Privacy 166
OpenSTA 235
out of memory 104
OOM(Out of Memory) 229
OutOfMemoryError: PermGen space 230

P
Parallel collector 118
ping 명령어 211
ps -aef |grep httpd 212
ps 명령어 146

R

RCA(Root Cause Analysis) 106
RPM 41

S

Samurai 222
Serial collector 118
Server Domain 133
Server name 133
Server Status 83, 84
server.xml 74, 89, 172, 315
services.msc 59, 136
Service Transition 308
SEVERE 197
shutdown.sh 63
SiteScope 241
SQA 질의 최적화 216
SSL(Secure Socket Layer) 180
SSL 인증서 180
staging mode 93
startup.sh 62
sudo 접근 권한 301
SurvivorRatio 123
Swap 215

T

TDA 콘솔 222, 225
Tomcat Manager 80
tomcat-users.xml 172
tomcat-user.xml 81
top|head 212, 215
To 공간 219

V

vertical clustering 269
virtual.conf 129
VM(Virtual Machine) 43

W

WARNING 197
War 배포 95
web.xml 74, 91, 320
Wily 241
worker.list 281
workers.properties 153, 159

아파치 톰캣 7 따라잡기

발　행 | 2013년 9월 30일

지은이 | 타누즈 카르
옮긴이 | 우 정 은

펴낸이 | 권 성 준
편집장 | 황 영 주
편　집 | 조 유 나
　　　　김 진 아
디자인 | 윤 서 빈
　　　　송 서 연

에이콘출판주식회사
서울특별시 양천구 국회대로 287 (목동)
전화 02-2653-7600, 팩스 02-2653-0433
www.acornpub.co.kr / editor@acornpub.co.kr

한국어판 ⓒ 에이콘출판주식회사, 2013
ISBN 978-89-6077-475-9
ISBN 978-89-6077-210-6 (세트)
http://www.acornpub.co.kr/book/tomcat7

이 도서의 국립중앙도서관 출판시도서목록(CIP)은 서지정보유통지원시스템 홈페이지(http://seoji.nl.go.kr)와
국가자료공동목록시스템(http://www.nl.go.kr/kolisnet)에서 이용하실 수 있습니다.(CIP제어번호: CIP2013018466)

책값은 뒤표지에 있습니다.